실천적 진로상담의 원리와 취업의 기술

최석규

창지사

머리말

포스트 코로나 시대를 앞두고 교육현장에서는 원격교육 시대의 문이 열렸다. 원격교육의 문제점과 논란이 꾸준히 제기되고 있지만, 원격교육의 필요성과 당위성에 대한 공감대도 형성되고 있다. 특히 원격교육을 중심으로 미래교육을 준비해야 한다는 목소리가 높지만, 온라인 교육과 대면교육의 병행을 위한 진로교육의 필요성도 부각되고 있다.

이 책은 청소년, 대학생들이 진로탐색을 위한 끊임없는 상호작용과 경험, 자기성찰 등을 통해 자기개념을 명확하게 하고 진로대안을 갖게 하는 기본서이다. 또한 진로상담자에게는 내담자의 진로상담 및 교육을 진행하면서 활용할 수 있도록 구성하였다.

이 책은 실천적 진로상담을 위한 진로상담의 개념과 인식의 변화를 시작으로 핵심 진로발달이론의 이해, 취업기술 함양을 위한 준비전략 등 총 3부로 이루어져 있다.

먼저 1부에서는 진로상담의 개념과 필요성, 인식, 직업환경의 변화와 실천적 진로상담의 인식 전환, 전통적 진로발달이론, 현대적 진로발달이론을 소개한다. 1부에서는 진로상담의 이론적 틀을 이해하는 데 목적을 두고, 진로 및 직업상담의 개념에 대한 기초적인 부분을 다룬다.

2부는 내담자의 흥미, 가치, 욕구, 진로미결정, 관심사 정의하기, 문제탐색, 생애진로사정, 진로목표 설정, 직업대안 평가의 내용으로 구성된다. 내담자가 다양한 측면에서 자신을 조망해 보고, 어떤 진로가 자신의 특성을 가장 잘 살릴 수 있을까에 대해 스스로 작성하고 답해 본다. 2부에서는 문제인식과 문제의 맥락을 이해하는 단계로서 이론적인 내용을 실제 적용해 보기 위해 학습 활동지와 학습 평가로 구성하였고 이를 통해 자기성찰 능력과 문제 해결력 증진에 도움을 줄 수 있도록 하였다. 이외에도 나에 대한 생각을 해 보게 하고 탐구하여 나의 진로관심 영역을 넓혀 나갈 수 있도록 하였다. 특히 한 차시 수업 중에 완벽하게 다루기에는 시간적으로 제약이 있지만, 수업 단계(도입–전개–정리)마다 이론과 생각 및 성찰하기, 학습평가를 통해 정리할 수 있도록 하였다. 즉 각 단원마다 바람직한 행동을 지속적으로 실천할 수 있도록 본인이 기대하는 흥미, 가치, 생애역할 등의 지향적인 삶을 사는 데 필요한 여러 가지 세부 관심사를 생각해 보고 실천사항을 세워 볼 수 있게 하였다.

3부에서는 취업에 성공하기 위해서 노동시장에서 요구하는 인재상과 직무강점 능력 파악, 직무의 세부 내용, 성공스토리를 활용한 에세이 작성 및 역량면접 준비에 대해 소개한다. 내담자에게 있어서 취업을 가로막는 장벽들에 대비하고, 이에 대한 극복 방안을 생각해 보며, 성공적인 취업을 위한 구직기술을 실습을 통해 익힌다. 특히 실제적인 취업기술을 지도하고 내담자가 교재를 활용하여 작성하고 적용해 보도록 예제 및 학습 활동지로 구성하였다.

진로상담 과정에서 갖가지 문제가 상존하며, 전문지식과 기술, 신념으로 무장하였다고 해도 문제를 처리하는 능력이 부족하면 상담자로서 역할을 잘 수행할 수 없기 때문이다. 진로상담자는 내담자의 지식의 전달자 역할도 중요하지만 내담자의 진로문제를 인식하고, 관심사를 정의하는 역할과 내담자로 하여금 인지적, 정서적 사고를 바탕으로 실행의지를 갖게 하도록 실천적 진로상담을 이해하여 적용할 수 있어야 한다.

마지막으로 이 책은 청소년 및 대학청년, 진로상담자들이 진로상담의 기본원리 이해와, 진로관심사 확장, 취업의 기술을 이해하도록 내용을 분명하고 쉽게 전달하고자 노력하였다. 급변하는 노동시장에 진입하는 학생들과 현업에 종사하는 진로상담자들에게 도움이 되기를 바란다.

2020년 8월

저자 최석규

차 례

제2부 실천적 진로상담

제1부

진로발달이론

제1장

진로상담의 개념과 필요성

현대사회에 있어 진로선택과 결정이란 인생을 살아가는데 어디로 가야할지 방향을 좁혀 나가는 하나의 과정이라고 볼 수 있다. 특히 직업은 진로라는 넓은 개념에 속하는 중요한 선택 과정의 연속이라고 볼 수 있는데 인간은 직업을 통해 삶의 즐거움을 느끼고 자아실현 또한 가능해지기 때문이다. 현대사회는 4차 산업혁명의 도래로 과학기술의 엄청난 발전을 이루었고 하루하루 새로운 직업들이 생겨나고, 많은 직업들은 한쪽에서 소멸되고 있다. 미래학자들은 향후 30년 이내에 현 세계 노동력의 2퍼센트만 필요하고 정보화, 기계화, 고령화 등 빠른 노동시장의 변화는 노동의 종말을 가져올 것이라고 보고하였다. 이로 인해 진로에 대한 계획, 준비, 선택의 시점이 당겨지고 있고, 그 중요성 또한 나날이 증대되고 있다.

1. 진로와 직업의 개요

일반인에게 진로상담이 무엇인지 물어보면 다음과 같이 이야기할 것이다.

진로상담이란 '적성검사나 흥미검사를 통해 정보를 제공받고 어떤 직업을 선택해야 하는지에 대한 상담 과정이다.'라고 말한다. 또는 '고등학교를 졸업하고 어떤 전공을 선택해야 하는지에 대한 명확한 조언을 받는 과정이다.'라고 이야기할 것이다.

그런데 이러한 검사의 결과나 전공을 선택하는 데 얼마나 도움이 되었는지 생각해 보면 '그렇다.'라고 대답하기 쉽지 않을 것이다. 검사결과가 내가 알고 있던 내 자신과 다르게 나오거나 늘 똑같은 직업에 대한 결과에 대해 피드백을 받았지만 뭔가 자신이 생각하는 관심사와 먼 이야기로 들렸을 것이다. 또는 전공에 대한 선택을 했지만 직업을 선택하는 과정에서 보면 뭔가 확실함을 주지 못하거나 답답한 부분이 없지 않다.

1) 파슨스의 직업 3요인설

Parsons(1909)는 직업지도 운동의 선구자로서 노동자들이 능력과 흥미에 맞는 직업을 선택할 수 있도록 교육과 사회제도를 개혁할 것을 제안하였다. 파슨스는 미국 보스턴(Boston) 시에서 직업소개 기관에서의 경험을 바탕으로 다음과 같은 직업지도 모델을 강조하였는데, 이 이론은 현재의 진로상담의 근간이 되었다.

첫째, 파슨스는 특성-요인이론의 주춧돌이 된 3요소 직업지도 모델을 구체화하여 내담자 자신의 성격, 흥미, 가치관 등 다양한 특성을 이해하도록 도와주는 '자기이해'에 대한 영역을 먼저 강조하였다.

둘째, 직업정보의 제공과 전망, 보수, 직업이 요구하는 능력과 조건을 말하는 '직업세계의 이해'이다.

셋째, 이러한 자기이해와 직업세계에 대한 정보를 논리적으로 연결하는 '과학적 조언(직업정보)'의 조화를 주장하였다(Parsons, 1909).

2) 파슨스 이론의 계승과 주요 개념

개인차 심리학의 성장은 과학적 측정을 통한 개인의 특성을 확인 가능케 하여 파슨스의 모델을 발전시켰고, 특히 Williamson(1939)을 중심으로 미네소타 대학의 직업심리학자들은 수많은 특수 적성검사, 인성검사 등의 도구를 개발함으로써 특성-요인이론의 기초를 마련하였다. 특성-요인이론의 주요 개념은 다음과 같다.

첫째, 개개인은 신뢰할만하고 타당하게 측정될 수 있는 고유한 특성을 갖는다는 것이다.

둘째, 직업세계는 특정한 특성을 소유하고 있는 근로자를 필요로 하며 직업의 선택은 직선적인 과정이며 특성과의 연결이 가능하다는 것이다.

셋째, 개인의 특성과 직업의 요구 간에 연결이 잘될수록 개인의 성공 또는 만족의 가능성은 커진다는 개념을 제안하였다.

3) 검사도구의 활용과 오류들

심리검사는 청소년들의 대학 진학과 전공 선택에 큰 영향을 미친다. 또한 대학생들도 직업심리검사의 결과를 마치 자신의 진로로 이해하고 신화적 자세로 받아들이기 쉽다. 진로상담자는 직업심리검사를 활용하고 해석하는 데 다음과 같은 몇 가지 오류를 범할 수 있다.

첫째, 직업심리검사 결과로 모든 진로문제를 해결할 수 있다는 근거 없는 믿음이다.

심리검사는 개인의 특성을 고려하여 다양한 관점에서 해석하고 적용해야 한다. 검사 결과에 대해 내담자가 다양한 반응을 하도록 유도하고 표준화된 방법에 따라 해석할 수 있어야 한다.

다음은 어느 고등학생의 진로상담 사례이다.

수지는 대학 진학을 위한 자신의 진로 고민 해결을 위해 진로상담실을 찾았다. 수지는 자신이 정말 좋아하는 관심사에 대해 검사를 해 보자는 권유를 받고 흥미검사를 하게 되었다. 진로상담사는 김수지 학생에게 직업흥미검사를 안내하고 해석을 해 주었다.

상담자와 내담자의 대화

진로상담사: 수지야, 대학 진학을 위해 어떤 학과를 선택해야 할지 고민이 많구나. 진로에 대한 고민이 될 텐데 직업흥미검사를 통해 수지의 관심사에 대해 알아보도록 하자.

김수지 학생: 네. 검사를 하게 되면 제 고민이 해결될 수 있을까요?

진로상담사: 그렇단다. 사람은 흥미검사를 통해 자신의 흥미를 발견하고 직업을 결정해 나갈 수 있단다.

김수지 학생: 선생님, 검사를 실시한 결과 어떻게 나왔나요?

진로상담사: 수지의 흥미검사 결과는 XX형이 나왔구나. 여기 보이는 결과가 바로 수지에게 맞는 진로정보란다.

김수지 학생: 이게요? 전 제가 생각하는 것과 전혀 다르게 나온 것 같아요.

진로상담사: 수지는 XX형이라서 XXX 전공 분야가 잘 맞는 거란다.

김수지 학생: 전 이런 전공 분야에 관심이 전혀 없는데요?

둘째, 심리검사는 개인의 흥미, 태도, 성격, 가치관 등을 고려하여 내담자가 합리적인 의사결정을 하도록 해야 한다. 하지만 전문적인 훈련을 받지 않은 상담자에 의해 때로는 상담자의 주관적인 생각과 기대가 실제로 내담자의 검사 결과나 기대와는 다르게 나타나기도 한다.

따라서 심리검사는 개인의 특성을 객관적으로 평가할 수 있도록 활용해야 하며, 끊임없는 자기와의 심리적 대화를 통해 자기인식을 확장해 나가야 한다.

이러한 심리검사 결과는 학생들의 사고를 획일화시키고 세상을 바라보는 관점과 자신의 미래에 대한 보이지 않는 색안경을 쓰고 시야를 좁히는 것은 아닐까 우려가 되기도 한다.

심리검사 결과는 어릴 때부터 형성된 경험과 사건에 의해 큰 영향을 받게 된다. 물론 심리검사를 받는 것이 아예 나쁘다고 할 수는 없다. 검사 결과를 통해 나는 무엇을 좋아하고 무엇을 싫어하는지에 대한 근거를 제시할 수 있기 때문이다.

특히 청소년의 경우 자아개념이 발달하는 시기로 주변의 부모님, 가족, 선생님에 의해 영향을 받고 진로를 결정하는 학생들이 많다. 자신의 관심사와 적성을 고려하여 구체적인 피드백보다는 검사 결과에 대한 일반적인 해석에 그치는 경우가 많다. 이는 개인의 특성과 관점을 좁아지게 하고 다양한 관점을 갖도록 하는 데 방해가 될 수 있다. 그래서 심리검사 본래의 의도와는 달리 더욱더 고정관념을 키우는 역할을 하고 있다.

셋째, 심리검사의 해석 과정에서의 편향과 오류를 제거하기 위해서 표준화된 검사가 필요하다.

표준화는 검사도구의 신뢰성과 타당성을 확보하기 위해 모든 질문에 답을 찾아서, 신뢰할만한 검사를 설계하는 일련의 과정이다.

표준화란 검사의 실시 및 채점, 해석 과정의 통일성을 의미한다. 한 사람의 검사점수를 다른 사람과 비교해야 한다면, 이때 두 사람의 가외변인을 제거하고 검사조건은 같아야 한다.

검사조건의 표준화를 위해서는 새롭게 개발된 검사의 실시와 채점, 해석에 대한 상세한 요강을 제공해야 한다.

표준화의 의미는 객관성 유지를 기반으로 검사의 실시, 채점, 그리고 점수의 해석 등이 특정 검사자의 편향된 주관적 판단으로부터 독립되어 있다는 것을 의미한다. 즉 어떤 검사자가 실시하더라고 검사 결과에 대한 점수는 이론적으로 같아야 한다.

2. 진로상담에 대한 인식

진로상담은 직업상담과 혼용하여 사용되고 있는데 상담 과정에서 내담자의 진로문제를 직업문제 외에 개인의 특성을 고려한 상담이 이루어지고 있어 진로상담으로 사용한다. 진로상담은 궁극적으로 미래지향적인 내담자 생애의 각 단계와 맥락적인 관계에서 개인의 가치, 흥미, 성격을 포함한 직업정보의 제공, 취업기술의 습득을 위한 지도 등보다 더 총체적인 입장에서 봐야 하기 때문에 진로상담과 직업상담은 혼용하여도 무리가 없는 것이라 판단된다. 우리나라의 진로상담 도입 시기는 1988년 외환위기 이후부터라고 볼 수 있는데 진로상담은 구직과 구인의 연결 과정으로 인식되었고, 전문적인 분야로 변화해 왔다. 다시 말해서 외환위기 이후 현재까지 진로상담에 대한 인식은 일자리를 얻기 위한 직업상담의 관점으로 여겨지는 경향이 있다.

1) 진로상담에 대한 오해

진로상담의 오해는 아직도 진로와 직업에 대한 용어를 혼용하고 있기 때문이다. 진로상담, 직업상담, 진로지도, 직업지도 등 용어를 구분 없이 사용하고 있는 실정이다.

진로(career)란 '수레가 다니는 길을 따라간다.'는 뜻을 가진 'carro'에서 유래되었다. career는 여러 가지 의미로 다양하게 쓰이고 있는데, 사전에서는 '한 개인의 생애 전 과정'이라고 정의하고 있다. 또한 '진로(進路)'는 '나아갈 진(進)'과 '길 로(路)' 자가 합쳐진 단어이다.

이처럼 진로는 직업과 관련된 용어보다 폭넓은 개념으로 사용되며, 생애(life)와 동일한 의미로 사용된다. 진로라는 용어는 학자마다 다르게 사용하지만 포괄적이며 비슷한 직업들의 집단을 말하기도 한다. 그래서 진로는 협의의 의미로 직업과 같이 사용되기도 한다.

여기서 직업이란 개인이 일정 시기에 계속적으로 수행하는 경제적, 사회적인 활동을 의미한다. '직(職)'이란 관을 중심으로 하는 직무라는 '관직(官職)'의 뜻과 '직분(職分)'을 맡아 이행한다는 사회적 역할과 책임의 의미가 내포되어 있다. '업(業)'에는 생계를 유지하기 위해 자신의 가치와 적성에 따라 어느 한 가지 일에 몰두하여 전념한다는 의미가 담겨 있다.

직업은 영어로 job으로 표현되기도 하고 occupation으로 표시하기도 한다. 또 직업은 vocation으로 표기하기도 하는데, 소명(vocation)의 어원은 '부르다.'란 의미의 라틴어 '보카레(vocare)'에서 유래되었다. vocation은 '부름이라는 신의 부르심, 천직, 사명감, 직업, 생업, 적성, 재능'의 뜻을 포함하고 있다.

Crites(1981)는 지각적 개념과 행동적 개념을 모두 포함하는 진로를 한 개인이 가지는 사회적 환경, 즉 미래에 대한 계획, 과거의 성공과 실패, 현재의 적성 혹은 재능으로서 자신을 어떻게 보는가의 문제와 결부시켰다. 또한 Brolin(1991)은 '진로란 한 사람이 일생을 통해 수행하게 되는 모든 일'이라고 정의하였다.

상담(counseling, 相談)과 지도(guidance, 指導)의 용어는 혼용하여 사용되기도 한다. 상담은 개인의 변화를 유도하는 것이며, 지도는 1900년 초부터 사용되어 직업지도 운동에서 사용되다가 학교교육에서 생활지도라는 개념으로 사용되었으며 최근에는 진로지도의 용어로 사용되기도 한다. 그래서 생활지도라는 용어는 전체적인 상담을 제공하는 과정에서의 한 부분에 포함된다.

진로상담에 대한 오해는 바로 진로상담을 단순히 개인과 진로를 연결시켜 주는 직업소개로 잘못 이해하고 있다는 것이다. 진로상담은 개인의 진로문제를 위한 진로상담을 통해 내담자의 직업문제를 진단하고 분석하여 예방 및 처치하는 과정이다.

특히 진로상담은 단지 수학을 잘하거나, 영어를 잘하면 관련 학과에 적합하다고 단정지어 진학 선택을 하게 된다. 또는 적성검사에 맞추어 자신의 진로를 정하거나 단지 자신이 평소 즐겨하는 음악, 미술을 좋아한다는 이유로 조금의 성공 가능성만 보여도 섣부르게 진로를 선택하려는 경향이 있다.

사람들은 진로상담에 대한 당혹스러움을 이야기한다. 자세히 들어보면 숨겨진 몇 가지 오해를 찾아볼 수 있다.

첫째, 진로상담은 중·고등학교에서 하는 상담이라고 생각한다.

둘째, 진로상담은 전문적인 능력을 요구하지 않는 누구나 할 수 있는 일이라고 생각한다.

셋째, 진로상담은 진로결정이 되면 더 이상 하지 않아도 된다고 생각한다.

넷째, 진로상담은 진로가 확실한 사람에게는 필요 없다고 생각한다.

다섯째, 진로상담을 원하는 내담자는 정보와 의사결정을 원하는 사람들이므로 공감과 지지는 필요치 않다고 생각한다.

여섯째, 진로문제는 하나의 개인문제에 대한 표현일 뿐이므로 진로상담은 심리상담과 다르지 않다고 생각한다.

일곱째, 진로 의사결정을 내리지 못한 내담자를 돕기 어렵다고 생각한다.

여덟째, 진로상담은 직업소개를 하는 일이라고 생각한다.

아홉째, 진로상담을 진학을 위한 상담으로만 생각한다.

열째, 진로상담은 적성검사만 하면 모든 것이 해결된다고 생각한다.

2) 진로상담과 일반상담의 개념

진로상담과 일반상담을 구분하는 것은 초점을 미래와 과거, 어디에 두느냐에 따라 차이가 있다. 일반상담은 개인의 과거에 초점을 두며, 진로상담은 개인의 미래에 초점을 두게 된다. 진로상담은 미래지향적으로 내담자의 미래를 조망해 보고 예측 가능하도록 이루어지는 상담이다.

Crites는 진로상담과 일반상담을 구분하여 다음과 같이 중요성을 강조하였다. 첫째, 진로상담은 개인의 내적·외적 세계를 다루지만 일반상담은 개인의 과거 내적 세계를 다루기 때문에 진로상담은 일반상담보다 더 필요하다. 둘째, 진로상담을 받는 과정에서 내담자는 직업선택이나 직업 적응에 관한 문제를 극복해 나가면서 자신의 비직업적 문제까지 해결하게 되어 심리치료의 효과를 얻게 된다. 셋째, 진로상담은 개인의 성격과 일에 대한 영역까지 다루어야 하므로 심리치료보다 더 어렵다(Gladding, 1992).

〈표 1-1〉 진로상담과 일반상담의 개념 비교

진로상담	일반상담
미래	과거
내부와 외부 세계	내부세계
예측	진단
대안 제시	현상에 대한 이해
의사결정	자기명료화

출처: 김병숙(2006). 직업상담심리학. 재구성.

진로상담의 특징을 살펴보면 첫째, 개인이 직업을 선택하거나 조직에 적응하도록 돕는 것이다. 둘째, 내담자는 심리치료 과정에서 직업문제 해결을 위한 인식을 먼저 한다. 셋째, 진로상담 과정에서 내담자는 상담자로부터 진로 및 직업정보를 제공받기를 원하기 때문에 상담자의 전문성을 기대하게 된다. 그래서 진로상담은 일반상담보다 전문성을 갖춰야 한다.

그러므로 진로상담은 현대의 빠른 산업발달과 개인의 일에 대한 장애를 극복하도록 돕는 데 중요한 역할을 하고 있다.

현재의 진로상담은 개인의 직업발달과 진로성숙을 위해 고안된 과정이며, 개인의 직업선택에서의 우유부단, 진로미결정, 일에 대한 부적응, 일환경과 적성의 불일치, 생애역할과 상호 과정에서의 불만족과 만족 등을 포함한다.

결론적으로 진로상담은 개인, 일에 대한 세계, 미래에 대한 예측이라는 측면에서 보면 진로지도나 일반상담과는 다르며 일반상담을 포함하는 포괄적인 것이다.

구체적으로 용어에 대한 개념을 살펴보면 다음과 같다.

(1) 직업교육(vocational education)

① 개인이 일의 세계를 탐색하여 자기의 적성·흥미·능력에 맞는 일을 선택하고, 그 일이 필요로 하는 지식·기능·태도·이해 및 판단력과 일에 대한 습관 등을 개발하는 형식 또는 비형식적 교육이다.

② 어떤 직업을 갖기 위하여 준비하거나 현재의 직무를 유지·개선하기 위한 형식 또는 비형식적 교육이다.

(2) 진로상담(career counseling)

개인의 진로발달을 촉진시키거나 진로계획, 진로직업의 선택과 결정, 실천, 직업적응, 진로변경 등의 과정을 돕기 위한 활동이다.

(3) 직업상담(vocational counseling)

선택 가능한 직업의 결정, 각 직업의 조건들, 취업에 필요한 조건, 취업절차 등 보다 구체적인 수준에서 취업을 돕는 활동이다.

(4) 진로지도(career guidence): 포괄적인 의미

사람들이 활동하는 생애 동안 그들의 진로발달을 자극하고 촉진하기 위해서 전문상담자나 교사 등과 같은 전문인이 여러 다양한 장면에서 수행하는 활동들로서 진로계획, 의사결정, 적응문제 등에 조력하는 것이다.

3) 진로상담을 직업소개원으로 생각하는 오류

우리나라에서는 진로상담이 대학을 가기 위한 진학상담이나 구직자와 구인처를 단순히 연결해 주는 것으로 인식되어져 왔다. 진로상담을 직업을 소개해 주거나 취업알선에서 이루어지는 직업정보 제공만을 그 역할로 생각하는 전통적인 상담으로 오인하여 그 의미가 올바르게 정립되지 못하고 진로상담을 인정하지 않으려는 풍토가 조성되어 왔고 상담보다 등한시되어 왔다. 하지만 최근에는 진로상담이라는 용어가 진로상담을 포함하는 개인의 생애적 관점의 넓은 개념으로 사용되고 있고, 상담 분야에서 가치가 높아졌다.

취업알선원은 진로상담 분야에서 구직자에게 직업을 알선해 주고, 구인자가 필요한 구직자를 채용하는 데 도움을 준다. 진로상담은 분야는 고용서비스 분야의 큰 틀에서 보면 직업소개와 진로상담 분야로 크게 분류된다. 직업소개 분야는 직업소개소, 인력파견업체, 헤드헌팅(headhunting)사나 채용대행업체와 같은 인력공급업체 등을 예로 들 수 있다. 즉 취업알선원은 진로상담 영역에서 하나의 역할을 수행하는 것이며 구인자 입장에서 유능한 인재를 선발하도록 하기 위해 구직자의 자격과 능력을 평가하고 강점을 정리하여 구직자가 취업을 하도록 자기소개서 작성, 면접기술, 이미지메이킹 등 교육을 통해 자신의 강점을 표현하도록 조원하기도 한다.

직업소개원은 무료 직업소개원과 유료 직업소개원으로 나눌 수 있는데 구직자와 구인자를 연결하여 구직의 희망사항와 구인자의 요구조건에 부합하는 인재를 소개해 주는 역할을 포함한다. 직업소개원의 역할은 구인자가 요구하는 자격요건과 구직자의 자격조건을 일치하도록 하여 직업정보를 제공하는 역할을 하게 된다.

이와 같이 진로상담은 개인의 진로문제뿐만 아니라 취업알선 또는 직업소개 업무를 수행하면서 구직자에게 직업정보 제공, 상담과정을 거쳐 개인이 만족하는 직업을 선택하도록 돕는 역할을 한다. 진로상담을 단지 직업선택 과정에서 단순히 구인자와 구직자를 연결해 주는 역할로만 오인하거나 개인의 진학과정 및 심리적 지원의 역할만으로 오인할 수 있다. 하지만 진로상담은 진로상담을 포함하는 포괄적 업무를 수행한다.

3. 진로상담이 필요한 이유

직업의 세계가 매우 빠르게 변화하고 있다. 몇몇 특수한 직업을 제외하고는 평생직업이나 평생직장은 없다. 많은 직업이 새로 생겨나고 몇몇 직업은 쉽게 사라져 간다. 평균수명의 연장으로 60세 정년 후에 새로운 일을 찾는 경우가 늘고 있다. 평균수명 150세의 날이 머지않았고, 그렇다면 평생 2~3개의 직업을 가지는 것은 더 이상 특별한 일이 아닐 것이다. 어떤 곳에서 어떤 일을 할 것인가는 이제 평생에 걸쳐 선택하고 발달시켜야 하는 가장 중요한 문제가 되고 있다.

Williamson(1939)은 진로선택의 문제를 불확실한 선택, 무선택, 흥미와 적성의 불일치, 어리석은 선택 등 4가지 유형으로 나누어 진단하였다.

① 불확실한 선택: 진로선택이 불확실한 이유에는 섣부른 선택, 교육수준의 부족, 자기이해의 부족, 직업세계에 대한 이해 부족, 실패에 대한 두려움, 친구와 가족에 대한 걱정, 자신의 적성에 대한 불안 등의 요인 때문이다.

② 무선택: 직업선택을 전혀 하지 못한 학생들은 통상 자신이 아직 결정하지 못했다고 이야기하거나 미래의 진로에 대해 잘 모른다고 말하는데, 이들은 진로선택과 관계없는 흥밋거리에 주로 관심을 쏟고 있는 경우가 많다.

③ 흥미와 적성의 불일치: 흥미와 적성의 불일치는 종종 본인이 말하는 흥미와 적성 사이에 불일치일 수도 있고, 측정된 흥미와 적성 사이의 불일치일 수도 있다.

④ 어리석은 선택: 사람들은 성공 가능성에 대한 증거가 조금만 있어도 진로선택을 하기 쉽다. 진로상담의 대상은 청소년, 대학청년, 경력단절여성, 중장년, 은퇴자, 장애인, 다문화 등 범위가 넓기 때문에 관심 대상에 대한 특징과 상담 관련 정보도 충분히 준비해 나가야 한다. 본 교재에서는 청소년, 대학청년, 경력단절여성, 중장년 퇴직자를 중심으로 진로상담의 필요성과 역할에 대해 다루었다.

1) 진로상담의 중요성

너는 커서 뭐가 될래? 무슨 학과를 갈꺼니? 진학을 앞두고 있는 학생들에게는 진학문제가 아주 예민하고 고민이 되는 것 중 하나이다. 청소년 시절 자신이 무엇을 하고 싶은지, 자기가 가장 잘하는 일은 무엇인지 탐색하는 과정은 가장 중요함에도 불구하고 해결하지 못한 채 바로 대학이라는 문을 들어가게 된다. 안타까운 것은 청소년의 가장 큰 고민은 진로문제인데 진로상담이 진학 관련 문제에 집중되어 있다는 점이다.

(1) 우리나라 학생들의 진로문제 유형

① 장래에 대한 진로 무계획

- 자신의 장래에 대한 준비나 계획 없이 막연하고 비현실적인 생각으로 될 대로 되라는 식의 태도를 지니고 있는 상태이다.

  (예) 나는 인생 실패한 놈이야. 구체적이고 현실적인 앞날은 생각하고 싶지 않다. 앞으로 무엇을 할 지 모르겠다. 될 대로 되라. 대충대충 살고 싶고 만사가 귀찮다. 미래에 대한 준비는 하면 뭐하나? 흙수저로 살텐데. 대학생이면 어느 정도 진로의 방향을 정해서 탐색해야 하는데 그렇지 못하다(교수).

② 자기인식 부족과 자존감 결여

- 진로선택에 있어서 가장 중요한 것은 자기인식과 자존감이지만 자신의 능력, 적성, 소질, 흥미, 성격적 강점 등에 대한 인식이 부족한 경우이다.

  (예) 무엇을 해야 할지 모르겠다, 적성과 소질을 모르겠다. 내가 진짜 하고 싶은 것을 알겠으나 자신감이 없다. 나는 특별한 재주가 없어서 고민이다. 앞으로 무엇을 해서 먹고 살아야 할지 고민만 생긴다. 내 적성이 뭔지 모르겠다. 적성에 따라 무슨 학과를 지망해야 할지 모르겠다. 대학 졸업 후 더 불안하기만 해서 졸업을 미루고 싶다.

③ 자신이 바라는 희망과 현실과의 괴리

– 자신의 현실적인 능력 수준에 부합되지 않는 진로를 선택하거나, 이와 반대로 현실적인 능력 수준에 맞추어 진로를 선택하다 보니 본인이 원치 않는 일을 하게 되어 내적 갈등을 겪는 경우이다.

(예) 하고 싶은 일은 있는데 능력이 안 된다. 학교 성적이 형편없다. 가고 싶은 곳은 있는데 지방대학교 나와서 희망이 없다. 전공 공부와 스펙을 갖췄으나 뽑아 주는 곳이 나의 수준과 맞지 않다. 가기 싫은데 부모님의 기대에 부응해야 해서 가야 한다. 성적 때문에 싫은 학교에 가야 한다, 성적 때문에 적성에 안 맞는 학과에 가야 한다.

④ 진로에 대한 두려움이나 압박감

– 상급 학교 진학이나 졸업을 하고 나서 사회에 진출했을 때 두려움을 갖는 경우이다.

(예) 졸업 후 과연 취업할 수 있을까에 대한 두려움으로 취업을 미룬다. 졸업 후 좋은 직장에 갈 수 있을까? 걱정부터 앞선다. 졸업을 하면 할 수 있는 일을 찾을 수 있을까 걱정된다. 졸업 후 사회생활을 어떻게 해야 할지 막막하고 두렵다. 사회인으로 제구실을 할 수 있을 지 두렵다. 졸업하고 다른 친구들처럼 나를 뽑는 회사가 있을까 걱정된다. 대학 가고 군대 다녀오면 나이만 먹을 텐데 허무하다. 진학 못할까, 시험 떨어질까 두렵다. 대학에 떨어질까 걱정된다. 대학 진학에 대한 압박감과 스트레스, 부모님의 기대로 상위권 대학을 가야 한다는 생각에 부담이 크다. 원하는 대학에 갈 수 있을까 조바심이 난다. 대학에 붙지 못하면 어떻게 먹고살까 염려된다.

⑤ 진로선택에 대한 갈등

- 진학 및 직업선택 과정에서 여러 가지 대안들에 대한 갈등과 취업, 진학, 유학 등을 선택 하는 데 갈등하는 경우이다.
  (예) 어떤 대학에 어느 전공을 선택할지, 복수전공은 어떤 분야를 선택해야 할지 고민이다. 대학원은 어디 학교를 선택해서 전공을 선택할지 모르겠다. 외국에서 공부해야 할 지, 그냥 여기서 공부해야 할지 고민이다. 미래에 어떤 직업을 선택할지 고민한다. 공무원을 해야 할지, 아니면 일반기업에 취업할지 갈등된다.

⑥ 진로에 대한 정보 부족

- 진로, 즉 대학교 진학이나 대학원 진학, 취업, 창업에 대하여 다양하고 구체적인 정보가 부족하여 문제가 되는 경우이다.
  (예) 취업을 준비하고 있는데 전공 분야로 취업할 수 있는 기업정보나 채용트렌드에 대해 정보가 부족하다. 대학이나 대학원 진학에 대한 구체적인 정보나 지식이 부족하다. 창업을 하고 싶으나 창업지원에 대한 정보가 부족하여 막연하기만 하다.

⑦ 진로에 대한 부모님과의 갈등

- 대학을 진학하거나 취업을 하는데 부모님과 의견이 다르거나 부모님의 기대에 순응해야 한다는 부담을 겪는 경우이다.
  (예) 부모님의 생각과 자신의 생각이 달라 관심 있는 학과를 선택하고 싶으나 갈등이 된다. 하고 싶은 일이 있으나 부모님이 못하게 한다. 진학문제에 대해 부모님과 의견이 다르다. 유학을 가고 싶으나 부모님이 반대한다. 난 적성이 공학쪽인데 부모님은 무조건 공무원을 하라고 강요한다. 대학생이 되어서도 부모님의 의견을 따라야 해서 답답하다.

⑧ 자격증과 스펙 쌓기

- 취업을 해야 하는 고등학생이나 대학생의 경우 자격증, 외국어 점수를 취득해야 하는 문제로 갈등을 겪는 경우이다.

(예) 실업계 학생들은 자격증 취득 문제로 고민이 많다. 대학생의 경우 4학년이 되면 외국어 점수와 전공 자격증 취득 문제로 부담이 크다. 내년이면 4학년인데 취업에 필요한 자격증이 별로 많지 않아 걱정이다. 미리미리 자격증을 취득했어야 하는데 후회된다. 스펙을 높이기 위해 노력했는데 남은 게 없다.

⑨ 미래에 대한 확신 부족과 막연한 두려움

- 다가올 미래에 진로 및 직업선택에 대한 막연함과 불안감을 겪는 경우이다.

(예) 장래에 무엇을 해야 할지 꿈이 없어 걱정이다. 쓸모없는 사람이 될까 봐 미래가 두렵다. 내 자신의 힘으로 사회생활을 잘 해낼 수 있을까?, 가족들을 먹여 살릴 수 있을까?, 장래가 불확실하여 더 불안하다. 미래에 대한 막연한 불안으로 방황하고 있다. 내가 앞으로 어떻게 먹고 살아야 할지 미래가 두렵다.

⑩ 장기적인 삶에 대한 회의와 목표 부재

- 목표 없는 삶과 인생에 대한 근본적인 회의나 의문을 가지거나 방황하는 경우이다.

(예) 인생이 허무하게 생각되며 왜 사는지 모르겠다. 난 꿈도 없고 당장 무엇을 해야 할지 모르겠다. 하루하루의 삶에 회의를 느낀다. 인생이란 무엇일까 고민한다. 인생의 나침반이 없어 어디로 가야 할지 우울하다. 뚜렷한 인생관을 갖고 싶다. 내 자신의 가치관을 세우지 못하고 부모님의 기대에 늘 매여 산다. 삶에 대한 애착도 없이 사는 내 자신이 답답하다. 삶을 너무 무의미하게 산다.

청소년 진로상담은 학생이 자기 스스로 진로정보를 탐색하고 전문가를 통하여 분석한 자료를 피드백을 받아 본인에게 맞는 적절한 직업, 혹은 진로를 선택할 수 있도록 도와줘야 한다. 청소년은 상담에 앞서 자기 스스로가 가진 적성과 관심사를 객관적으로 평가해 볼 필요가 있으며 상담자는 열린 마음으로 청소년과 긍정적인 대화를 통해 고정관념이나 편견 없이 있는 그대로를 수용하는 자세를 갖춰야 한다.

청소년 시기는 자기정체성에 대한 청사진을 그려 나가도록 학생들 스스로 자신의 진로와 관련하여 본인의 재능이나 잠재된 소질과 역량을 끊임없이 되돌아봐야 한다. 하지만 객관적으로 자기이해를 통해 평가하기란 쉬운 일이 아니다.

(2) 진로상담자의 역할

청소년시절 학생과의 충분한 진로상담을 통해 소질, 적성과 관련한 명확한 진로목표를 세워 주는 것이 진로상담의 가장 큰 목적이라고 볼 수 있다. 가령, 게임 프로그래머 되고 싶은 학생이 있다고 가정해 보자. 상담자는 무조건적으로 "그래, 네가 하고 싶은 직업을 선택하는 것은 참 좋은 일이지."라며 수긍하는 것이 아니라 그 학생이 왜 게임프로그래머가 되고 싶은지, 게임프로그래머가 되기 위해 타고난 소질과 적성은 무엇인지, 지금 현재 무엇을 준비하고 있는지를 먼저 파악한 뒤 그에 따른 진로목표를 세워 주는 것이 진로상담자의 역할이라고 볼 수 있다. 진로상담자의 역할을 살펴보면 다음과 같다.

① 다양한 직업정보 제공자의 역할

청소년의 경우 진로선택을 앞두고 직업에 대한 자세한 정보를 알지 못하고 고민하는 경우가 많아 섣부른 선택을 할 수 있다. 가령 TV에서 범죄 심리 관련 프로그램이나 드라마를 보고 프로파일러가 되고 싶다고 생각하지만 정작 구체적으로 어떻게 프로파일러가 될 수 있는지, 관련 대학교를 졸업한 후에는 어떻게 취업을 해야 하는지, 관련 학과는 어떤 분야로 진학을 해야 하는지 등에 대한 진로정보를 제공하는 것 역시 진로상담자의 중요한 역할이다. 청소년은 진로상담을 통해 자신이 생각했던 진로와 검사 또는 다양한 정보수집을 통해 목표를 재수정하여 본인의 진로를 선택하는데 발판을 마련할 수 있다.

② 무조건적인 수용과 공감하는 자세

진로상담자는 학생들과의 상담을 통해 얻은 진로문제에 대해 다양한 상담기법과 검사도구의 결과, 진로정보를 종합적으로 평가한 뒤 그 결과를 가지고 학생과 진로선택에 대해 논의를 통해 명확성을 부여해야 한다. 이때 중요한 점은 학생의 진로문제를 무조건적으로 수용하고 공감하려고 하다 보면 자칫 학생은 본인의 소질과 적성, 역량, 재능을 제대로 파악하지 못하고 그릇된 방향으로 진로를 설정할 수도 있기 때문이다.

③ 냉철한 판단과 적극적인 자세

진로상담자는 학생에 대한 정확한 진단을 해야 하기 때문에 냉철한 판단력을 통해 학생의 재능, 적성, 역량 등을 파악할 수 있어야 하며 동시에 성실하고 적극적인 자세로 상담에 임해야 한다는 점을 명심해야 한다. 간혹 진로상담실에 찾아가 상담자의 성의 없는 태도 때문에 상담에 대한 거부감을 갖게 되는 학생들이 종종 있다. 청소년의 경우 부모나 선생님보다는 또래들과 고민을 나누려는 경향이 많다. 그렇기 때문에 진로상담자는 학생들의 고충을 충분히 공감하는 자세로 임해야 하고 상담에 임할 때는 객관성을 잃지 말고 적극적인 자세를 유지해야 한다.

2) 직업상담사의 발달과 역할

현재 진로상담 분야는 생애적 관점에서 발달되어 진로상담과 혼용하여 사용되고 있는데 우리나라 진로상담의 획기적 발달은 2000년도에 직업상담사 국가자격제도를 도입하면서이다.

진로상담 분야에서 처음으로 도입된 직업상담사는 1년에 2회 시험을 실시하다가 지금은 3회로 확대 운영되고 있다. 2004년에는 총 4만 7,745명이 응시하여 2,999명이 합격하기도 하였는데 최근 2019년에는 2만 2,283명이 응시하여 6,648명이 최종 합격하여 44%의 합격률을 보였다.

직업상담사 시험은 직업상담학, 직업심리학, 직업정보론, 노동시장론, 노동법으로 구성되며 직업상담사는 대학, 청소년기관, 사회복지기관, 여성이나 노인단체, NGO, 헤드헌팅사, 직업전문학교, 공공기관, 고용플러스센터, 한국고용정보원, 전직지원 컨설팅사 등에서 활동이 가능하다.

직업상담사가 수행하는 업무는 상담업무, 직업소개업무, 직업 관련 검사 실시 및 해석업무, 직업지도 프로그램 개발과 운영업무, 직업상담 행정업무 등으로 구별 지을 수 있다. 주요 상담업무에는 「근로기준법」을 비롯한 노동관계 법규 등 노동시장에서 발생되는 직업과 관련된 법적인 사항에 대한 일반상담 실시와 구인·구직상담, 창업상담, 경력개발상담, 직업적응상담, 직업전환상담, 은퇴 후 상담 등의 각종 상담이 있다.

직업상담사는 구직자들이 그들의 교육, 경력, 기술, 자격증, 구직직종, 원하는 임금 등을 포함한 구직표를 정확하게 작성하도록 도와주며 구직표를 제출하면 정확하게 되었는지를 검토하며 필요하면 수정을 한다. 직업상담사는 구직자들에게 가장 적합한 직업이 무엇인지를 찾는데 도와주며 적성, 흥미 검사 등을 실시하여 구직자의 적성과 흥미에 알맞은 직업정보를 제공하고 청소년, 여성, 중·고령자, 실업자 등을 위한 직업지도 프로그램 개발과 운영을 한다. 그리고 취업이 곤란한 구직자(장애자, 고령자)에게 보다 많은 취업기회를 제공하고 구인난을 겪고 있는 기업에게 다양한 인력을 소개하기 위하여 구인처 및 구직자를 개척하기도 한다.

〈표 1-2〉 연도별 직업상담사 자격취득 현황 (단위: 명, %)

연도	필기			실기		
	응시	합격	합격률	응시	합격	합격률
2019	22,283	11,690	52.50	15,119	6,648	44
2018	23,328	12,235	52.40	14,504	6,955	48
2017	19,484	9,517	48.80	12,653	5,227	41.30
2016	20,516	10,289	50.20	13,762	5,313	38.60
2015	19,595	10,221	52.20	14,114	5,039	35.70
2014	21,381	11,223	52.50	15,152	4,011	26.50
2013	21,202	9,991	47.10	14,758	3,872	26.20
2012	21,876	8,747	40	14,047	2,403	17.10
2011	24,676	11,653	47.20	16,653	4,026	24.20
2010	25,565	11,927	46.70	16,083	4,442	27.60
2009	12,540	6,247	49.80	7,396	1,774	24
2008	6,461	2,886	44.70	3,731	782	21
2007	5,383	2,174	40.40	2,439	165	6.80
2006	3,132	1,407	44.90	1,583	725	45.80
2005	1,395	386	27.70	574	282	49.10
2004	770	231	30	547	120	21.90
2003	1,159	535	46.20	679	100	14.70
2002	1,271	416	32.70	928	203	21.90
2001	2,357	754	32	1,803	335	18.60
2000	27,125	6,605	24.40	8,272	2,241	27.10

출처: 큐넷(www.q-net.or.kr).

제2장

청소년을 둘러싼 직업환경의 변화

1. 인구구조의 변화: 저출산과 고령화

저출산이 급격히 증가하는 가운데 평균 수명도 꾸준히 증가하여 고령화가 빠르게 진행되고 있다.

통계청(2019)의 청소년 통계자료에 의하면 2020년 청소년 인구는 총인구의 16.5%인 854만 2,000명으로 1982년 이후 계속 감소하고 있다. 1982년 1,420만 9,000명이었던 청소년 인구는 약 40년 후인 2020년에 60% 수준으로 감소하였으며, 향후 40년 후인 2060년에는 현재의 절반 수준으로 감소할 것으로 전망된다. 2020년 청소년 인구의 남녀 성비는 남자가 52.1%, 여자가 47.9%로 나타났다(통계청, 2019).

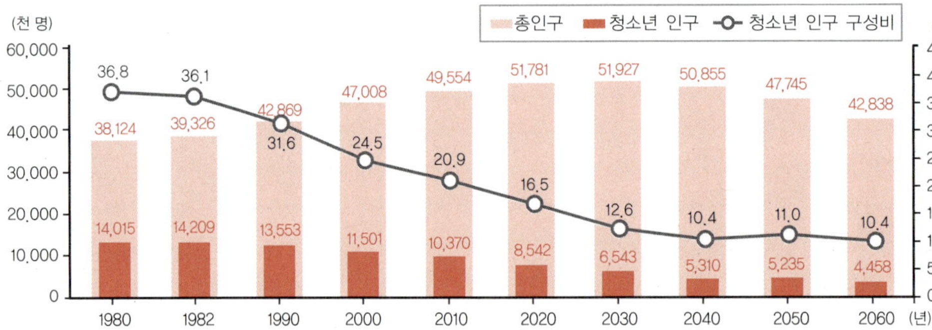

[그림 2-1] 청소년(9~24세) 인구 및 구성비

〈표 2-1〉 청소년(9~24세) 인구 추이 (단위: 천 명, %)

	총인구	청소년 인구[1] (9~24세)	구성비	남자	구성비[2]	여자	구성비[2]
1980	38,124	14,015	36.8	7,216	51.5	6,799	48.5
1982	39,326	14,209	36.1	7,322	51.5	6,887	48.5
1990	42,869	13,553	31.6	6,991	51.6	6,563	48.4
2000	47,008	11,501	24.5	5,987	52.1	5,514	47.9
2010	49,554	10,370	20.9	5,468	52.7	4,902	47.3
2020	51,781	8,542	16.5	4,448	52.1	4,094	47.9
2030	51,927	6,543	12.6	3,362	51.4	3,181	48.6
2040	50,855	5,310	10.4	2,722	51.3	2,588	48.7
2050	47,745	5,235	11.0	2,685	51.3	2,550	48.7
2060	42,838	4,458	10.4	2,286	51.3	2,172	48.7

출처: 통계청(2019). 장래인구추계.
주: 1) 「청소년 기본법」 기준에 따른 청소년 인구
2) 청소년 인구에 대한 각각의 구성비

2020년 학령인구는 782만 1,000명으로 총인구의 15.1%를 차지하였으며, 총인구 중 학령인구 비중은 계속 감소하여 2060년에는 10% 아래로 낮아질 것으로 전망된다.

학령인구가 총인구에서 차지하는 비중을 학교급별로 살펴보면 초등학교(6~11세) 5.2%, 중학교(12~14세) 2.6%, 고등학교(15~17세) 2.7%, 대학교(18~21세) 4.6%로 나타났다(통계청, 2019).

〈표 2-2〉 학령인구(6~21세) 추이 (단위: 천 명, %)

	총인구	학령인구 (6~21세)		초등학교		중학교		고등학교		대학교	
			구성비	(6~11세)	구성비	(12~14세)	구성비	(15~17세)	구성비	(18~21세)	구성비
1970	32,241	12,604	39.1	5,711	17.7	2,574	8.0	2,101	6.5	2,218	6.9
1980	38,124	14,401	37.8	5,499	14.4	2,599	6.8	2,671	7.0	3,632	9.5
1990	42,869	13,361	31.2	4,786	11.2	2,317	5.4	2,595	6.1	3,663	8.5
2000	47,008	11,383	24.2	4,073	8.7	1,869	4.0	2,166	4.6	3,275	7.0
2010	49,554	9,950	20.1	3,280	6.6	1,985	4.0	2,084	4.2	2,601	5.2
2019	51,709	8,047	15.6	2,765	5.3	1,318	2.5	1,454	2.8	2,511	4.9
2020	51,781	7,821	15.1	2,717	5.2	1,358	2.6	1,382	2.7	2,364	4.6
2030	51,927	6,076	11.7	1,797	3.5	1,143	2.2	1,321	2.5	1,815	3.5
2040	50,855	5,204	10.2	2,085	4.1	1,017	2.0	916	1.8	1,186	2.3
2050	47,745	5,073	10.6	1,733	3.6	941	2.0	1,002	2.1	1,396	2.9
2060	42,838	4,188	9.8	1,398	3.3	793	1.9	832	1.9	1,164	2.7

출처: 통계청(2019). 장래인구추계.

2019년 다문화 학생은 13만 7,225명으로 전체 학생의 2.5%를 차지하였다. 전체 학생 수가 감소하고 있는 것과 달리 다문화 학생 수는 계속 증가하고 있으며, 2012년 대비 약 3배 수준으로 증가하였다. 2019년 다문화 학생 중 75.7%가 초등학생이며, 중학생 15.8%, 고등학생 8.2% 등으로 나타났다.

〈표 2-3〉 다문화 학생 현황 (단위: 명, %)

	전체 학생 1) (천 명)	다문화 학생 2)	구성비 3)	전년 대비	초등 학교	구성비 4)	중학교	구성비 4)	고등 학교	구성비 4)	각종 학교	구성비 4)
2012	6,730	46,954	0.7	-	33,740	71.9	9,627	20.5	3,409	7.3	178	0.4
2013	6,489	55,780	0.9	18.8	39,360	70.6	11,280	20.2	4,858	8.7	282	0.5
2014	6,294	67,806	1.1	21.6	48,225	71.1	12,506	18.4	6,734	9.9	341	0.5
2015	6,097	82,536	1.4	21.7	60,162	72.9	13,827	16.8	8,146	9.9	401	0.5
2016	5,891	99,186	1.7	20.2	73,972	74.6	15,080	15.2	9,816	9.9	318	0.3
2017	5,733	109,387	1.9	10.3	82,733	75.6	15,945	14.6	10,334	9.4	375	0.3
2018	5,593	122,212	2.2	11.7	93,027	76.1	18,068	14.8	10,688	8.7	429	0.4
2019	5,453	137,225	2.5	12.3	103,881	75.7	21,693	15.8	11,234	8.2	417	0.3

출처: 통계청(2019). 장래인구추계.
한국교육개발원, 교육부. 교육기본통계조사.

주: 1) 초등학교, 중학교, 고등학교 및 각종 학교 재적 학생 수
2) 국제결혼가정 학생(국내출생+중도입국)+외국인가정 학생
3) 다문화 학생 수/전체 학생 수×100
4) 다문화 학생 중 구성비

2017년 현재 15~64세 생산연령인구는 전체 인구의 73.2%(3,757만 명), 65세 이상 고령인구는 13.8%(707만 명), 0~14세 유소년인구는 13.1%(672만 명)이며, 2067년 생산연령인구는 45.4%, 고령인구는 46.5%, 유소년인구는 8.1%를 차지할 것으로 예상된다.

생산연령인구는 2017년 3,757만 명에서, 2067년 1,784만 명(총인구의 45.4%)으로 감소할 것으로 보인다. 또한 2017년부터 65세 이상 고령인구가 0~14세 유소년 인구보다 많아, 2067년에는 고령인구가 유소년 구보다 5.7배 많을 것으로 전망된다.

2. 직업구조의 변화

청년들은 지나친 입시 위주의 교육에 머물러 있다가 아무 생각 없이 자신에게 맞는 일을 선택하고 진로를 탐색한다는 것은 목적도 없는 곳을 향해 가는 것과 같다.

자신의 흥미와 적성, 강점을 활용하여 진로를 결정하기 위해서는 신뢰로운 정보제공과 지속적인 진로상담이 지원되어야 한다.

직업정보는 내담자가 직업을 선택하는 데 업무의 내용, 임금수준, 학력수준, 향후 전망 등을 고려하여 합리적으로 의사결정을 하도록 돕는다. 직업정보가 중요한 이유는 미래의 직업은 생성, 분화, 통합, 소멸 등 빠른 속도록 변화하고 있기 때문이다. 특히 직업은 직무단위로 세분화, 전문화되어 가고 있고, 미래를 예측하기 힘들 정도로 가속화되어 가고 있다.

Alvin Toffler에 의하면 미래경제는 ① 스피드(speed), ② 개인 맞춤형 생산, ③ 초복잡성, ④ 경제붕괴 등으로 대표할 수 있다고 하였다. 직업세계의 미래를 예측하기 위해서는 우선 미래사회에 영향을 미치는 다양한 요인들을 인지해야 한다.

1) 자동화와 사이버

기술의 가속화는 생산의 모든 과정을 자동화로 만들었다. 미래사회가 직업에 영향을 미치는 요인은 인간이 삶의 편리성을 도모하기 위한 자동화와 사이버 두 단어로 요약할 수 있을 것이다.

자동화는 반도체 공정에서 작업자 없이 자동화 설비에 의해 제어하고 생산이 이루어진다. 이러한 과정은 설계, 생산, 품질관리, 물류 등 제조산업의 전 과정이 매끄럽게 연동되고, 전사적인 설비·물류 반송 및 생산 실행관리 기능을 갖춘 데이터 기반 생산 자동화의 예시라 할 수 있다. 자동화는 인간의 편리성을 추구하기 위한 혁신적인 기술이라고 볼 수 있는데 가장 중요한 것은 이러한 자동화가 데이터 기반으로 이루어지고 있다는 것이다. 패턴 인식, 딥러닝, 비정형 분석 등의 고급 기술을 자유자재로 활용해 데이터 이면까지 분석하면서 사전 감지와 예측 서비스를 제공하고 있다.

스마트팩토리는 이제 단순 데이터 수집에 그치지 않고, 인공지능(AI) 기술이나 클라우드 플랫폼과 결합해 실시간 분석과 예측 진단 서비스, 프로세스 최적화까지 도맡고 있다. 공장 자동화의 변화는 발주 내용이나 제조 방식에 변화가 발생하더라도 클라우드 기반의 유연한 자동 제조 시스템으로 대응 능력을 향상해 다운타임 손실을 최소화할 수 있다.

현재는 설비 자동화에 의해 품질관리가 이루어지고 있으나 과거에는 숙련된 전문 인력이 육안으로 제품을 검수해야 했다. 이제 자동차산업, 명품 패션 제조업 분야에서는 이미지 센서, 렌즈, 컴퓨터 이미지 프로세싱 기술을 조합한 비전검사를 널리 활용하고 있다.

현장에서 업무를 수행하는 전문 인력의 경우 수작업을 AI로 대체해 공정 자동화 패턴을 수립하고 공정을 디지털화하는 검사 지능화도 제조 분야의 자동화 지능화의 하나에 포함된다. 각종 센서와 기기에서 수집한 정형·비정형 데이터를 제조업에 특화된 AI 및 빅데이터 모델링 기법으로 분석하면 불량, 설비 고장 등 고질적인 문제의 원인을 밝혀 낼 수 있다. 전문 인력은 생산과정과 품질향상을 위해 동시에 관리할 수 있다는 장점이 있다. 이는 데이터 흐름과 제품의 생산과정을 실시간으로 추적해 비숙련 인력도 제조 데이터 분석 역량을 키울 수 있다.

사이버(Cyber)는 동시간대 ① 1인 미디어, ② 공간의 무한성, ③ 공간의 익명성, ④ 접근의 용이성, ⑤ 낮은 탐색비용, ⑥ 정보전달의 신속성 등의 특징을 지닌다. 최근에는 SNS를 통해 정치적, 문화적, 사회적으로 같은 취향을 가진 사람들이 인터넷 공간에서 여러 형태로 활동한다는 시대적 상황을 보면 정보의 신속성과 무한성, 접근성이 용이한 점은 사이버 시대를 빠르게 만들어 냈다.

인터넷이 1982년 처음으로 시작된 이후, 1994년 인터넷 상용화가 이루어졌고, 모뎀을 통한 인터넷 www 서비스는 1995년에 시작되었다.

국내 인터넷 이용 인구는 1994년 인터넷 상용화 서비스 개시 이후 1998년 초고속인터넷 상용서비스가 개시되면서 본격적인 성장기를 맞이하였으며, 2004년 인터넷 이용자 수가 처음으로 3,000만 명을 넘어선 지 9년 만인 2013년에 4,000만 명을 넘어섰고, 1년 만에 다시 약 100만 명이 증가한 4,112만 명으로 나타났다.

2000년 인터넷 이용률은 44.7%(1,904만 명)에 불과하였으나, 2001년 인터넷 이용률이 전년대비 11.9%p 증가하며 처음으로 과반수(56.6%)를 넘어섰으며, 이후 지속적으로 증가하여 2004년에는 인터넷 이용률이 70.2%, 이용자 수가 3,158만 명으로 2000년 대비 25.5%p(1,254만 명) 증가하였다.

2005년(72.8%) 이후 인터넷 이용률(2006년 74.1%, 2007년 75.5%, 2008년 76.5%, 2009년 77.2%, 2010년 77.8%, 2011년 78.0%, 2012년 78.4%, 2013년 82.1%, 2014년 83.6%)의 증가폭은 3%p 내외로 안정적인 증가세를 유지하였으며, 2008년 76.5%에서 2018년 91.5%로 10년간 15.0%p 증가한 것으로 조사되어 연평균 1.8%p씩 증가하였다.

2019년 7월 만 3세 이상 인구의 인터넷 이용률(최근 1개월 이내 인터넷 이용자의 비율)은 91.8%로 전년대비 0.3%p 증가하였으며 인터넷 이용자 수는 4,635만 3,000명(전년대비 22만 8,000명 증가)으로 나타났다.

〈표 2-4〉 인터넷 이용자 수 변화 추이 (단위: 년, 만 명)

구분	2012	2013	2014	2015	2016	2017	2018	2019
인터넷 이용자 수	3,812	4,000	4,112	4,194	4,364	4,528	4,612	4,635

출처: 통계청(2019). 인터넷이용실태조사(각 연도).

우리나라가 이처럼 단기간 내에 세계적 수준의 인터넷 이용환경을 갖추게 된 원인은 다음과 같이 분석될 수 있다.

- 정부의 적극적인 투자와 지원을 기반으로 세계 최고 수준의 초고속인터넷망 구축 및 저렴한 고성능 컴퓨터 보급
- 정부 주도의 시장경제 원리에 기반한 통신사업자 간 경쟁체제 도입으로 초기부터 저렴한 인터넷 이용요금 실현
- 초고속인터넷 보급에 적합한 우리나라의 높은 인구밀도와 밀집된 주거환경

국내 인터넷 이용 인구는 이미 성숙·안정기의 양상을 보이고 있으므로, 향후 이용자 수의 양적인 증가세는 둔화될 것으로 보이나, 스마트폰 등 스마트기기의 보급과 함께 사회 전반에서의 인터넷 활용 및 의존도는 더욱 증가할 것으로 예상된다. 특히 모바일 인터넷 환경이 보편화되면서 중장년층의 인터넷 이용이 더욱 증가할 것으로 예상된다.

■ 인터넷 이용자 수 국제 비교

- 국제전기통신연합(ITU)는 207개 국가의 인터넷 이용률(Individuals using the Internet) 통계를 제공함
- 2017년 기준, 인터넷 이용률은 아이슬란드가 98.26%로 가장 높았으며, 다음으로 룩셈부르크(97.83%), 덴마크(97.10), 노르웨이(96.51%) 등의 순이고, 한국은 95.10%로 나타남

※ ITU 기준에 따른 '인구 100명당 인터넷 이용자 수': 최근 3개월 이내 인터넷 이용자

주요국의 인터넷 이용률 (단위: %)

아이슬란드	룩셈부르크	덴마크	노르웨이	스웨덴	한국*
98.26	97.83	97.10	96.51	96.41	95.10
스위스	**네덜란드**	**캐나다**	**일본**	**홍콩**	**필란드**
94.62	93.71	92.70	90.87	89.42	87.42

출처: ITU(2018). Measuring the Information Society Report.
* 만 16세 이상 74세 이하 인구 중 최근 1년 이내 1회 이상 인터넷을 이용한 자의 비율

지난 10년 간 이용률은 15.0%p 증가(2008년 76.5% → 2018년 91.5%) 했는데, 성·연령별 이용률 격차가 대폭 감소하여 남녀노소 구분 없이 인터넷을 이용하고 있는 것으로 나타났다.

성별 이용률의 경우, 남성(93.9%)의 이용률이 여성(89.1%)보다 여전히 높았으나, 남녀 간 격차는 2008년 10.1%p(남성: 81.6%, 여성: 71.5%)에서 2018년 4.8%p(남성: 93.9%, 여성: 89.1%)로 좁혀졌다.

연령별 이용률의 경우, 2008년 대비 50대 이상의 이용률이 큰 폭으로 상승*하여 전체 인터넷 이용률의 상승을 견인한 것으로 보이며, 70세 이상을 제외한 전 연령층에서 85% 이상의 이용률을 보였다.

* 50대: 2008년 48.9% → 2018년 98.7%(49.8%p↑)
60대: 2008년 19.0% → 2018년 88.8%(69.8%p↑)

최근 1인 가구의 비중이 전체 가구 수의 29.1%를 차지하는 등 1인 가구의 시대가 도래하면서, 1인 가구 관련 연령별 인터넷 이용률이 양극화되고 있는 것으로 나타났다. 20대 청년층 1인 가구에서 각종 인터넷 이용률이 60대 이상 고령층 1인 가구 대비 월등히 높은 것으로 나타났으며, 예외적으로 메신저 서비스의 경우 60대 이상 1인 가구에서도 86.1%의 이용률을 보였다(이메일, SNS, 인터넷 쇼핑, 인터넷 뱅킹 분야에서는 상당히 큰 이용률 격차를 보임).

〈표 2-5〉 성별 · 연령별 인터넷 이용률 추이 (단위 : %)

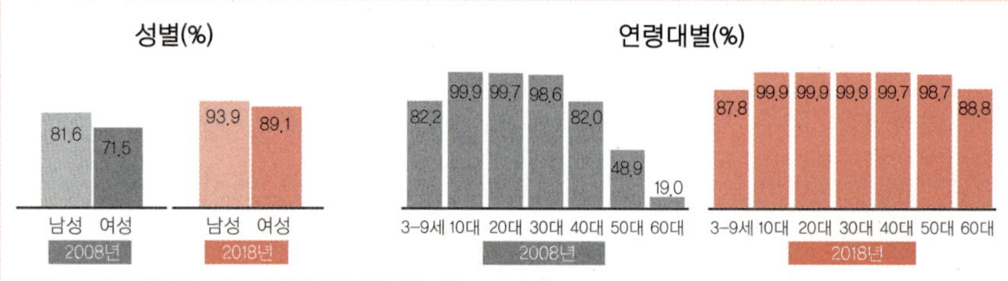

구분		2008년	2018년	10년간 증가폭(%p)
전체		76.5	91.5	15.0%p
성별	남자	81.6	93.9	12.3%p
	여자	71.5	89.1	17.6%p
연령별	3~9세	82.2	87.8	5.6%p
	10대	99.9	99.9	0.0%p
	20대	99.7	99.9	0.2%p
	30대	98.6	99.9	1.3%p
	40대	82.0	99.7	17.7%p
	50대	48.9	98.7	49.8%p
	60대 (2008년 60대 이상)	19.0	88.8	69.8%p
	70세 이상	–	38.6	–

출처: 통계청(2019). 인터넷이용실태조사.

3. 직업의식의 변화

한국인의 직업의식은 일에 대한 만족도 여가, 삶의 만족도 등 인간이 추구하고자 하는 가치관의 차이에 따라 국제적으로 다르다는 것을 알 수 있다.

우선, 직업의식(work value)은 직업환경(work setting)에 대한 일반적인 가치의 구체적 표현으로, 바람직한 최종 상태나 행동에 관련된 믿음이라는 점에서 인간의 다른 기본적 가치와 유사하다(Super, 1953). 가치관은 일과 삶에서 개인이 우선을 두는 개인의 관점이며 원리와 믿음, 신념이다. 이러한 가치관은 삶의 과정을 통해 가치관에 형성과 직업의식에 영향을 미치게 된다. 또한 직업의식에 적용되는 가치가 비록 직업과 그에 관련된 영역만을 제한하지만, 다양한 관점에서 정의되는 가치와 마찬가지로 광범위한 개념적 특성을 갖는다(Ros et al., 1999).

가치는 직업선택에서 개인의 선호에 따라 행동을 하게 만드는 것으로 정의된다(Allport, 1961). 이는 사람들마다 추구하는 삶의 기준과 가치가 다양하고, 개인이 추구하는 가치에 따라 우선순위를 정하게 된다. 결국 서로 다른 가치의 우선순위는 개인의 원리와 신념에 따라 직업을 평가하는 데 사용되어, 궁극적으로 많은 직업들 중에서 개인에게 가장 바람직한 직업대안들을 선택하는 데 사용된다.

'당신은 어떤 모습으로 삶을 펼쳐나가고 싶습니까?'
젊은 시절엔 누구나 세상은 자기가 태어날 때 시작됐고
세상의 모든 것이 다 자신을 위해 존재하는 줄로 생각한다.
- 괴테 -

이처럼 직업선택은 개인의 고유한 가치에 따라 직업을 평가하고, 선택하고, 입직 후 조직이나 개인의 목표를 달성하기 위한 행동을 이끄는 것이라고 볼 수 있다(Ros et al., 1999).

Super(1980)는 직업의식을 "객관적이고, 심리학적 상태로서 인간관계, 물리적 조건을 포함하여 개인이 추구하려고 하는 것(p. 130)"으로 정의하였다. 가치중심 이론을 제시한 Brown(1996) 역시 직업의식을 일종의 가치로서 직업의 결과로 충족되어야 하는 개인의 믿음과 신념으로 정의하였다.

이와 같이 직업의식은 일종의 개인이 추구하는 의식체계이며 개인적 신념으로, 인간이 직업선택과 활동의 결과로 만족되어야 하는 조건에 대한 인식 및 직업과 일의 가치에 대한 우선순위를 평가하는 의식체계로 볼 수 있다.

1) 직업윤리

Max Weber(1864~1920)가 『프로테스탄트 윤리와 자본주의 정신(*Die Protestantische Ethik und der Geist des Kapitalismus*)』(역: The Protestant Ethic and the Spirit of Capitalism, 1904~1905)을 저술한 원래의 의도를 제대로 파악하려면 그 시대의 배경을 고려해야 한다.

Weber는 자본주의 정신의 기원을 영국의 청교도주의라고 확신하였고, 청교도 정신은 영국에서 시작하여 미국에서 열매를 맺게 되는 것으로 보았다.

Weber는 직업윤리와 직업의식을 강조하였는데 프로테스탄티즘 윤리와 자본주의 정신에서 소명으로서의 직업의식을 강조하였다. 베버는 소명의식의 확장 개념으로 직업윤리를 제시하였는데 직업윤리 개념의 핵심은 개인이 자신의 일을 삶에서 가장 중요한 영역으로 받아들이는 태도이다. 또한 일은 사람의 의미이며, 종교적으로 정당화될 수 있다고 보았다.

Weber의 주장은 직업의 소명이 자본주의 정신에 근거하고 있으며 결국, 주권자인 신을 믿고 각자의 직업을 소명(calling)으로 알고서 근면 성실하되 합리적이고 금욕으로 살아가야 되는 것으로 보았다. 그러나 Weber의 주장은 한계점을 갖고 있는데 오늘날처럼 자본주의가 무한 질주하여 빈익빈 부익부의 심각한 양극화 현상을 초래할 것으로 예견하지는 못한 것이 한계점이다(김영태, 2011).

따라서 직업윤리는 서구의 자본주의 정신인 금욕주의에서 비롯되었다는 Weber의 주장이 신뢰성을 얻어 왔다. 반면에 개신교의 신조인 루터파를 중심으로

Weber와 Luther의 직업윤리에 대해 논의되기도 한다.

Luther가 발견한 '직업(Beruf)' 관념 속에는 자본주의 정신이 내재되어 있음을 알 수 있다.

> "직업이라는 관념 속에 담겨 있는 세속인 일상 노동에 대한 존중은 중세에, 아니 고대에도 존재했다. 그렇지만 루터(Luther)가 세속적 직업 속에서의 의무 이행을 도덕 실천이 취할 수 있는 최고의 내용으로 중시했다는 것은 의심할 바 없이 새로운 것이었다. 이 사상은 필연적인 결과로서 세속적 일상 노동에 종교적 의의를 인정하는 생각을 낳았고, 그런 의미에서의 직업 관념을 루터는 처음으로 만들어 내었다. 즉 이 직업 관념 속에는 모든 프로테스탄트 교파의 중심적 교리가 표출되어 있고, 가톨릭처럼 그리스도교의 도덕률을 '명령'과 '권고'로 나누는 것을 거부한다. 신의 뜻에 충실한 유일의 생활방식은 수도원인 금욕을 세속인 도덕보다도 높게 평가하는 것이 아니라 각 사람이 각자의 생활에서 차지하는 위치에 부과되는 세속인 의무를 성실히 수행하는 일이다. 여기에 바로 신에게서 받은 사명이라는 생각이 담겨 있다. 루터에 따르면 수도원 생활은 신 앞에서 아무 쓸모도 없을 뿐만 아니라 현세의 의무를 회피하려는 냉혹한 이기적 산물이라는 것이다. 이에 반해 세속의 직업 노동이야말로 그에게는 형제애의 외적인 표출로 여겨졌던 것이다. 어떤 환경에서도 세속적인 의무의 수행은 신으로부터 축복받을 유일한 길이며 따라서 정당한 직업은 모두 신 앞에서 반드시 평등한 가치를 지닌다. 세속의 직업생활에 대해 이러한 도덕적 자격을 부여한 점은 루터의 업적 가운데 후대에 끼친 가장 커다란 영향의 하나라고 할 수 있다."

출처: 한국직업능력개발원(2014). 한국인의 직업의식 및 직업윤리.

Miller 등(2002)은 직업윤리가 다차원적이며, 특정 직업에 국한된 것이 아니라 일반적인 모든 일에 적용되는 것이고, 학습되어야 한다고 하였다. 특히 직업윤리가 일의 중심성, 자기독립성, 근면 성실, 여가에 대한 관점, 도덕성·윤리, 만족의 지연, 시간관리의 7가지 차원으로 구성됨을 밝혔다. 또한 직업윤리는 특정 종교에 국한되지 않는 개념이라고 강조하였는데 행동과 함께 믿음과 태도를 포함하며, 동기적 속성을 가지고 있다고 하였다.

Weber가 제시한 직업윤리, 즉 일을 하는 동기나 일에 대한 만족 여부와 상관없이 일을 중요하게 생각하며 열심히 일하는 정도가 곧 직업윤리라고 파악하였다(Raaijmakers, 1987; ter Bogt, 1999; ter Bogt et al., 2005). 이는 곧 '목적이 이끄는 삶을 살기 위해 일하는 것'을 핵심 요소로 볼 수 있다.

위와 같이 직업윤리의 개념이 종교적 영역에서 출발하였으나, 이후 확장되어 종교와 무관하게 적용되는 윤리규범으로 적용되고 있으며, 모든 직업과 일의 윤리적 수행에 핵심적인 개념으로 제시되고 있다.

2) 국제 직업의식 비교

한국직업능력개발원에서 조사한 직업윤리에 관한 연구 2010~2014년 조사의 우리나라 결과와 미국, 독일, 일본, 중국 등 주요국의 결과를 비교하여 상대적인 수준을 살펴보면 다음과 같다.

주요 국가별 직업의식에 대한 비교를 살펴보면, 20대의 사회적 지위(social positon)는 5개국에서 10점 척도 중 평균 4.4~5.4점을 보여 전반적으로 중간 또는 중간 이하에 있다고 볼 수 있다. 특히 한국에서 다른 국가보다 20대의 사회적 지위가 낮다는 인식이 강함을 알 수 있다.

〈표 2-6〉 20대, 40대, 70대의 사회적 지위 국제 비교

구분	미국	독일	일본	중국	한국
20대 평균	5.1	5.4	5.4	4.8	4.4
40대 평균	7.0	6.9	7.1	7.2	7.1
70대 평균	5.5	6.0	6.1	5.0	4.4

출처: 한국직업능력개발원(2014). 한국인의 직업의식 및 직업윤리.
주: 1. 10점 척도(1점: 사회에서 낮은 위치, 10점: 사회에서 높은 위치)로 조사된 문항임
2. 무응답 및 모른다는 응답은 분석에서 제외함

반면, 40대의 사회적 지위는 10점 척도 중 평균 6.9~7.2점을 보여 전반적으로 높은 지위에 있다는 인식이 강함을 알 수 있다. 40대의 사회적 지위가 높다는 인식은 중국, 일본 및 한국에서 더 높은 경향을 보인다.

70대의 사회적 지위는 10점 척도 중 평균 4.4~6.1점을 보여 중간 또는 중간 이하의 지위에 있다고 볼 수 있다. 전반적으로 70대가 20대보다 사회적 지위가 높다는 인식을 볼 수 있는데, 특히 독일과 일본이 다른 국가보다 70대의 사회적 지위를 높게 인식하는 비율이 높았다. 한국의 경우 20대와 70대 모두 사회적 지위가 낮다는 인식이 다른 국가보다 강함을 볼 수 있다.

3) 삶에서 일의 중요도

삶과 일에 대한 중요도에 있어서는 한국은 일에 대한 중요도가 높은 결과를 보였다. 삶에서 일이 매우 중요하다고 답한 비율은 한국이 60.8%로 가장 높게 나타났고, 미국이 35.6%로 가장 낮게 나타났다. 삶에서 일의 중요도는 한국, 일본, 독일, 중국, 미국 순으로 나타났다.

〈표 2-7〉 삶에서 일의 중요도 국제 비교 (단위: %)

구분	미국	독일	일본	중국	한국
매우 중요하다	35.6	39.4	52.1	38.1	60.8
상당히 중요하다	44.3	40.5	32.1	41.5	29.8
별로 중요하지 않다	12.9	9.9	8.4	13.3	4.8
전혀 중요하지 않다	6.6	7.0	1.9	2.7	3.4
합계	99.4	96.8	94.5	95.6	98.8

출처: 한국직업능력개발원(2014). 한국인의 직업의식 및 직업윤리.

4) 삶에서 여가시간의 중요도

삶에서 여가시간에 대한 중요도는 국가별 차이를 보였는데 일본과 한국은 여가시간에 대해 덜 중요하게 생각하는 것으로 나타났다. 여가시간이 매우 중요하다는 응답의 비율로 보면 중국이 42.3%로 가장 높고, 그다음 미국(38.9%), 독일(313.6%), 한국 (30.8%), 일본(21.2%) 순이다.

매우 중요하다는 응답과 상당히 중요하다는 응답을 합하면 미국(90.5%), 중국(88.4%), 독일(87.4%), 한국(86.6%), 일본(69.8%) 순이다. 이러한 결과를 보면 미국과 중국이 다른 국가에 비하여 여가시간을 중요하게 생각하고, 한국과 일본이 상대적으로 여가시간을 덜 중요하게 생각함을 알 수 있다.

〈표 2-8〉 삶에서 여가시간의 중요도 국제 비교 (단위: %)

구분	미국	독일	일본	중국	한국
매우 중요하다	38.9	31.6	21.2	42.3	30.8
상당히 중요하다	51.6	55.8	48.6	46.1	55.8
별로 중요하지 않다	8	11.4	24.4	8.3	10.9
전혀 중요하지 않다	0.9	1	1.7	0.5	1
합계	99.4	99.8	95.9	97.2	98.5

출처: 한국직업능력개발원(2014). 한국인의 직업의식 및 직업윤리.

5) 세계 가치관 조사에서 삶의 만족도

삶의 만족도에서는 한국이 다른 국가에 비해 상대적으로 낮음을 알 수 있다. 10점 척도(1점 완전 불만족, 10점 완전 만족)로 조사되었는데 삶의 만족도 평균은 미국(7.37%)과 독일(7.36%) 이 높고, 그다음으로 중국(6.91%), 일본(6.85%), 한국(6.51%) 순으로 나타나 우리나라가 다른 국가와 비교하여 상대적으로 낮음을 알 수 있다.

〈표 2-9〉 삶의 만족도 국제 비교 (단위: %)

구분	미국	독일	일본	중국	한국
평균	7.37	7.36	6.85	6.91	6.51
1점	1.2	0.9	1.1	1.3	1.1
2~4점	8.3	8.4	11	10.4	10.2
5~6점	14.1	14.9	24.9	23.1	34.1
7~8점	47.2	48.2	43	43.8	40.8
9~10점	28.2	27.2	18.1	19	12.1

출처: 한국직업능력개발원(2014). 한국인의 직업의식 및 직업윤리.

4. 일의 중요성에 대한 인식

1) 일의 중요성에 대한 인식 변화

한국직업능력개발원 직업의식 및 직업윤리 보고서에 따르면 우리나라 국민들은 일하지 않고 돈을 받는 것은 창피한 일이라고 인식하는 것으로 나타났다. 또한 일하는 것에 대한 의미를 사회적 의무라는 인식이 높은 편으로 나타났다. 그러나 2014년의 조사 결과를 2006년, 2010년과 비교한 결과, 일의 중요성에 대한 인식에서 성취, 도전, 능력 발휘, 흥미에서 전반적인 인식의 변화를 보였다.

2014년 조사에서 한국인들은 직업생활에서 경제적 보상, 쾌적한 근무환경, 고용안정성, 일의 흥미, 능력 발휘, 시간 여유, 자아실현, 자유 재량권, 사회적 인정, 승진 기회, 사회적 기여 등의 순으로 중요시하는 것으로 나타났다.

2014년도 직업가치관의 변화를 2004년에 조사 결과와 비교하면, 1순위에 오른 '직업안정'은 10년 전에는 3순위였으며 '몸과 마음의 여유'는 10년 전에도 2순위였다. '금전적 보상'은 10년 전에 7순위였지만 4순위로 올라갔고, 10년 전에 1순위였던 '성취'는 3순위로 내려앉았다.

'봉사'나 '애국'은 10년 전보다 더 낮은 순위를 기록했다. 2004년도 조사와 비교할 때 '봉사'는 10순위에서 11순위로, '애국'은 11순위에서 13순위로 각각 하락했다. 이는 자신의 일을 통해 타인이나 국민에게 기여하고자 하는 동기는 낮아지고 있는 반면 안정, 몸과 마음의 여유로움을 중시하는 경향은 더 높아진 것으로 해석할 수 있다.

2) 직업위세

우리나라에서 직업이 갖는 사회적 지위(직업위세)에 대한 평가는 조사 시기에 따라 약간씩 달라지고 있다.

2006년에서 2014년까지 지속적으로 직업위세가 상승한 직업은 없으나, 지속적으로 하락한 직업은 발견되고 있다. 우선 대기업 사원(대리급)의 직업위세는 2006년에 비해 2010년도에 상승하고 2014년에도 동일한 위세를 보인다. 하지만 택시운전기사, 사회복지사, 요리사, 음식점 주인, 판사, 간병인의 직업위세는 2006년에 비해 2010년에 하락하고 2014년에 더 하락하는 추세를 보인다. 연예인의 직업위세는 2006년에 비해 2010년에는 하락하였으나, 2014년에는 동일한 위세를 보인다. 프로듀서, 대학교수, 백화점 점원, 약사, 신문기자, 중학교 교사, 중소기업 과장, 공장 근로자, 프로게이머, 자영농, 고위직 공무원(3급 이상), 의사, 아파트 경비원, 학원 강사, 9급 공무원의 직업위세는 2006년에 비해 2010년에는 상승하나 2014년에는 하락한다. 이 직업들은 대학교수, 백화점 점원, 중소기업 과장, 학원 강사를 제외하고 2006년에 비해 2014년에는 직업위세가 상승한 것으로 나타난다.

이러한 현상에는 해당 직업에서 신규 입직자의 증가나 구인수요 감소 등의 영향이 크다. 뿐만 아니라 사회경제적 측면에서 고용불안이 가중되면서 직업이 갖는 사회적 지위도 불안한 모습을 보이는 것으로 해석된다.

5. 실천적 진로상담을 위한 인식

1) 실천적 지식의 개념

진로상담은 내담자의 진로관심사를 정의하고 의사결정 능력을 갖게 하기 위한 과정이다.

진로발달이론과 상담기술을 갖춰 지식과 기술을 함양시키는 것은 전문성의 향상, 즉 상담과정에서 이론적 틀 안에서 교육과 상담을 제대로 이루어지도록 하기 위해서이다.

최근 우리 사회에서는 교육의 한계를 극복할 수 있는 지식으로 교육자들이 교육 경험을 통해 형성한 실천 지식에 주목하고 있다(김자영, 김정효, 2003; 서경혜, 2005; 조덕주, 2006). 실천적 지식은 대학의 교육자들이나 연구자들이 파악하기 어려운 교육현장의 요구를 감당할 수 있는 지식으로서 교육자의 현장 적응력과 전문성을 향상시킬 수 있는 가능성을 가진다(김두정, 2009; 조덕주, 2006; Beijaard & Verloop, 1996).

진로상담자는 내담자의 진로문제를 인식하고 전문성을 토대로 조력자의 역할을 수행해야 하면 실천적 진로상담의 원리를 이해하고 내담자와 상호작용하면서 지식을 재구성하여 적용할 수 있어야 한다. 이론적 지식의 전달자로서의 역할만이 아니라 진로현장에서 창출한 경험을 바탕으로 내담자의 행동을 움직이게 할 수 있도록 생각의 깊이를 넓혀 주는 역할자이다.

Elbaz(1981)에 의하면 실천적 지식(practical knowledge)은 자주적인 행위 주체인 교육자가 교육의 과정 속에서 교사, 학생, 교육 행정가, 연구자 등과 적극적으로 상호작용하면서 자신의 신념과 가치관을 바탕으로 재구성한 지식을 말한다. 실천 지식은 과목에 대한 지식, 교육과정에 대한 지식, 교수방법에 대한 지식, 자아에 대한 지식, 학교환경에 대한 지식으로 구분된다.

Cornelly 등(1997)은 전수되거나 학습된 이론 지식이 아니라 교사가 학교현장에서 업무를 수행하기 위해서 가치, 신념 등을 포함시켜 본인이 가지고 있는 지식

이상으로 새롭게 창출한 지식을 개인적 실천 지식(personal practical knowledge)이라고 하였다.

Meijer 등(2001)은 실천 지식이 교육자를 중심으로 한 내·외적 모든 요인의 복합적인 영향력에 의해 형성됨을 강조하고 있는데 한 개인이 지각하는 복합 요소들은 지각하는 정도와 방향에 따라 다르다고 하였다.

2) 실천적 지식의 특성

Elbaz(1981)는 실천 지식의 정향(orientation)을 상황적, 개인적, 사회적, 경험적, 이론적 정향으로 구분하다. 개인 정향은 개인으로 의미 있는 방식으로 활동하게 하는 성격을 말한다. 같은 상황에 있어도 지각하고 해석, 의미를 전달하는 방식이 개개인에 따라 모두 다르다. 경험 정향은 경험에 의하여 구조화되어진 실천 지식의 성향을 말하며, 이론적 정향은 교사의 지식 속에 내재되어 있으며 지식의 사용을 조건화하는 지식으로서 여러 교과에 걸쳐 유사하게 적용되어질 수 있다. 즉 진로상담 이론에 대한 지식은 일정한 형식으로 구조화되어 전달될 수 있지만, 중요한 것은 진로상담 과정은 경험적, 개인적, 사회적, 이론적 정향에 따라 총체적으로 접근해야 한다.

Hiebert 등(2002)은 통합적 실천 지식을 강조하고 있는데, 실천과 지식이 연결되어진 지식을 강조하고 있으며, 실천적 지식을 자세하고 구체적이며 특수한 지식으로 보았다. 또한 실천적 지식은 통합적인 지식이며 실천적 지식은 실천하는 과정에서 이 모든 지식의 통합을 요구한다고 하였다.

3) 해외 주요 사례

(1) 영국

영국의 진로교육은 일 관련 학습을 통한 유용한 지식, 기술 개발을 위해 체계적으로 교과목과 통합하여 이루어지고 있다.

학교에서부터 일로의 전환을 용이하게 하고 평생학습 참여율을 높이기 위하여 다양한 교육개혁을 시도하고 있으며, 교육개혁의 핵심은 학생들이 학교에서 배우는 것이 그들의 현재 및 미래의 삶에 실질적인 의미를 가질 수 있도록 하기 위한 것으로 이루어진다.

특히 일 관련 학습(work-related learning)은 대표적인 사례인데, 2004년 9월부터 제4단계 모든 학생들이 일 관련 학습을 경험해야 하는 것을 법률상 필수요건으로 규정하였다.

학생들은 교육과 자신들의 미래의 삶과의 관련성을 알기를 원하고, 자신들의 학습이 고용가능성을 얼마나 높이는지 알고 싶어 한다는 것이다. 일 관련 학습은 개인적 스킬에 초점을 맞춘 실천적인 진로교육으로 직업현장 체험과 기업활동들은 학생들에게 기회를 제공한다.

〈표 2-10〉 실천적인 진로교육을 위한 일 경험 유형

직업현장 체험	GCSE 영어에서, 학생들이 일에 관한 그들의 경험을 숙고하고 쓰기나 말하기를 통해 자신들의 생각을 보고한다.
숙제	GCSE 역사에서, 학생들이 과거의 직업활동(work practices)을 조사하고, 그것을 오늘날과 비교하여, 차이가 있는 이유를 찾는다.
역할극	직업생활에 관한 역할극이나 드라마 또는 음악작품을 통해서, 학생들이 직업활동의 과거와 현재를 비교한다.
그룹토의	직업현장 체험 준비 기간에, 학생들이 자신의 또는 다른 사람의 파트타임 직업과 자신들이 하게 될 직업활동에 대해 토론한다. 학생들이 일반적으로 직업활동에 영향을 미치는 요인들을 고려한다.
직업관찰	학생들이 부모나 주변 사람의 직업관찰을 준비한다. 학생들은 자신들이 관찰한 것을 글이나 다른 매체로 기록한다.
논쟁	영어 또는 시민교육에서, 학생들이 일에서의 권리와 책임 또는 작업환경에 관련된 윤리적 문제에 집중된 논쟁에 참여한다.
노동시장 조사	지역 대학의 직업과정에서, 학생들이 직업 영역에서의 가능한 고용 기회를 조사하고 자신들의 관심과 능력에 맞는지 확인한다.

출처: 임언 외(2008). 영국·뉴질랜드·캐나다·호주의 진로교육.

(2) 캐나다

캐나다의 진로교육 체계는 연방정부와 공공·민간기관의 협의체, 자문위원회의 활발한 협력과 참여에 기반하여 진로교육 관련 정책과 사업이 발굴·추진되고, 각 주정부 및 학교단위의 진로교육 프로그램 운영에 대한 자율성과 다양성이 보편적이라는 점에서 특징을 갖는다. 캐나다는 국가수준의 진로개발 역량과 관련 지침을 개발한 Blueprint를 각 주정부 및 일선 학교에 보급하고, 각 주정부와 학교에서는 이를 적용한 다양한 프로그램을 운영하고 있다. 공통어로 마련된 진로개발 역량과 자료들은 다양한 실천적 진로교육을 위한 동일한 인식과 구체적인 기준을 공유할 수 있도록 체계화되어 있다(임언 외, 2008).

(3) 뉴질랜드

뉴질랜드의 진로교육 체계는 역량 중심 교과과정 운영이 교과통합형 진로교육으로 이루어진다. 우리나라의 경우 진로와 취업이 구분되어 교과목 단위에서 통합적으로 이루어지지 않는 경우가 많은데, 뉴질랜드의 경우 DeSeCo 프로젝트에 의해 제안된 핵심 역량 요소나 이를 반영한 뉴질랜드 개정 국가교육 과정에서의 핵심 역량, 즉 진로개발 및 진로설계에 관한 요소가 직·간접적으로 포함되어 있다. 이러한 맥락에서 볼 때, 실천적 진로교육과 상담 프로그램이 취업과 통합적으로 이루어지고 있다(임언 외, 2008).

4) 실천적 진로상담자의 역할

진로상담자는 진로 및 취업과 관련된 내담자의 문제를 조력할 수 있는 관련된 진로발달이론과 진로상담의 접근과 기법 등 지식과 기술, 신념도 물론 필요하지만 무엇보다도 진로상담의 현장에서 각종 문제를 통합적으로 처리하는 능력이 필요하다. 진로상담 과정에서 갖가지 문제가 상존하며, 전문지식과 기술, 신념으로 무장되었다고 해도 문제를 처리하는 능력이 부족하면 상담자로서 역할을 잘 수행할 수 없기 때문이다. 교육자의 성공인 교육의 수행은 문제해결 능력을 전제로 한다(Anderson, 1997). 다시 말해서 진로상담자는 지식의 전달자로서 내담자의 진로 문제를 인식, 정의하는 역할과 내담자로 하여금 인지적, 정서적 사고를 바탕으로 실행의지를 갖게 하도록 하는 게 중요하다. 실천적 진로상담자의 역할을 정리하면 다음과 같다.

① 진로상담자는 상담현장에서 예측하지 못한 돌발성에 대처할 수 있어야 한다.
② 진로상담을 잘 수행하려면 내담자의 각종 문제를 해결할 수 있는 정보와 능력을 습득해야 한다.
③ 실천적 진로상담을 위한 정서적 측면을 부각시키기 위해서 사례 분석, 이야기하기, 은유, 자전적 진술, 가족관계 갈등 파악 등의 방법도 활용할 수 있어야 한다.
④ 실천적 문제 중심 진로상담은 내담자의 문제인식, 기대하는 목표를 세우기 위한 탐색적 활동으로 이루어져야 한다.
⑤ 실천적 진로상담은 내담자가 바라는 것이어야 하며, 이를 위해 지식, 기술, 신념의 통합적 관계에서 상담이 이루어져야 한다(예: 성찰지, 그룹토의, 정보 조사하기 등)(Laster, 1987).

제3장

전통적 진로발달이론

이 장에서는 다양한 진로상담 이론 중에서 특성요인이론, 개인-환경 간의 상호작용에 의한 직업 연결을 중요하게 여기는 성격이론, 진로선택에 중요한 영향을 미치는 학습 중심의 사회학습이론, 진로발달 과정을 전 생애적 관점에서 포괄적으로 다루고 있는 전 생애 진로발달이론에 대해 살펴보도록 한다. 이는 전통적 이론으로 구분되며 진로선택 과정에서 과학적인 매칭과정을 다루고 있으며, 개인과 환경, 학습, 생애역할 관점에서 설명하고 있다.

1. 특성요인이론

특성요인이론은 개인과 직업을 과학적으로 연결시키는 것을 다루며, 개인의 특성인 성격, 흥미, 가치관, 적성, 동기 등의 요인으로 분류되는 직업세계에서 요구하는 핵심 요인을 반영한 진로상담의 핵심 이론이다. 진로지도와 상담의 초창기에 생겨난 이론으로, 대표적인 이론가로는 Parsons, Williamson 등이 대표적이다.

Parsons는 적성, 흥미, 가치, 성격, 개인의 자원, 한계 등 개인의 자기자신의 명확성에 대한 이해와 직업에서의 성공, 보상, 기회, 전망 등을 포함하는 요인들 간에 이해 측면이 소홀하였음을 언급하였다(김병숙, 2006). Parsons를 진로지도 및 진로상담의 선구자라 일컫고 있으며, 특성요인이론은 오늘날 진로상담 과정에 활용되는 수많은 검사의 토대 이론 틀을 제공하였고, 상담과정에서 활용되고 있다. 이 절에서는 특성요인이론의 이론적 주요 내용과 진로상담 장면에서 어떻게 적용되는가를 탐색해 보도록 한다.

1) 이론의 개요

Parsons(1909)는 특성요인이론을 통해 개인과 직업세계의 과학적인 매칭을 강조하였다. 특성요인이론은 직업 또는 직무를 구성하는 요인과 개인의 특성을 연결하여 설명하고 있는데, 인간은 저마다 다른 독특한 특성을 지니고 있고, 모든 직업은 직무의 특성과 요구조건 등에 따라 근로자를 필요로 한다고 하였다. 이는 개인의 독특한 강점과 약점, 흥미, 가치관, 개인의 자원 등을 포함한 특성을 충분히 이해하고, 주어진 직무에서 요구하는 조건 및 자격, 보상, 전망 등에 관한 정보를 알아야 하며, 이러한 개인의 특성과 직업세계의 요인들과의 정보를 바탕으로 선택과정에서 합리적인 추론을 해 나가야 한다는 것이다(김봉환, 2019).

특성요인이론은 Parsons의 개념을 더 확장시켜 직업심리학자들에 의해 다양한 특수적성검사, 인성검사 등의 도구를 개발함으로써 기초를 다졌고, 진로상담 기법, 내담자 진단방법, 적재적소 배치에 관한 책들도 펴냈다. 진로상담 과정에서 특성요인이론은 내담자의 특성과 직무를 수행하는데 요구되는 자격, 능력, 전망, 보수 등과 적절하게 연결시켜 주는 것으로 진로상담의 핵심 이론이라고 볼 수 있다.

(1) 이론의 기본가정

Klein & Wiener(1977)에 의하면 특성요인이론의 기본가정을 다음과 같이 강조하였다. 사람을 독특한 특성을 지니며, 직무수행과 관련하여 특성과 요인을 강조하고 있다. 또한 개인의 특성과 요인간의 관련성이 높을수록 직무만족과 작업능률도 높아진다고 제시한다.

① 사람들은 신뢰성 있고 타당하게 측정될 수 있는 독특한 특성을 지니고 있다.

② 다양한 특성을 지닌 개인들이 주어진 직무를 성공적으로 수행하는 경향이 있지만, 각 직업은 종사자들이 성공적인 직업생활을 위해 필요한 매우 구체적인 특성을 지닐 것을 요구한다.

③ 진로선택은 직접적인 인지과정이기 때문에 개인의 특성과 직업의 특성을 연결하는 것은 가능하다.

④ 개인의 특성과 직업에서 요구하는 사항이 서로 밀접하게 관련을 맺을수록 직업적 성공(노동생산성, 작업능률, 직무만족)의 가능성은 커진다.

(2) 인간본성에 대한 기본가정

Williamson(1939)은 인간의 독특한 특성을 지닌 존재로 강조하면서, 기본가정을 제시하였다.

① 인간은 선과 악의 잠재력을 모두 지닌 존재로 보았다.

② 인간은 선과 악을 실현하는 과정에서 타인의 도움을 필요로 한다고 보았다.

③ 인간의 선한 삶의 결정은 바로 자기자신이다.

④ 자아의 완전한 실현은 선의 본질이라고 강조한다.

⑤ 인간은 자기자신만의 독특한 세계관을 가진다.

(3) 직업선택의 3요인설

Parsons(1909)는 특성요인이론의 대표적인 이론가이며, 진로상담의 아버지로 불리우며 현명한 직업선택을 위한 3가지 요인을 제시하였다.

첫째, 자신에 대한 명확한 이해이다. 개인은 자신의 성격, 흥미, 능력, 포부, 환경, 한계 등에 대한 이해를 통해 직업을 선택한다고 하였다.

둘째, 직무를 수행하는 자격요건, 취업기회, 장래전망, 장단점 등에 관한 요인을 제시하면서 직업세계의 이해를 강조하였다.

셋째, 개인의 독특한 특성인 성격, 흥미, 가치관 등과 직무를 수행하는 요인인 직업세계의 전망, 보수, 자격요건 등의 두 요인이 합리적으로 연결되어야 한다. 진로상담은 두 요인의 합리적 연결을 통해 내담자가 현명한 선택을 하도록 도와주는 활동이다.

2) 이론의 적용

진로상담 과정에서 내담자의 진로문제는 개인의 독특한 문제(성격, 흥미, 가치관, 개인의 한계 등)와 개인-직업 간 불일치 문제이다. 특성요인이론은 개인과 직업세계의 관점에서 과학적 매칭의 원리를 중시하며, 상담자는 개인의 특성과 직업에서 요구하는 자격요건, 능력, 전망에 대해 합리적 매칭이 이루어지도록 돕는 역할을 해야 한다.

특성요인이론에 근거한 진로상담은 개인의 독특한 특성을 파악하는 데 중점을 둔다. 예를 들어 개인의 성격, 흥미, 가치관, 적성, 지능 등에 관한 이해를 돕기 위해 객관적인 검사를 하거나 면접기술을 활용하여 개인의 특성에 대한 객관적 자료를 수집하여 분석하게 된다. 또한 직업의 특성에 관한 자료를 중시한다. 이는 직업과 직무를 수행하는 과정에서 요구되는 자격, 능력, 기술, 임금, 전망에 대한 것을 포함하는 것으로 내담자에게 직업의 특성에 관한 자료를 제공해 주어 가장 합리적이고 현명한 진로선택과 결정을 하도록 촉진자의 역할을 하는 것을 강조한다. 따라서 진로상담자는 특성요인이론에 기초한 진로상담의 주요 특징을 살펴보고 적용할 수 있는 능력을 갖춰야 한다.

(1) 진단

진로상담은 내담자의 의사결정 능력을 통해 직업을 선택하고 결정하도록 돕는 과정이다.

내담자의 직업선택과 결정과정에서 가장 중요한 문제의 원인은 내담자의 우유부단 및 실패에 대한 두려움, 중요한 타인들의 영향, 완벽성 추구, 성급한 결정 내리기, 다재다능함 등의 이유이다.

Williamson(1939)은 내담자의 진로 의사결정에 나타나는 여러 문제를 진단하여 4가지 범주를 다음과 같이 제시하였다. 특성요인이론을 근간으로 하는 진로상담의 기본은 변별진단(differential diagnosis)이다. 특성요인이론에서 말하는 진단이란 "일련의 관련 있는 또는 관련 없는 사실들로부터 일관된 형식이 갖는 의미를 논리적으로 사고하는 과정이다. 그리고 내담자의 미래의 방향설정과 적응을 위하여 이 같은 일관된 형식이 갖는 의미를 판단하고 예측해 주며, 내담자의 장점과 경향성을 이해하는 것이다." 4가지 변별진단은 다음과 같다.

① 진로 무선택 또는 미선택: 내가 직접 직업을 결정한 경험이 없거나, 관심 있는 직업이 있음에도 선택하지 못하는 경우를 말한다. 공식적인 교육과 훈련을 끝마친 후에 어떤 직업을 갖고 싶은지를 물었을 때, 내담자는 자신의 선택 의사를 표현할 수 없고 또 자신이 무엇을 원하는지조차 모른다고 대답한다.

② 직업선택의 확신 부족(불확실한 선택): 직업을 선택하였는데, 자신의 선택에 자신감이 없는 경우이다. 내담자는 진로를 선택했지만, 적성, 자기이해 부족, 직업세계의 정보 부족 등의 이유로 자신의 결정에 대하여 의심을 나타낸다.

③ 현명하지 못한 선택(어리석은 선택): 흥미가 없고 자신의 성격과 부합하지 않은 직업을 선택하거나, 자신의 능력보다 훨씬 낮은 일을 선택하는 경우 등 내담자의 능력과 흥미 간의 불일치, 내담자의 능력과 직업이 요구하는 능력 간의 불일치로 정의되며, 현명하지 못한 선택은 내담자가 충분한 적성(능력)을 가지고 있지 않은 직업을 결정함을 의미한다.

④ 흥미와 적성 간의 모순: 흥미를 느끼는 직업에 대해 수행능력 부족, 또는 적성에 맞지만 흥미를 느끼지 못하는 경우를 말한다. 흥미를 느끼는 직업이 있으나 직무능력이 부족한 경우, 적성에 맞지만 흥미가 낮고 흥미가 있는 직업이지만 적성이 낮은 경우 등이 여기에 속한다.

특성요인 진로상담은 내담자의 독특한 특성을 객관적으로 자료를 수집하여 문제에 따라 적절한 상담과정을 거치게 된다. 이는 변별적 상담과정이라고 볼 수 있는데 특성요인이론에서의 상담은 내담자의 특성을 파악하기 위해 주로 심리검사를 통해서 개인의 특성을 평가하는데, 검사도구는 절대적인 개인의 특성을 반영할 수 없다는 점을 고려하여 검사를 통해 얻은 정보는 직업선택 및 결정 시에 참고하는 정도로 활용하는 것이 바람직하다. 진로상담 과정에서는 개인의 특성이 종합적이고 다양하기 때문에 객관적인 자기이해를 돕기 위한 정보수집 및 진단과 상담과정이 요구된다.

(2) 상담진행 과정

진로상담은 내담자의 자기이해와 직업세계의 과학적인 매칭과정으로 단계별로 상담과정을 제시해 준다. 특성요인이론에서의 진로상담의 과정은 크게 3단계로 구분된다.

1단계는 초기면담의 단계로 상담자와 내담자의 신뢰관계를 형성하기 위한 라포형성 단계이다. 내담자의 진로 관련 문제와 원인을 진단하기 위해 이야기를 경청하고, 개인의 배경과 호소 문제를 통하여 내담자를 이해하게 된다. 이때 내담자의 문제 원인을 진단하기 위해 필요한 검사가 무엇인지를 탐색하여 실시하게 된다.

2단계는 상담자가 능동적으로 내담자를 이끌어 가는데, 주로 객관적인 내담자의 문제 원인을 파악하기 위해 검사를 실시하게 된다. 또한 검사결과와 내담자의 종합적인 문제 원인, 심리측정학적·인구통계학적 자료를 기초로 하여 진단을 받게 된다. 이 단계에서 상담자는 내담자의 문제를 진단하고 분석하여 때로는 지시적이고 분석적인 태도로 상담을 진행하게 되고 내담자는 객관적인 자료를 근거로 자신의 문제 원인을 진단받고 해석을 받게 된다. 상담자는 대부분의 시간을 적성과 흥미검사 등을 실시하고 그 결과를 해석하는 데 활용한다.

마지막 3단계는 1, 2단계에서 진단, 분석한 결과를 바탕으로 직업정보를 제공하는 단계이다. 상담자는 내담자의 특성과 요인에 알맞은 직업을 추천하거나 정보를 제공하는 역할을 하게 된다. 직업세계의 전망, 직업소개 자료, 채용 사이트를 활용한 직무 관련 정보 등을 제공하기도 한다. 하지만 이와 같은 과정에서 상담자는 주도적인 역할을 하여 내담자를 이끌어 간다.

이와 같은 특성요인 진로상담의 목표는 내담자가 자신의 문제를 해결하고, 가능성을 확인할 수 있도록 하는 것이다. 또한 내담자가 자신이 필요한 정보를 수집, 분석, 종합할 수 있도록 한다. 이와 관련해 Williamson(1939)은 진로상담의 과정을 6단계로 기술하고 있다.

〈표 3-1〉 특성-요인 진로상담 과정

단계	내용
분석 (1단계)	내담자의 자료수집, 가치관, 태도, 흥미, 가정환경, 지식수준, 교육적인 능력, 적성, 성격 등과 표준화된 검사가 주로 사용된다.
종합 (2단계)	내담자 성격의 장단점, 욕구, 태도 등의 개별적인 특성을 파악하기 위해 상담과정에서의 자료와 심리검사 결과를 종합한다.
진단 (3단계)	내담자의 문제와 특성을 명확하게 파악하고, 문제를 해결할 수 있는 다양한 방법을 검토한다.
예측 및 처방 (4단계)	문제들의 결과에 대한 다양한 가능성을 판단하고, 대안적 조치와 중점사항을 예측한다.
상담 및 치료 (5단계)	미래에 혹은 현재에 바람직한 적응을 위해 무엇을 해야 하느냐에 대해서 내담자와 함께 협동적으로 상담을 실시한다.
추수지도 (6단계)	새로운 문제가 야기되었을 때 위의 단계를 반복하며, 바람직한 행동계획을 실행하도록 계속적으로 돕는다.

출처: 김봉환(2019). 진로상담의 이론과 실제.

Williamson(1939)은 진로상담의 과정 6단계에서 상담자는 분석부터 예측 및 처방까지 능동적으로 상담을 이끌어 가지만, 5단계 상담 및 치료, 추수지도는 내담자가 적극적으로 상담에 참여하는 방식이다. 하지만 내담자 중심의 인간중심 상담이론과는 다른 관점에서 봐야 한다. 즉 상담과정의 대부분이 상담자가 주도적으로 내담자의 자료를 수집하고, 분석하고, 평가하는 것에 초점을 맞추고 있으므로 진로상담자는 전문적인 훈련과 상담기법을 적용할 수 있어야 한다.

(3) 상담자의 역할과 기술

특성요인이론은 지나치게 상담자 주도적으로 이루어진다는 점에서 비판이 있으나 상담자의 역할은 기본적으로 내담자의 감정이나 태도에 대해 비판적이거나 판단하지 않고 수용한다.

특성요인 진로상담 과정에서 상담자의 역할은 교사의 역할과 유사하다. 즉 상담자가 상담을 수행하는 활동은 내담자의 객관적인 자료를 수집, 분석처리하여 문제를 진단하고 예측하기 위한 하나의 활동이다.

상담과정에서도 주도적이며 능동적이지만 상담자는 기본적으로 내담자와의 관계형성, 자기이해 신장, 실행계획을 위한 권고 등의 비주도적이면서도 주도적인 측면이 더 강하다고 할 수 있다. 그렇다고 특성요인이론에 근거한 진로상담이 공격적이고, 내담자를 권위적으로 대하는 것은 아니다. 상담자는 직접 충고, 설득, 설명의 기술적인 방법으로 상담을 이끌어 가지만 정보를 제공하고 재조정하기 위해 내담자와 협력적인 관계에서 출발해야 한다.

Strong과 Schmidt(1970)는 상담자에게 필요한 자질을 상담자의 '전문성(expertness)', '신뢰성(trustworthiness)', '매력성(attractiveness)'이라고 강조하였다. 특성요인이론 진로상담 과정에서 상담자는 내담자의 문제 원인을 파악하고 진단, 분석하여 예측하기 위해 매력적이면서도 내담자와의 신뢰성이 있어야 하며, 전문성을 갖춰야 한다.

3) 이론의 평가

특성요인이론의 가장 큰 공헌은 직업선택 시 개인의 특성을 고려하도록 한 것이다. 이 이론은 표준화된 검사도구를 활용하여 객관적인 내담자의 문제 원인을 진단하고 분석하고 직업세계와의 과학적인 매칭을 하므로 진로상담에 매우 장점으로 작용한다. 또한 특성요인이론은 진로지도와 상담의 근본적인 이론적 내용을 포함하고 있어, 현대에 와서도 폭넓게 적용되고 있다. 그러나 특성요인이론은 다음과 같은 몇 가지의 단점도 내포하고 있다.

첫째, 특성요인이론에서는 객관적인 표준화된 검사를 통해서 개인의 특성을 타당하게 측정한다는 것은 예언타당도의 문제점이 있다. 이는 심리검사가 개인의 성공여부와 직업선택에서의 신뢰성을 가정할 뿐, 정확하게 예측해 주지 못한다는 점이다(Ghiselli, 1973).

둘째, 특성요인이론은 직업선택을 일회적인 행위로 간주하여 장기간에 걸친 인간의 경력개발 과정을 도외시하고 있다. 개인의 진로발달은 역동적이며, 개인의 다양한 특성에 따라 달라질 수 있으며 변화가 가능하기 때문이다. 따라서 특성요인이론은 장기적, 개인의 역동성 등을 충분히 고려하지 못하고 있다.

셋째, 특성요인이론은 개인의 특성과 직업 간의 관계를 기술하지만, 개인의 특성이 어떻게 발달하였는지, 개인이 왜 그러한 특성을 가지게 되었는지에 대한 설명은 부족하다.

넷째, 특성요인이론은 개념적인 단순함으로 인해 많은 상담자와 상담 프로그램에서 활용되고 있지만, 이론 자체만으로는 효율적인 진로상담을 위한 보다 구체적인 가이드라인을 제공하고 있지 못하다. 즉 상담자는 개인의 특성을 객관화하기 위한 상담자의 능력에 의존해야 하는 한계점이 있다.

〈학습평가〉

1. 특성요인이론의 개념과 기본가정에 대해 생각해 보고 정리해 보세요.

2. 특성요인이론에서 진로선택 변별진단 요인은 무엇인지 정리해 보세요.

3. 상담자로서 특성요인이론을 현장에서 어떻게 적용해 나갈 것인지 생각해 보세요.

2. 홀랜드의 성격이론

우리가 아는 Holland의 성격이론은 진로상담에서 가장 많은 영향을 미친 이론으로 평가되고 있는데, 인성이론이라고도 한다. Holland 이론은 개인의 행동양식과 인성유형을 직업선택에 중요한 요소로 보고 있으며, 이 이론을 RIASEC 이론이라고도 한다. 여기에서는 이론의 기본가정과 특성, 핵심 개념을 중심으로 살펴보도록 하겠다.

1) 이론의 개요

Holland 성격이론의 출발점은 Holland 박사가 모병제 면접관을 하면서 군인들의 주특기를 유형화하여 분류하면서 시작되었다. 제2차 세계대전 군복무 기간 중 군인들의 성격특성을 몇 개의 유형으로 설명할 수 있다는 생각을 하였고, 그 후 계속적인 연구를 통해 서로 다른 흥미를 가진 대학생들은 서로 다른 성격적 특성을 갖는다는 확신을 갖게 되었다. 지속적으로 연구한 결과 Holland는 1997년 최종적으로 이론을 발표하였다.

Holland의 이론에 의하면 사람들은 자신과 유사한 흥미와 성격을 가진 사람들끼리 함께 일하는 직업 분야를 선택하려는 경향이 있다고 한다. 성격이론인 Holland의 연구는 유형론에 초점을 두고 있으며 사람은 6까지의 기본 성격유형 중 하나에 속한다고 보았다.

또한 개인의 성격유형은 환경적 유형으로 설명될 수 있는데, 환경은 성격유형이 유사한 사람들이 속해 있으며 이는 개인과 환경유형의 상호작용에 의해 밀접한 관계가 있음을 알 수 있다. 예를 들면 운동을 하는 단체 및 기관에서 일하는 사람의 성격유형은 상담기관에서 근무하는 사람들의 유형과 다르다. 또한 유사한 디자인 분야에서 일하는 사람들의 특징은 디자인 관련 사람들의 성격유형과 비슷한 환경에 속해 있다고 볼 수 있다.

(1) 이론의 기본가정

Holland의 이론은 성격이론 또는 인성이론이라고 부르는데, 우리가 흔히 말하는 '직업적 흥미'는 성격의 일부분으로 성격으로 대변할 수 있으며, 개인의 직업적 흥미에 대한 설명은 곧 개인의 성격에 대한 설명이다. 예를 들어 '나는 꼼꼼하고 섬세하다.'라는 성격적 유형은 어느 특정한 분야의 성격유형과 일관성이 있다고 볼 수 있다. Holland(1985)는 다음과 같은 4가지 가정을 기초로 하고 있다.

첫째, 대부분의 사람은 '현실형(Realistic), 탐구형(Investigative), 예술형(Artistic), 사회형(Social), 기업형(Enterprising), 관습형(Conventional)'과 같은 총 6가지 유형 중의 하나로 분류될 수 있다. 각 유형의 첫 알파벳을 뜻하는 RIASEC 유형으로도 불리며, 흥미유형은 개인적, 문화적, 환경적 등 여러 가지 요소 간에 있어 상호작용한 결과물이다.

둘째, 환경유형도 '현실형, 탐구형, 예술형, 사회형, 기업형, 관습형' 등의 6개로 분류할 수 있으며, 일반적으로 각 환경에는 그 성격유형에 일치하는 사람들이 머물고 있다.

셋째, 사람들은 자신의 능력과 기술을 발휘하고 태도와 가치를 표현하며 자신에게 맞는 역할을 수행할 수 있는 환경을 찾는다.

넷째, 개인의 행동은 성격과 환경의 상호작용에 의해서 결정된다. 사람의 성격과 그 사람의 직업환경에 대한 지식은 진로선택, 직업변경, 직업성취 등에 관해서 중요한 결과를 예측할 수 있게 해 준다.

(2) 6가지 성격유형의 특징

Holland 이론에서 사람을 어느 하나의 성격유형으로 설명하고 이다. 하지만 사람은 어느 하나의 성격유형 외에 6가지 유형의 특성을 가지고 있다는 것을 제안하였다. Holland는 초기의 연구를 뒷받침하여 개인의 성격이론 완성도를 높였는데, 이는 사람은 어느 한 가지 성격유형으로 설명할 수 없고, 개인의 우세한 성격유형과 하위유형과 또 다른 유형에 의해 설명될 수 있다.

예를 들어 검사결과에서 개인의 프로파일이 SEA의 유형이 나왔다면 유형은 순서대로 사회형, 기업형, 예술형의 특성을 가진 사람을 가리킨다. Holland의 RIASEC 이론은 개인의 좋아하는 성격유형뿐만 아니라 싫어하는 유형도 포함되어 있다. 이는 개인이 회피하는 활동 또는 선호하는 활동으로 구분이 된다. Holland가 제안한 6가지 유형별 특성에 대해 간단히 설명하면 다음과 같다(Holland, 1992).

① 현실형(realistic): 명확하고 체계적이며 질서정연한 일을 좋아하고, 기존의 가치와 신념체계에 위배되지 않는 선에서 원리 원칙적으로 사고하고 명확한 방법을 사용하여 행동하는 경향이 강하다. 전기나 기계, 공학계열 분야와 같이 실제적이고 규칙적인 행동양식이 존재하는 분야를 선호하는 편이다. 사물을 다루고 조작하는 것을 좋아해 손재주가 있다는 평을 듣는 경우가 많으며 겸손하고 솔직하지만, 스스로 사회적인 영향력을 발휘해야 하는 일과 학문적이고 창의적인 일에 서툴다고 여기는 편이다.

② 탐구형(investigative): 현상을 비판적이고 분석적으로 관찰하고, 체계적이고 창조적으로 탐구하는 것을 좋아하는 반면, 규칙적이고 반복적인 활동이나 리더십을 발휘해야 하는 활동은 별로 좋아하지 않는다. 인간적 감정이나 사회적 환경보다는 자연현상이나 사회현상에 대한 탐구활동에 대한 관심이 많다. 독립적이며 개방적인 태도로 정보를 수집하고 자료를 분석하며 현상에 대한 결론을 내리는 과정을 거쳐 문제를 해결하는 방식의 일을 선호한다.

③ 예술형(artistic): 창의적이고 유연한 사고를 즐기며 아름다움을 추구하는 경향이 강하다. 틀에 박힌 일이나 같은 패턴의 일, 변화가 없이 틀에 맞추어 해야 하는 일을 별로 좋아하지 않는다. 같은 사물이나 현상을 보고도 획일적으로 판단하지 않으며 상상력이 풍부하고 독창적인 편이며, 예술적 감수

성이 뛰어나고 능력을 발휘하며 즐기는 반면, 명확하고 규칙적인 활동이나 객관적 사실을 추구하는 활동에는 약한 편이다. 개방적인 사고체계를 소유하고 있어 변화를 주도하고 추구하며 자신의 직감에 의존하여 문제를 해결하려는 경향도 있다.

④ 사회형(social): 타인의 문제를 듣고 공감하고, 도와주고, 치료해 주는 것을 선호하며 사람을 상대하는 활동에 능숙하다. 일반적으로 이타적이며 자애롭고 배려심이 깊은 인물로 평가를 받는다. 사물을 지향하기보다는 사람과 사람 사이의 관계에 주목하는 경향이 강하여, 다른 사람들에게 어떤 사실을 가르쳐 주고 도와주거나 지원해 주는 활동을 좋아한다.

⑤ 기업형(enterprising): 자신이 기획하고 목표설정한 것을 실행시키는 데 탁월한 능력을 보이는 유형이다. 개인과 조직의 목표를 달성하거나 경제적인 이익을 추구하기 위한 활동을 선호하며, 타인에게 영향력을 발휘하는 일을 하고 싶어 한다. 계획하고 목표설정하며 추진하고 있는 일을 성공적으로 이끌기 위해 다른 사람들을 설득하거나 협상을 하는 등 사회성을 발휘하기도 한다.

⑥ 관습형(conventional): 조직적이고 체계적이며 규칙과 시스템이 잡혀 있는 일을 좋아하고, 규정이나 시스템 등이 없이 불확실하고 애매하며 시시각각 변화하는 일을 피하려는 경향이 강하다. 수립되어 있는 시스템에 적응하여 규칙에 맞게 성실하고 분명하면서도 체계적으로 일을 하는 것을 좋아하여, 서류작성 및 기록 등과 같은 사무적인 일에 능력을 발휘한다. 문제 상황에서 변화를 추구하거나 비판하기보다는 조심스럽고 체계적으로 해결계획을 세우는 편이다.

(3) 5가지 핵심 개념

[그림 3-1]과 같이 Holland 이론에서는 각 유형과 유형 사이의 관계를 육각형의 도표로 나타내 주고 있다. 앞서 설명한 RIASEC 유형이 순서대로 만들어졌으며 육각형 도표상에서 각 유형 간의 거리 및 대조를 이루는 유형의 점수 분포 등은 개인의 성격을 좀 더 명확하게 파악할 수 있는 중요한 개념을 제시해 준다.

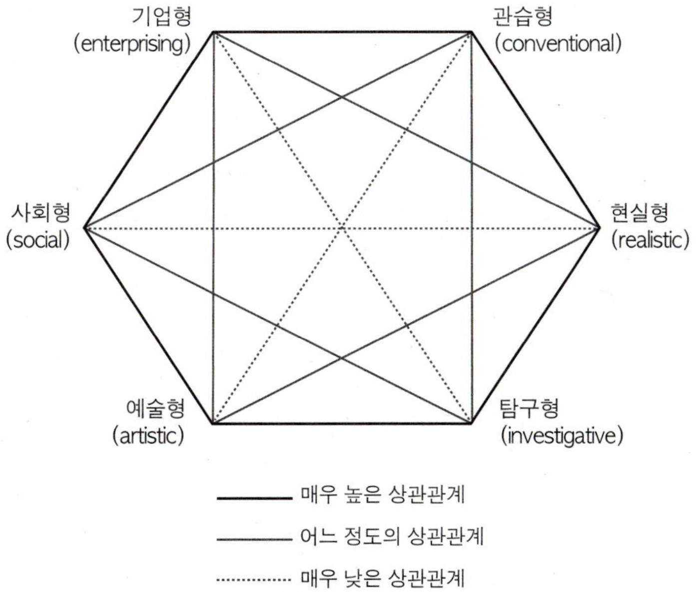

[그림 3-1] 홀랜드의 육각형 모형

육각형 모양에 따라 개인의 흥미유형을 구분하여 상담을 진행하게 되는데, 유형은 크게 모양과 크기에 따라 분류하여 내담자를 유형화하여 상담을 진행한다.

첫째, 한쪽으로 찌그러진 모양과 크기가 클 경우이다. 이는 특정 분야에 뚜렷한 관심을 보이고 있으며, 흥미가 잘 발달되어 있고 안정적인 형태임을 알 수 있다. 성격, 능력, 경험 등이 관심 분야와 조화로운지 살펴보는 것이 바람직하다.

둘째, 한쪽으로 찌그러진 모양이며 육각형의 모양이 작을 경우이다. 특정 분야에 대한 관심이 있기는 하지만, 그 정도가 크지 않은 편이다. 또한 대체로 어떤 분야에 흥미가 있는지 탐색이 더욱 깊이 이루어질 필요가 있다. 조금이라도 관심이 있는 분야에 대해 적극적 탐색을 해 보는 것이 중요하다.

셋째, 육각형의 모양이 정육각형에 가까운 모양일 경우고 크기가 클 경우이다. 관심 분야가 폭넓은 경우이다. 거의 모든 분야에 호기심이 있지만 자신의 진정한 흥미 분야가 무엇인지 잘 모를 수 있다. 능력, 성격, 경험 등을 고려하여 흥미 분야를 좁혀 보는 것이 바람직하다.

넷째, 정육각형에 가까운 모양이고 크기가 작을 경우이다. 뚜렷한 관심 분야가 없는 상태이다. 무엇에 관심이 있는지, 무엇을 잘할 수 있는지 등과 같은 자기이해가 부족한 경우로 과거에 즐거웠거나 잘할 수 있었던 작은 경험부터 떠올려 보고 탐색해 나갈 필요가 있다.

육각형 모형은 6가지 성격유형과 그에 상응하는 환경에 대한 이해를 바탕으로 구성되어 있다. Holland 이론을 토대로 더욱 정확하고 적절한 적용을 위해서는 다음과 같은 핵심 개념 5가지를 이해할 필요가 있다. 각각의 주요 개념을 구체적으로 살펴보면 다음과 같다.

〈표 3-2〉 육각형 모형의 해석 차원

개념	의미
일관성(Consistency)	성격유형들 간 또는 환경유형들 간 내적 일관성 정도
변별성(Differentiation)	유형 간의 흥미유형과 차별적 관계
일치성(Congruence)	성격과 환경 간의 부합 정도
정체성(Identity)	개인의 목표, 흥미, 능력 등에 관한 명확한 청사진
계측성(Calculus)	유형들 간의 거리는 그들의 이론적 관계에 반비례

출처: 김봉환(2019). 진로상담의 이론과 실제.

① 일관성

성격유형과 환경모형 간의 관련 정도를 의미하는 것으로, 육각형 모형상의 두 유형 간 근접성에 따라 설명된다. 유형들의 어떤 쌍들은 다른 유형의 쌍들보다 공통점을 더 많이 가지고 있다. 일관성이 있다는 것은 내담자가 가지고 있는 흥미가 서로 유사한지, 내담자의 흥미를 하나의 직업과 조화시킬 수 있는지에 대한 정보를 제공해 준다.

- RI: 성격유형의 코드가 조화롭게 이웃하고 있기 때문에 일관성이 높은 경우다. 두 성격유형의 흥미 영역이 비슷하기 때문에 직업의 성격적 특성과 환경도 유사할 것이다.
- RS: 두 개의 코드가 완전히 반대 위치에 있기 때문에 일관성이 가장 낮다. 따라서 서로 다른 개인의 성격유형과 환경적 유형을 갖고 있기 때문에 적합한 직업을 선택하는 데 어려움이 있을 것이다. 왜냐하면 현실형(R)은 혼자 조용하게 일처리를 하거나 손기술을 사용하여 일처리를 하는 것에 만족감을 느끼지만, 사회형(S)은 대인관계를 통해 다른 사람과 함께 일하는 방식에 있을 때 만족감이 높기 때문이다. 이런 경우 두 가지 유형의 직업을 탐색하는 데 어려움이 많다.
- RA: 이 경우는 육각형에서 하나 걸러 다음 코드와 조합을 이루고 있어 중간 정도의 일관성을 보이는 경우이다. 불가능하지는 않지만 성격유형에 따라 직업을 선택하는 데 어려움이 있을 수 있다.

결론적으로 일관성은 첫 두 문자가 육각형에 인접할 때 나타난다(예: RI 또는 SE). 중간 정도의 일관성은 육각형에서 다른 문자가 개인 코드의 첫 두 개 문자 사이에 있을 때 나타난다(예: RA 또는 SC). 낮은 일관성은 코드의 첫 두 개 문자가 육각형에서 두 개 사이에 낀 문자들에 의해 나누어질 때 나타난다(예: RS 또는 AC).

② 변별성

어떤 사람이나 환경은 한두 가지 유형의 특징이 뚜렷이 나타난다. 이를 변별성이 높다고 말하는데 변별성이 높다는 것은 해당 유형의 환경에서 경쟁력이 높고, 만족도가 높을 것으로 예측된다. 변별성은 사람이나 환경이 얼마나 잘 구별되는가를 의미한다. 어떤 사람이나 환경은 6가지 유형의 특징을 뚜렷이 나타내는가 하면 어떤 사람이나 환경은 6가지 유형의 특징을 고루 보이기도 한다.

③ 정체성

정체성이란, 개인의 성격유형 코드와 환경적 유형이 얼마나 분명하고 정체성이 뚜렷하고 안정적인지를 말한다. 개인의 정체성은 분명하고 안정된 인생의 목표, 흥미, 재능을 가짐으로써 얻어지고, 환경적 정체성은 환경이나 조직이 분명하고 통합된 목표, 일, 보상이 일관되게 주어질 때 생겨난다. 예를 들어 예술형의 성격유형을 가진 내담자는 예술적 표현과 새로운 변화에 대한 흥미를 가지고 있기 때문에 분명한 자신만의 흥미와 재능, 목표를 이루려고 할 것이다.

④ 일치성

사람들은 자신의 성격유형이 비슷하거나 환경적 유형과 일치하는 일과 직업을 선택했을 때 능력을 발휘하고 만족감이 높아진다. 예를 들어 사회관계적인 사람은 혼자서 묵묵히 일하거나 혼자 일하는 환경에 속해 있을 때 일치성이 낮은 것이다. 즉 일치성이란 개인과 직업환경 간의 적합성 정도에 대한 것으로 사람의 직업적 흥미가 직업환경과 어느 정도 일치하는가를 의미한다. 육각형은 개인의 유형과 환경 간의 일치 정도를 측정하는 데 사용될 수 있다. 완벽한 조합은 사회적 환경에서 사회적 유형의 사람들과 함께 일하는 것이다. 그다음으로 최선의 적합은 환경유형에 인접한 성격유형이다.

⑤ 계측성

계측성이란 흥미유형과 환경유형 간의 관계가 이론적 관계와 반비례한다는 것을 의미한다. 여기에서 반비례한다는 것은 예컨대 현실형과 탐구형은 인접해 있어서 거리는 짧지만 상관계수는 높다는 것이고, 현실형과 사회형은 거리는 멀지만 상관계수가 낮다는 것을 의미하기 때문에 이론적 관계와 반비례한다.

2) 이론의 적용과 상담전략

Holland 이론은 상담현장에서 가장 많이 사용되고 있는 이론이다. 그만큼 내담자의 자기이해를 돕고 진로발달을 촉진하기 위한 방법으로 사용되고 있다. 상담 및 진로지도 현장에서의 직업선호도검사, Holland 검사, 스트롱 흥미검사 등 성격과 흥미검사가 자주 사용되고 있는데 검사를 실시하고 해석하는 것은 물론, 각종 진로집단 프로그램 개발의 기초 이론으로서 그 어떤 이론보다도 많이 활용되고 있다.

상담장면에서는 Holland 검사의 결과에 대한 해석도 중요하겠지만 이론에 근거하여 내담자의 자기이해를 돕고 진로발달을 촉진시킬 수 있는 개입이 더 중요하다. 즉 내담자의 성격유형이 어떤 유형이고 일관성이 어떤지에 대한 것보다 더 중요한 것은 내담자의 성격유형과 자신이 바라는 직업관의 차이는 어떤지를 자기관점(환경의 이해, 발달과정, 가치, 효능감 등)에서 이해할 수 있도록 적용되어야 한다.

3) 이론의 평가

Holland 이론은 진로상담에서 육각형 모형에 근거하여 설득력 있고, 효과적인 해석을 통해 내담자의 자기이해를 돕는 데 큰 영향을 미쳤다.

그러나 Holland의 이론 역시, 다음과 같은 몇 가지 문제점을 가지고 있다(Amatea, 1984; Osipow, 1983; Osipow & Fitzgerald, 1996).

첫째, Holland의 이론에서는 성격만이 편파적으로 강조되어 개인적·환경적 요인이 도외시되고 있다.

둘째, Holland의 이론은 진로상담에 적용할 수 있는 구체적인 절차를 제공해 주지 못하고 있다. 특히 상담자가 내담자와의 대면관계에서 사용할 수 있는 상담과정과 기법에 관한 가이드가 부족하다.

셋째, Holland의 모형을 측정하는 검사도구는 아직 성적 편파(gender bias)적인 문제를 해결하지 못하고 있다. 각 성격유형에서 남성과 여성의 직업이 쏠려 있는 경우가 있다. 예를 들면 현실형은 여성적인 직업을 배제하고 나열하고 있다.

넷째, Holland의 이론은 성격유형에 대해 강조하고 있지만 개인의 성격발달의 측면에서 개인이 왜 그러한 성격을 갖게 되었으며 성격이 어떻게 변화하는가에 대한 설명이 부족하다.

다섯째, 사람들은 자신이 처한 환경을 극복하여 어느 정도 변화시킬 수 있는 가능성을 지닌 존재이지만 Holland의 이론은 이러한 점을 고려하지 않았다. 즉 자신의 성격에 맞지 않는 직업환경을 선택하더라도 인간은 자신의 특성을 수정하거나 직업환경을 개조함으로써 자신의 역할을 잘 수행해 나갈 수 있는 가능성이 있다는 사실을 외면하고 있다.

〈학습평가〉

1. Holland 이론의 기본가정은 무엇인지 생각해 보고 정리해 보세요.

2. Holland 이론의 주요 개념은 무엇이고, 자신에게 적용하여 생각해 보세요.

3. 자신이 바라는 직업과 Holland 이론은 어떤 상관이 있는지 생각해 보세요.

3. 수퍼의 전 생애 진로발달이론

Super는 다른 기존의 진로발달이론들을 비판하면서 포괄적이고 종합적인 이론을 만들고자 노력하였다. 특히 아동기로부터 성인 초기까지로 국한된 과정이라고 한 Ginzberg의 초기 이론에 이의를 제기하며, 진로발달은 인간의 전 생애적 관점에서 변화되는 것이라고 보았다. 전 생애 발달이론에서는 진로발달은 자기개념이 일치할수록 삶의 만족도가 높으며 선택한 진로에서의 성공을 위해 직업 분야에서 개인의 흥미, 재능, 적성, 가치를 반영하여 발달과정을 이해해야 한다. Super는 기존의 직업과 특성 간의 매칭이 진로지도의 핵심이라고 보는 이론의 관점과 다른 것으로 진로선택은 전 생애적 역할에서 내적, 외적 변인에 의해 상호작용으로 인해 발달해 가는 것으로 가장 대표적인 '전 생애 진로발달이론'을 제시하였다.

1) 이론의 개요

(1) 전 생애 발달적 관점

Super의 전 생애 진로발달이론은 자기개념의 주제어를 중심으로 진로발달에 있어 시간과 공간에 관심을 가지고 있다. Super의 전 생애 발달이론에 의하면 사람 개인과 환경은 끊임없이 변화하기 때문에 개인과 환경을 단순하게 연결하는 것은 완전할 수 없다고 강조한다.

Super의 이론에서 생애진로무지개(Life-Career Rainbow)는 개인의 생애역할에서 이루어지는 모든 활동을 포함하고 있다. 이처럼 진로발달은 전 생애에 걸쳐서 변화하며, 개인과 환경 간의 상호작용으로 이루어진다.

진로는 자기개념의 영향을 받으며, 직업선택은 자기개념을 실현하는 것이다(Super, 1953). 따라서 진로는 장기적이고 발달적으로 접근해야 한다. Super의 전 생애 발달이론의 관점은 진로상담 과정에 내담자에게 삶에 대한 통합과 자기개념을 스스로 검토하여 현실에 반하는 진로선택을 하도록 돕는다. 즉 일에서의 성공, 사회적 기여, 개인적 만족으로 이끄는 진로선택을 하도록 조력하는 것이다.

(2) 자기개념

Super 이론의 가장 기본적인 가정은 자기개념이다. 자기개념은 현실성, 명료성, 자존감, 구체성 등과 같은 특성을 포함하고 있다. Super는 인간이 자아 이미지와 일치하는 직업을 선택한다고 보았다. 즉 '나는 이런 사람'이라고 느끼고 생각하던 바를 살릴 수 있는 직업을 택한다는 것이다. 예를 들어 자신이 사회적 관계에서 사람을 돕고 활달하고 적극적이라고 여기는 사람은 자신의 이미지에 일치하는 직업을 찾게 된다는 것이다.

진로상담자의 역할은 내담자가 명료한 자신의 흥미와 가치, 능력, 재능을 이해할 수 있도록 하여 현실을 반영한 자아실현을 하도록 돕는 것이다.

진로발달이론은 성장기, 탐색기, 확립기, 유지기, 쇠퇴기의 5단계로 생애발달을 단선적으로 강조하였으나, 21세기 환경적 변화에 따라 사람들은 진로발달 과정에서 탐색, 확립, 유지가 계속적으로 반복된다는 것을 경험하기 시작하였다. 이로 인해 사람은 진로발달에 있어서 본질적인 역할을 하는 자기개념은 유아기부터 청소년을 거쳐 사망에 이르기까지 계속 발달·보완된다. 자기개념은 자기자신에 대한 주관적인 관점에서부터 자기자신과 관련된 객관적인 관점까지를 모두 포함한다. 진로상담 전문가는 내담자에게 흥미, 가치관, 능력 등에 대한 객관적 정보를 제공하고 내담자가 그것을 자신에 대한 주관적인 관점과 통합하도록 조력할 필요가 있다(김봉환, 2019).

(3) 진로성숙도

진로발달 단계에 따라 생애발달 과정에서의 자기개념은 자기자신의 이해와 직업세계의 상호과정에서 구체적인 지식을 가지고 진로선택을 하는데, 적절한 시기에 완수할 수 있어야 한다고 보았다. 적절한 시기에 진로발달 과제를 성공적으로 수행하면 그 발단 단계에서 주어진 생애역할을 잘 수행할 수 있고 다음 단계에 대한 준비도 원활하게 할 수 있지만 그렇지 않을 경우 진로성숙에 영향을 미친다. 예를 들어 대학을 졸업했지만 자신의 흥미와 가치, 재능에 대한 자기이해와 개념이 성숙하지 못한 청년들의 경우 다음 확립, 유지기를 거쳐 진로성숙 과정에서 어려움이 있을 수 있다.

Super의 진로발달이론에서 말하는 진로성숙은 '자신의 연령수준에서 주어진 과제를 수행하여 진로문제에 대처할 수 있는 준비도'를 말한다. 즉 진로성숙이란 진로선택 과정에서 나타나는 인지적, 정서적, 행동적 특성의 상대적 위치를 포함하는 의미를 지닌다.

2) 이론의 적용

(1) 생애역할이론

Super의 생애진로무지개는 생애주기별 역할에 대해 시간과 에너지의 양으로 표현한다. 이런 역할은 서로 영향을 받기도 하지만 영향을 서로 주게 된다. 예를 들어 직장인의 역할과 자녀와의 관계에서 발생하는 부모 역할을 보면, 직장인 역할을 하다가 가족구성원들이 아프면 직장의 역할을 줄여서라도 부모로서의 역할에 에너지의 양을 부여하게 된다. 진로상담을 하면서 한 여학생의 이야기가 기억난다. 장녀로써 부모님이 몸이 불편하여 자신이 하고자 하는 일에 대해 역할을 조정해 나가면서 진로를 선택해야 하는 학생을 보게 되었다. 물론 자신의 진로를 포기하지 않았지만 몸이 불편한 어머니를 위해 자신의 생애역할에서 학생, 직장인의 역할보다 자녀로써의 역할에 충실했던 경우가 있다.

이처럼 사람은 진로나 직업과 직접적으로 관련은 없지만 간접적으로 연관을 맺고 있는 삶의 다양한 역할 속에서 상호작용하면서 영향을 주고받는다. 따라서 Super는 직업선택의 과정을 다른 생애역할의 맥락 속에서 이해하려고 하였고 여러 가지 역할의 결합과 그에 부여하는 중요성이 개인의 생애구조를 형성한다고 보았다. 개인이 수행해야 하는 중요한 역할은 자녀, 학생, 배우자, 부모, 시민, 직장인, 여가인, 가정관리자, 연금생활자 등으로 보고 각 역할은 서로 영향을 주고받는 것으로 보았다.

생애진로무지개는 개인의 생애공간으로 매일의 생활이나 전 생애과정 속에서 보내게 되는 시간을 의미한다. 따라서 다양한 시점에서 특정한 생애역할에 우선권이 주어져야 한다. 때로는 서로 다른 역할이 갈등을 야기할 수 있다. 예를 들어 직업인과 부모 역할 충돌, 배우자의 역할과 자녀로서의 역할 등 역할이 뒤섞이고 어느 한 역할에도 충분히 주의를 기울이지 못하게 되기도 한다. 즉 개인은 자신이 추구하고자 하는 삶의 가치, 즉 자기개념과 일치하는 생애역할 속에서 행복감을 느끼기도 하지만 그렇지 않을 수도 있다. 생애역할에서 가장 먼저 시작되는 역할은 자녀이고, 다음으로 학생, 그리고 여가를 즐기는 사람, 그리고 직장인의 역할이다. Super는 생애역할에서 서로 역할을 조화롭게 주고받으며 많은 역할을 하게 될 때 삶의 만족도가 높아질 가능성이 있다고 하였다. 이와 관련하여 Super(1980)는 개인의 발달 단계와 역할을 생애진로무지개(career rainbow)로 표현하고 있는데, 생애 공간(life span)은 연령에 따른 발달 단계를 말한다(김봉환, 2019; 이동혁 외, 2013).

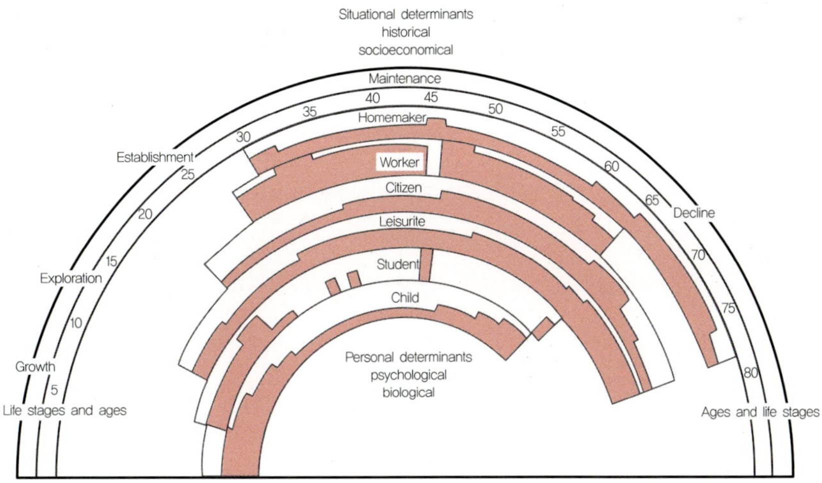

[그림 3-2] 생애진로무지개

출처: Career Choice and Development(2nd ed), Duane Brown, Linda Books, and Associates.

(2) 수퍼의 진로발달 단계

Super(1957)는 진로발달 과정을 크게 5단계로 구분하였다. 그리고 각 단계마다 세부 단계를 설정하였다.

① 성장기(growth stage, 0~14세)

자기(self)에 대한 지각이 생겨나고 직업세계에 대한 기본적인 이해가 이루어지는 시기이다.

가정과 학교에서의 주요 인물과 동일시함으로써 자기자신과 직업세계에 대한 기본적인 이해를 발달시킨다. 성장기의 초기에는 욕구와 환상이 지배적이나 사회참여와 현실검증력의 발달로 직업에 대한 환상으로부터 시작하여 점차 성장함에 따라 가정, 학교, 부모, 또래관계 등을 통해 환경을 탐색하고 일과 자신에 대한 흥미와 능력에 대한 정보를 얻게 된다. 그리고 이러한 과정을 통해 아동은 환경에 대한 통제감과 의사결정 능력을 키우게 되고 미래를 계획하는 것이 중요하다는 것을 인식하게 되며, 현재의 행동이 미래의 결과에 영향을 미친다는 것을 깨닫게 된다.

〈표 3-3〉 성장기의 직업발달 단계

환상기(4~10세)	욕구가 지배적이며, 환상적인 역할수행이 중시된다.
흥미기(11~12세)	진로의 목표와 내용을 결정하는 데 있어서 흥미가 중요한 요인인 된다.
능력기(13~14세)	능력을 더욱 중시하며, 직업의 요구조건 또한 고려하게 된다.

출처: 이용석(2020).

② 탐색기(exploration stage, 15~24세)

이 시기는 미래에 대한 계획을 세우는 시기로써 진로발달 과정에서 중요한 과제가 된다. 학교생활, 여가활동, 시간제 일 등을 통해 자아검증, 역할시행, 직업탐색을 하게 된다. 이 단계에서는 점차 진로선택에 자신의 욕구, 흥미, 능력, 가치, 취업기회 등을 고려하기 시작하며, 잠정적인 진로를 선택하고 그것을 상상, 토의, 일, 기타 경험을 통해서 시행해 본다. 이 시기는 잠정기, 전환기, 시행기의 하위단계로 구분되며, 취업에 필요한 훈련이나 교육을 받으며 자신의 자기개념의 실천을 위한 현실적 요인을 중요시하는 시기이다. 대학청년들의 경우 졸업을 전후로 사회진출을 위해 필요한 교육과 준비를 해 나가는 단계로 볼 수 있다.

〈표 3-4〉 탐색기의 직업발달 단계

잠정기(15~17세)	자신의 흥미, 소질, 능력, 적성, 가치 등 취업의 기회를 고려하면서 일 경험 등을 통해 진로를 선택한다.
전환기(18~21세)	노동시장으로 진입하기 위한 교육, 훈련을 받으며 직업선택을 위한 현실성을 고려하게 된다.
시행기(22~24세)	자기개념에 일치하는 직업을 선택하여 종사하며, 일에 대한 적합여부를 검증하는 단계이다.

출처: 이용석(2020).

③ 확립기(establishment stage, 25~44세)

자신에게 적합한 분야를 발견하고 거기에서 영구적인 위치를 확보하여 터전을 잡으려고 한다. 30대를 지나 40대의 경우 개인은 자신의 직업선택에 몰입하여 일을 하거나 아니면 회의를 느끼거나 다른 직업을 선택해야 하는 상황이 발생하는 시기이다. 자기개념과 일치하지 않을 경우 전 단계인 탐색기로의 재순환이 시작되고 이를 통해 보다 적절한 직업선택이 이루어질 수 있다.

〈표 3-5〉 확립기의 직업발달 단계

시행기(25~30세)	자신이 선택한 일에 대해 적합하지 않을 경우 적합한 직업으로 전환을 시도하는 단계이다.
안정기(31~44세)	자신이 하는 일에 대한 적응과 안정의 시기로, 일에 대한 만족감과 소속감, 일정한 지위를 갖게 된다.

출처: 이용석(2020).

④ 유지기(maintenance stage, 45~65세)

정해진 직업에 정착해 그것을 유지하기 위한 노력을 한다. 직업세계에서 자신의 위치가 확고해지며, 이 시기는 자신의 기술을 갱신하거나 지속적으로 직무능력을 향상시키면서 혁신적인 방법으로 새로운 기술을 체득해야 한다. 이 시기에 경력을 유지하거나, 자신의 기술과 능력에 따라 종종 낮은 수행을 보이거나 자신의 일에서 뒤처지게 된다.

⑤ 쇠퇴기(decline stage, 65세 이후)

이 시기는 유지기를 지나 신체적·정신적 힘이 약해짐에 따라 직업 전선에서 은퇴하여 다른 활동을 찾게 된다. 이때 개인은 은퇴 후의 삶의 계획하고 새로운 생애역할에 대해 관심을 갖게 되고, 그에 따른 은퇴생활과 관련된 사회적 기여, 지역봉사 활동에 관심을 보이며 개인은 직업활동보다 자신의 은퇴 관련 활동에 보다 많은 관심을 갖게 된다. 하지만 개인의 삶의 여건에 따라 일을 통한 지속적인 직업의 세계를 유지하는 삶을 살기도 한다.

(3) 진로 아치문 모델(Archway Model)

20세기 Super는 자기개념을 아치(Archway of determinants)에 잘 요약하여 진로발달이론에 공헌하였다. 아치는 생애진로무지개의 모양으로 되어 있으며 아치를 구성하는 블록은 개인의 진로발달과 시간에 따른 생애주기에서의 역할을 말한다.

아치 가운데 블록은 자기개념으로 진로선택에서 가중 중요하다고 강조한 이론을 표현해 주고 있다. 바닥은 개인의 인생사와 지리적 실제를 보여 주는 것으로 인생사는 개인이 살아온 경험이며, 개인의 가치, 흥미, 적성, 욕구에 영향을 주었던 삶의 경험들을 말한다. 지리적 실제는 개인이 처한 문화적이고 성별에 따른 서로 다른 역할이며 관습 등의 개념으로 표현된다. 개인은 진로를 선택하고 발달하는 과정에서 문화가 주된 요인으로 영향을 주며, 문화는 개인의 진로발달에 영향을 주는 주된 요인이다(이동혁 외, 2013).

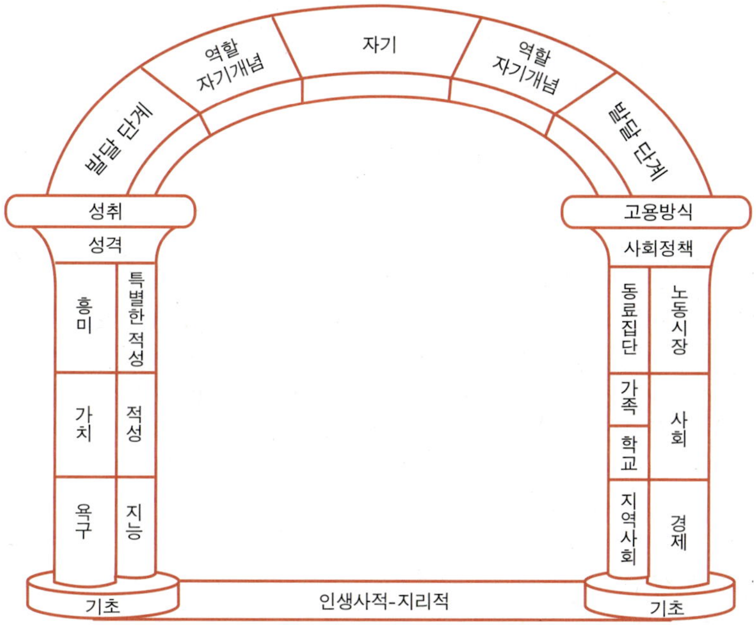

[그림 3-3] 진로 아치문 모델

① 내적 변인

진로상담 과정에서는 내적 변인에 더 초점을 두고 상담을 하게 되는데, Super는 왼쪽 기둥을 개인의 욕구, 지능, 가치, 흥미, 적성 등으로 제시하였다. 내적 변인을 살펴보면 다음과 같다.

첫째, 욕구이다. 사람은 다양한 욕구를 통해 직업을 선택하려고 하며, 어려서 부모와의 관계에서 발달된 욕구는 개인의 진로발달에 영향을 미치게 된다. 예를 들어 사람을 돕고 봉사하는 부모의 영향을 받은 자녀는 은연중에 사람을 돕는 욕구를 갖게 된다. 때로는 부모와의 관계에서 어떤 영향을 받았느냐에 따라 혼자 묵묵히 일하기를 좋아하는 사물이나 기계를 다루는 일에 욕구가 형성될 수도 있다. Maslow는 교육수준에 높고 낮음에 따라 직업이 분류될 수 있다고 보았으며 대학교 이상의 교육을 받은 사람은 대학교 이상의 교육을 받아야 일할 수 있는 직업에 의해 만족감이 높다고 하였다.

둘째, 지능이다. 지능은 부모로부터 어느 정도 유전적으로 받으며, 지능은 교육의 종류와 수준에 영향을 미쳐 직업선택에 영향을 미친다.

셋째, 가치이다. Brown(1996)에 의하면 가치는 직업선택에 중요한 요인이 된다고 하였으며, Super(1980) 또한 가치는 자기개념에 영향을 미치는 중요한 변인이라고 하였다. 사람은 개인에게 가장 중요한 가치를 성취하는 것이 삶의 만족에 중요한 것임을 알 수 있다. 직업가치관검사에서도 사람의 가치는 우선순위에 따라 개인의 소유한 삶의 기준이 될 수 있다.

넷째, 흥미이다. 흥미는 진로발달이론에서 자주 언급되었던 주제이다. Holland(1997)는 중학교 시기부터 흥미가 형성되며, 부모나 타인의 영향으로 제공받은 긍정적 강화로 형성되는 것을 흥미라고 하였다. 사람들은 이런 환경적 영향에 따라 자신이 추구하고자 하는 직업을 선택하게 된다.

다섯째, 적성이다. 적성은 개인의 특정한 일을 수행하기 위한 기술로써 공간, 언어, 수학, 기계 등을 학습하여 능숙하게 하는 정도를 말한다. Holland의 육각형 모형에서도 각 유형이 갖고 있는 환경적 특성은 분명히 다른 기술을 요구하고 있으며, 사람은 기술과 능력향상을 통해 자신의 적성을 발달시켜 나갈 수 있다.

Super가 제시한 내적 변인을 정리하자면, 서로 조합을 이루어 각각의 변인들이 맥락 속에서 진로를 선택하게 되고, 이러한 발달 단계를 거쳐 자기개념에 일치하는 직업을 선택해 나간다. 결국 Super의 전 생애 발달이론은 사람은 일과 경험을 통해 자신을 이해하고 깨달음으로써 자기개념을 실현해 나간다는 것을 알 수 있다.

② 외적 변인

외적 변인은 경제, 지역사회, 일반적인 사회, 동료집단으로 구분된다. 외적 변인은 진로선택에 중요한 영향을 미치는 변인으로 지리적 개념에 뿌리를 두고 있으며, 문화, 인종 등과 관련되어 있다. 외적 변인을 살펴보면 다음과 같다.

첫째, 경제변인이다. 경제는 진로선택에 영향을 미치게 되는데 경제가 좋지 않으면 일자리를 얻기가 쉽지 않고 노동시장의 불균형을 초래한다. 하지만 경제가 활성화 되면 사람들은 일을 구하기 쉬워지고 적은 교육과 훈련을 받아도 어렵지 않게 경제활동이 가능하게 된다.

둘째, 가족을 포함한 지역사회이다. 지역사회는 가족, 직장동료, 이웃, 친구 등을 모두 포함하며, 진로선택은 가족구성원과 타인의 영향을 받게 되는데 진로상담에서 내담자는 가족의 기대와 영향력을 받아 진로를 선택하려는 경향을 보인다. 자녀들이 보다 안정적이고 물질적으로 힘들어하지 않은 직업을 선택하기를 바란다. 또한 우리가 살아가는 지역사회는 남자와 여자가 하는 일에 대해 철저하게 구분하여 남자는 남자가 할 수 있는 일을 기대하거나, 여자는 여자가 할 수 있는 일을 기대하는 경향이 있다.

셋째, 일반적인 지역사회이다. 사회는 남성과 여성, 노인과 청년, 장애인 등과 같이 편견을 갖기도 하며, 어떤 일은 대학을 나왔기 때문에 높은 임금을 주고, 어떤 직업은 사회적으로 인정받기 때문에 임금 수준이 더 높은 경우 등 일에 대해 규정화한다. 이는 사람들이 직업을 선택하는 데 영향을 미치게 되며 가치관 형성에도 영향을 미친다.

넷째, 동료집단이다. 동료집단에 따라 학교를 선택하거나 직업을 선택하는 데 영향을 받게 된다. 동료집단이 높은 임금을 원하거나 직업선택 수준이 높은 경우 청소년들에게 돈과 명예 등 사회적 위치가 직업을 선택하는 데 중요한 기준이 된다.

다섯째, 노동시장이다. 고등학교를 졸업하거나 대학생들이 노동시장에 진입하기 위해서는 빠른 노동시장의 변화에 대해 익숙해져야 한다. 직업은 산업구조의 변화에 따라 없어지기도 하며, 새로 생겨나기도 한다. 미래의 직업은 현재의 기술과 교육을 벗어나 20세기와 전혀 다른 모습으로 다가올 것이다. 인터넷, 로봇, 드론, 생명공학의 발전 등은 지난 과거의 직업을 바꾸어 놓기 시작하였다. 미래학자들은 20년 이내에 직업의 47%가 컴퓨터로 대체 될 것으로 보았다. 이는 영국 옥스퍼드 대학교 마이클 오스본(Michael Osborne) 교수의 말이다. 그는 현재 미국 노동자의 약 절반(47%)이 종사하고 있는 일자리가 10~20년 안에 기계로 대체 가능해진다는 예상을 내놓았다. 이는 인공지능(AI)이 다양한 일자리를 대체하게 돼 결국 수많은 직업들이 사라지게 된다는 것을 의미한다.

(4) 진로개발 평가 및 상담(C-DAC) 모델

Super는 진로개발 평가 및 상담(Carreer Development Assessment and Counseling: C-DAC) 모델을 제안하였는데, C-DAC는 내담자의 진로문제와 내담자에 대한 자료검토에 초점을 맞추는 상담을 강조한다.

Savickas와 Super(1996)에 따르면, 첫 번째 단계는 다른 생애역할과 관련하여 직장인 역할의 중요성을 평가하는 것이다. 두 번째 단계에서는 내담자의 현재 진로단계 및 진로문제를 살펴본 후, 내담자의 선택 가능한 자원을 확인할 뿐만 아니라 내담자가 지닌 자원이 직업세계에 적합한지를 평가한다. 세 번째 단계에서는 내담자의 흥미, 적성 그리고 가치를 평가한다. 마지막 단계는 질적 평가절차를 사용하여 내담자의 자아개념과 생애주제를 평가하는 것에 초점을 맞춘다.

특히 가장 중요한 C-DAC의 마지막 단계에서는 면접자료와 평가자료를 하나의 이야기로 통합하는 것인데, 이 과정에서 평가와 면접자료를 의미 있는 전체로 통합함으로써 내담자의 직업 정체성, 진로과업, 자아개념, 대처 자원들, 특정 발달과제가 주어지는 여러 생애역할의 맥락 속의 위치가 포함된다. 그리고 진로상담자는 내담자와 이야기를 통해 내담자와의 협력 아래 내담자의 진로발달을 촉진시키기 위한 상담계획을 수립할 수 있다(김봉환, 2019).

C-DAC 모델은 내담자가 문제를 탐색하는 데 있어 어려움에 대처하도록 돕는 과정이다. 이때 진로발달 과정에서 청소년뿐만 아니라 성인들도 진로를 선택하거나 변경하려고 하는 욕구를 반영하여 내담자의 진로계획을 수립하도록 도와야 한다(Pgillips, 1982).

3) 이론의 평가

Super의 전 생애 발달이론은 직업적 성숙과정을 가장 체계적으로 정리하였다. 진로 이론의 역사적 측면에서 볼 때 Super의 이론은 '직업(vocation)'에서 '진로(career)'로 패러다임의 전환을 이루었다고 평가받고 있다. 내담자가 생애역할 정체감과 자신이 생애역할에서 표현하고자 하는 가치를 보다 명확히 하는 것을 돕는 데 유용한 이론적 틀을 제공하였다고 평가받고 있다. 즉 일과 관련한 경험을 진로 선택의 내용에서 생애 전반에 걸친 진로발달의 과정으로 보는 관점을 제시한 점에서 큰 의의가 있다.

그러나 이론이 너무 광범위하고, 자기개념을 지나치게 강조하고 있다는 점에서 비판을 받기도 한다. 또한 Super의 전 생애적 관점은 한 개인의 전체성이 기능하는 방식과 각 변인들 간의 관계가 모든 사람에게서 동일하다는 가정에 근거하고 있다. 개인의 발달이 다양하고 상호 연결된 맥락들 간에 역동적인 상호작용임을 간과하고 있다. Super의 이론이 진로상담에 올바르게 적용되기 위해서는 개인의 독립성과 자기개념을 중심으로 가족, 또래 중심 문화의 맥락에서 벗어나 이해할 필요가 있다.

〈학습평가〉

1. Super의 전 생애 발달이론의 핵심 내용을 생각해 보고 정리해 보세요.

2. Super의 생애주기별 발달이론과 생애 공간이 당신에게 어떤 의미를 주는지 생각해 보세요.

3. Super의 진로 아치문 모델의 내적, 외적 변인의 차이를 생각해 보고 정리해 보세요.

4. 사회학습이론

Krumboltz의 진로 의사결정에 대한 사회학습이론은 강화이론, 고전적 행동주의이론, 인지적 정보처리이론 등에 기반을 두고 있는데 개인의 성격과 행동은 그의 독특한 학습경험에 의해서 가장 잘 설명될 수 있다고 가정하면서, 진로 의사결정에 영향을 미치는 요인들의 상호작용을 밝히고 있다. 특히 환경적 조건과 사건의 요인, 과제접근 기술 등에 대해 논의하면서 발전한 사회학습이론은 이후 계획된 우연이론으로 더욱 발전하게 되는 의미 있는 이론이다.

1) 이론의 개요

(1) 크롬볼츠의 진로결정 요인

Krumboltz는 진로결정에 영향을 주는 요인을 다음과 같이 4가지로 분류하였다(Mitchell & Krumboltz, 1990).

① 유전적 요인과 특별한 능력(genetic endowments & special abilities)

교육적·직업적인 선호나 기술에 제한을 줄 수 있는 자질을 말하는 것으로서, 개인의 진로기회를 제한하는 타고난 특질을 말한다. 유전적 요인과 특별한 능력에는 인종, 성별, 신체적인 모습과 특징, 지능, 예술적 재능, 그리고 근육의 기능 등이 포함된다.

② 환경적 조건과 사건(environmental conditions & events)

환경적 조건과 사건은 가족구성의 형태, 교육제도, 지역사회, 사회정책, 천재지변, 취업 가능한 직종의 내용, 기술의 발달, 사회조직의 변화 등이 포함된다. 환경에서의 특정한 사건이 직업선호 및 기술의 개발, 다양한 활동 등에 영향을 미친다는 것이다.

③ 학습경험(learning experiences)

Krumboltz의 이론은 학습이 개인의 진로선택에 영향을 미친다고 강조하였다. 학습경험은 다음의 2가지로 나눠 볼 수 있는데 개인이 과거에 학습한 경험은 현재 또는 미래의 교육적·직업적 의사결정에 영향을 미친다.

첫째, 도구적 학습경험(instrumental learning experiences)이다. 이는 어떤 행동이나 인지적인 활동에 대한 정적 또는 부적인 강화를 받을 때 나타난다. 즉 사람들은 정적인 강화를 받게 되면 이와 관련된 행동을 반복하려는 경향을 보이는데, 예를 들어 수학을 잘한다고 칭찬받는 학생이 정적 강화(칭찬)로 인해 수학을 더 잘하게 된다. 결국 과거의 학습경험이 교육적·직업적 행동에 대한 도구(instrument)로 작용하게 된다.

둘째, 연상적 학습경험(associate learning experiences)이다. 내담자와 상담을 하다 보면 드라마 및 영화에 나오는 사건이나 자극으로 인해 진로선택에 영향을 미치게 된다. 즉 이전에 경험한 감정적으로 중립적인(neutral) 사건이나 자극을 정서적으로 비중립적인 사건이나 자극과 연결시킬 때 일어나는 것을 말한다. 행동을 관찰하거나 책이나 TV 등의 매체를 통한 정보수집과 같은 간접적이거나 대리적인 학습경험도 개인의 교육적·직업적 행동에 영향을 미치게 된다. 또한 중병에 걸렸던 청소년이 병원에서의 치료로 건강을 회복하였다면, 그는 병원이라는 본래 감정적으로 중립적인 자극이 그에게 정적인 영향을 미쳐 나중에 의사가 되길 희망할 수 있다는 것이다. 다른 예를 들면, 공항에서 물건을 잃어버렸는데 공항 직원의 도움으로 물건을 찾았다면 공항 직원에 대한 정적 영향을 받아 나중에 항공 서비스 분야를 희망할 수 있다.

④ 과제접근 기술(task approach skills)

과제접근 기술에는 문제해결 기술, 일하는 습관, 정보수집 능력, 감정적 반응, 인지적 과정 등이 포함되는데, 개인이 환경을 이해하고 이에 대처하며 미래를 예견하는 능력이나 경향으로 학습경험, 유전적 요인, 환경적인 조건이나 사건의 상호작용으로 나타난다. 예를 들면 팀장이 리더십 역량을 갖추기 위해 문제해결을 위한 기술을 습득한다면 이를 과제접근 기술이라고 볼 수 있다.

사회학습이론은 심리적 요인과 환경적 요인으로 구분된다. 심리적 요인은 학습경험과 과제접근 기술이고, 환경적 요인은 유전적 요인과 특별한 능력 및 환경적 조건과 사건을 말한다.

환경적 요인은 개인에게 영향을 미치나 일반적으로 개인이 통제할 수 있는 영역 밖에 있는 것으로 상담을 통해서 변화시키는 것이 불가능하다. 이에 반해 심리적 요인은 개인의 생각, 감정, 행동을 결정하게 한다. 따라서 상담자는 내담자가 이러한 요인들의 영향을 이해하고 변화시키도록 도와주어야 할 것이다(김봉환, 2019).

(2) 진로결정 요인과 세계관

앞에서 구체적으로 살펴본 진로결정에 영향을 미치는 4가지 요인들은 상호작용을 거쳐 다음과 같은 유형의 결과로 나타난다. 즉 사회학습이론은 자기관찰 일반화(self-observation generalization)와 세계관 일반화(world-view generalizations)로 구분된다.

첫째, 자기관찰 일반화(self-observation generalization)는 선행 학습경험에 의해 영향을 받을 뿐만 아니라 새로운 학습경험의 결과에도 영향을 미치는 것을 말한다. 자기자신의 직·간접적인 수행이나 자신의 흥미나 가치를 평가하는 내면적인 자기진술을 의미하는 것으로, 개인에 의해 표현되는 흥미의 형태로 보이기도 하나, 사회학습이론가들은 경험의 결과로 흥미가 생기는 것이지, 흥미의 결과로 경험을 하는 것이 아니라고 생각한다(Osipow, 1972).

둘째, 세계관 일반화(world-view generalizations)이다. 사람들은 다양한 직업의 성격에 대해 일반화할 수 있다. 즉 사람들은 자기가 살고 있는 환경을 관찰하고 일반화하게 되며 이러한 일반화를 또 다른 환경에서 어떤 일이 일어날 것인가를 예측하는 데 이용할 수 있다. 예컨대, IT 분야에 종사하는 사람들은 본질적으로 성격이 조용하고 섬세하며, 논리적인 능력을 가지고 있어야 한다.

2) 이론의 평가

어떤 신념과 일반화에 의해 생성된 내용을 밝히는 것은 진로결정 문제를 가지고 있는 개인에 대한 상담전략을 개발하는 주요 구성요인이 된다. 그렇기 때문에 개인의 문제성 있는 신념과 일반화는 사회학습이론에서 매우 중요하다. 예를 들어 상담자의 역할은 내담자가 자신의 표현된 신념을 전제로 대안적인 신념과 행동과정을 탐색하는 것이다. 즉 내담자로 하여금 자기자신에 대한 명료화, 타당성을 충분히 이해하도록 도와주는 것이 매우 중요하다.

① 사람들은 인식하고자 하는 것만 인식하게 되는데 사람은 해결할 수 있는 문제가 존재한다는 사실을 인식하지 못할 수도 있다(사람들은 대부분의 문제가 삶의 일상적인 부분이며 바꿀 수 없는 것이라고 가정한다).

② 사람들은 결정을 하거나 문제를 해결하는 데 필요한 노력을 기울이지 않을지도 모른다(사람들은 대안을 탐색하는 데 거의 노력을 기울이지 않는다. 또한 그들은 늘 똑같은 방법만 취하려고 한다).

③ 사람들은 부적절한 이유로 잠재적인 만족을 주는 대안을 제거할지도 모른다(사람들은 잘못된 가정으로부터 과일반화를 하고 잠재적으로 가치 있는 대안을 간과한다).

④ 사람들은 부적절한 이유로 적절치 않은 대안을 선택할지도 모른다(사람들은 잘못된 신념과 비현실적인 기대 때문에 잠재적인 진로를 현실적으로 평가할 수 없다).

⑤ 사람들은 목표를 달성하기에는 스스로가 무능력하다는 생각으로 인해 불안해하거나 분노를 겪을지도 모른다(개인들의 목표는 비현실적이거나 다른 목표와 상출될 수 있다)(김봉환, 2019).

〈학습평가〉

1. 사회학습이론의 핵심 내용을 생각해 보고 정리해 보세요.

2. Krumboltz의 사회학습이론에 도구적, 연상적 학습경험이 당신에게 어떤 의미를 주는지 생각해 보세요.

3. Krumboltz의 사회학습이론이 당신의 진로결정에 어떤 영향을 미치는지 생각해 보고 정리해 보세요.

제4장

현대적 진로발달이론

전통적 진로발달이론에 이어 이 장에서 살펴볼 이론들은 계획된 우연이론과 구성주의 진로발달이론이다.

첫째, Krumboltz의 계획된 우연이론은 1975년 사회학습이론에 이어 발전되었으며 사람의 개인 심리적인 요인과 환경적인 요인의 상호작용 과정에 초점을 두고 진로선택의 과정을 강조하였고, 최근에 '우연(happenstance)'이라는 개념이 추가되었다. '우연'이라는 개념을 추가하여 내담자의 학습의 결과뿐 아니라 상담자가 내담자의 학습과정을 적극적으로 조력하는 역할을 강조한 이론이다.

둘째, 구성주의 진로발달이론은 Super의 진로발달이론을 현대적으로 확장한 이론이다. 진로구성상담은 인간의 삶에서 나오는 이야기의 힘을 활용하여 진로상담의 원리를 체계적으로 접근하고 있다.

1. 계획된 우연이론

계획된 우연이론은 Krumboltz에 의해 1975년 사회학습이론에 이어 발전되어 왔다. Krumboltz(1979)는 Bandura의 사회학습이론의 근거하여 내담자의 진로 의사결정을 돕기 위해 학습에 영향을 미치는 다양한 환경적 요인과 사건, 과제접근 기술에 대해 설명하였다.

사회학습이론에서 사람은 개인 심리적인 요인과 환경적인 요인의 상호작용하는 과정에 초점을 두고 진로선택 과정을 강조했다면, 최근의 '우연(happenstance)'이라는 개념이 추가되었다.

계획된 우연의 개념은 기존의 사회학습이론에서 제시되었던 사건과 환경에 관한 것이다. 인생에서 우리는 계획과 달리 우연한 사건들에 맞닥뜨리게 된다. 여기에 내담자가 어떻게 대응하느냐에 따라 위기가 기회가 될 수 있다.

Krumboltz 교수의 '계획된 우연(Planned Happenstance)' 이론은 사람의 진로에 있어서 우연한 사건이 미치는 영향을 설명하는 내용이다. 수많은 비즈니스 종사자들을 대상으로 커리어를 연구했던 Krumboltz 교수는 성공한 사람 중 자신의 계획에 따라 성공한 경우는 20% 정도에 불과하고 80%인 대부분의 사람은 우연히 만난 사람이나 우연히 겪은 일을 통해 성공을 이뤘다고 하였다. 이러한 연구결과를 통해 '계획된 우연'이라는 진로선택이론을 개발하였다.

사람은 삶을 살아가면서 부정적이든 긍정적이든 다양한 우연을 마주치는데 긍정적으로 작용하는 경우를 '계획된 우연'이라고 하였다. 적성, 흥미, 성격 등도 직업을 선택할 때 중요하지만 실제 살아가는 가운데 발생하는 우연적인 사건에 의해 인생의 삶이 바뀌는 경우도 많은 사람들이 경험하고 있기 때문이다.

계획된 우연이론은 1990년을 전후하여 기존의 진로상담이론에서 강조되어 왔던 개인의 흥미나 적성에 초점을 두고 합리적인 매칭을 강조한 전통적 진로이론에 대한 비판으로부터 시작되었다. 기존 이론에 비판적 제시가 이루어지면서 개인적이고 주관적인 의미를 포함한 최근 변화하는 사회·경제적 환경에 대해 설명 가능한 이론의 필요성이 제기되기 시작하였다. 진로결정 과정에서 진로선택과 결정에 있어서 우연적 사건의 영향은 예측할 수 없는 사회로 변화할수록 그 비중이 더욱 커지며, 진로결정이 개인의 우연적 사건에 의해 영향을 받는다는 것이 보다 더 현실적이며 설득력을 갖게 된다(김봉환, 2019; 송병국, 1999; 오현주, 2012).

1) 이론의 개요

Krumboltz(1999)는 사람이 살아가는 인생은 아무리 명확하고 큰 목표의식을 갖고 살아간다 해도 개인의 의지와 상관없이 발생하는 우연에 영향을 받는다고 하였다. 사람은 우연을 기회로 받아들여 활용하기도 하지만 우연을 행운으로 취급하여 로또 당첨이 된 것처럼 생각한다면 우리에게 우연은 없을지도 모른다. 계획된 우연을 기회로 만들기 위해서는 작은 행동의 실천이 우선 되어야 한다. 그것은 바로 호기심, 인내심, 유연성, 낙관성, 모험 감수다.

다시 말해서 우연은 사람들이 각자의 삶에서 경험하는 수많은 예상하지 못한 일들에 주목하면서, 모든 사람의 삶에서 자신이 계획하지 않은 사건이 발생될 수밖에 없으며, 그 일로 인하여 받게 되는 긍정적 또는 부정적 영향에 대해 설명하였다. 이 이론에 따르면 사람은 예상치 못한 사건이 발생했을 때 이를 어떻게 받아들이는가에 대한 긍정적 자기반응이 중요하다고 강조한다(오현주, 2012). 즉 진로선택 과정에서도 '우연(happenstance)'의 중요성을 강조하였는데, 자신의 진로를 선택하는 과정에서 사람들은 우연을 최대한 기회로 삼아야 한다. 각 개인은 자신의 노력으로 계획되지 않은 사건이 미래에 긍정적 영향을 미치도록 만들 수 있는데, 이를 '계획된 우연(Planned Happenstance)'이라고 명명하였다(김봉환, 2019).

(1) '우연'의 개념

일반적으로 우연적 사건이란 "계획되지 않고, 예상치 못하게 발생하였거나, 또는 상황적이면서 예측할 수 없으며 때로는 의도하지 않았던 사건들과 관련되며, 이들이 진로발달과 행동에 영향을 미치는 것"을 말한다(Rojewski, 1999, p. 269). 진로선택 과정에서 개인이 통제하지 못하는 외부의 영향을 우연 또는 우연적 사건, 동시발생, 우연 유인 등의 용어로 사용한다.

손은령(2009)에 의하면 우연이라는 용어는 우연(Hapenstance)(Miler, 1993; Mitchels, Levin, & Krumboltz, 1999), 계획하지 않은 사건(Unplaned events)(Cabral & Salomon, 1990), 기회(Chance)(Roe & Baruch, 1967), 우연적인 사건(Chanceevents)(Scot & Hatala, 1990), 동시발생(Synchronicty)(Guindon & Hanam 2002), 행운(Serendipity)(Betsworth & Hanson, 1996; Wiliams et al., 1998), 우연 유인(Strange atractor)(Bloch, 2005; Pryor & Bright, 2003) 등으로 지칭된다고 하였다.

즉 우연은 개인의 삶에 긍정적인 면에 초점을 두고 있다. 계획하지 않은 사건(Unplaned Events), 기대하지 않았던 사건(Unexpected events), 예상하지 않았던 사건(Unforsen events), 우연(Hapenstance)과 같은 용어들은 환경적 조건과 사건에 따라 개인이 경험한 긍정적 측면, 부정적 측면을 모두 포함한 중립적인 시각을 담고 있으나, 행운(Serendipity), 기회(Chance)와 같은 용어들은 개인이 우연적인 사건에 어떻게 반응하였으며, 그 결과가 어떤 식으로 나타났는지를 중시하는 용어라 할 수 있다(손은령, 2002).

2) 진로상담의 기본가정과 적용

(1) 이론의 기본가정

내담자 자신의 우연을 인식하고 기회로 초점을 바꾸기 위해서는 상담자의 역할과 내담자의 역할 또한 중요하다. 이론을 상담과정에서 활용하기 위해서 5가지 기술인 호기심, 인내심, 유연성, 낙관성, 그리고 위험감수성을 개발해야 한다(Mitchell et al., 1999).

김봉환(2019)은 Krumboltz(1999)가 제시한 가정들 중에서 계획된 우연이론과 관련성이 있는 가정을 4가지로 세워 진로상담에 적용하고자 하였다. 그중에서 가정1과 가정3을 소개한다.

- 가정1: 진로상담의 목표는 내담자가 하나의 진로 의사결정만을 하도록 돕는 것이 아니라 그가 보다 만족스러운 진로와 인생을 선택하여 살아가기 위해 행동하는 것을 배울 수 있도록 돕는 것이다.
- 가정3: 내담자는 탐색적 활동에 집중하면서 우연히 일어난 일을 유용하게 활용할 수 있다는 점을 알게 된다.

① '가정1'에 대한 상담 방향

계획된 우연이론은 내담자의 삶에서 발생하게 된 우연을 진로선택 과정에서 도움이 될 수 있는 기회로 삼도록 제안해야 한다. 내담자는 자신의 우연을 스스로 이겨 낼 수 있는 긍정적 자아인식이 필요하다. 상담자가 모든 것을 해결해 주거나 정보를 주기만을 기다리지 말고 삶이 우리에게 주는 기회, 즉 우연을 긍정적으로 생각하고 나아가야 한다. 진로상담 과정에서 마주치는 대부분의 내담자들은 개인에게 닥친 작은 실패에 대해 안주하려는 경우를 자주 보게 된다.

"만약 내 주머니 속에 당신에게 꼭 맞는 일을 가지고 있다면 지금 바로 꺼내어 주겠어요. 그러나 세상일이란 그렇지가 않아요. 당신은 아주 만족할 수 있는 삶을 살고 싶지요? 어떻게 해야 그렇게 할 수 있는지를 제가 가르쳐 드릴게요."(Mitchell et. al., 1999)

김봉환(2019)에 의하면 진로상담에서 계획된 우연이론은 우연치 않게 발생하는 일에 대해 진로선택에 유리하게 활용되도록 기술을 습득해야 한다고 하였다. 진로선택은 지속적인 의사결정 과정이다. 어느 한 시점에 국한된 것이 아니기 때문에 과제접근 기술은 반드시 고려되어야 할 요소이다. 이와 같이 진로선택 과정에서 발생하는 우연을 자신의 진로에 적극적으로 반영하여 진로를 선택해 나가도록 하는 것은 저절로 가지게 되는 것이 아니며 교육하고 가르칠 경우 갖추게 되는 것이다(오현주, 2012).

이러한 기술에는 호기심(curiosity), 인내심(persistence), 유연성(flexibility), 낙관성(optimism), 위험감수성(risk taking) 등이 있다. 진로상담자는 내담자가 이와 같은 기술을 발달시킬 수 있도록 조력해야 한다(Mitchell et al., 1999).

〈표 4-1〉 계획된 우연의 기술

호기심	새로운 학습기회나 진로를 탐색하고 우연적 사건으로 인하여 생겨난 선택사항을 추구하는 데 사용하는 기술이다.
인내심	좌절에도 불구하고 노력을 지속하는 것으로, 상황이나 과제를 해결하는 데 흥미를 가지는 것만으로는 한계가 있기 때문에 호기심을 보완하는 기능이다. 자신에게 주어진 과제나 문제 상황을 포기하지 않고 수차례 실수를 반복하더라도 해내는 기술이다.
유연성	태도나 상황을 변화시키는 것으로, 한번 정한 목표와 계획을 추진하는 것도 중요하나, 환경 또는 직업 상황이 변화할 때 이에 맞게 변화하지 못하면 시대에 뒤처지는 결과를 가져온다. 따라서 유연성은 변화하는 상황에 적절하게 대응하는 기술이다.
낙관성	새로운 기회가 올 때 또는 개인이 뜻하지 않은 일을 겪게 되었을 때 그것을 기회로 받아들이고 스스로에게 도움이 될 수 있는 긍정적인 관점으로 볼 수 있도록 하는 기술이다.
위험 감수성	불확실한 결과 앞에서도 행동화하는 것으로, 때로는 계획에 없던 상황이나 문제 발생이 두려울 수 있으므로 이를 극복하며 용기를 가지고 자신의 진로를 개척해 나갈 수 있는 지혜로서의 기술이다.

출처: 김봉환(2019). 진로상담의 이론과 실제.

② '가정3'에 대한 상담 방향

우리가 살아가는 진로, 즉 인생의 삶에서 발생하는 우연은 계획에 따라 움직일 수는 없다. 때로는 좋은 기회가 될 수 있지만 그렇지 않을 수도 있다. 우연치 않게 나에게 다가온 사건에 대해 실패하거나 실수할 수도 있다. 이를 통해 한편으로는 또 다른 학습의 기회가 된다. 진로상담을 하다 보면 작은 학습과정에서의 실수에 대해 용납하지 않는 학생들을 자주 보게 된다. 실패와 실수를 두려워하기보다는 자신의 미래를 가져오지 못하는 것에 두려워해야 한다. 가정3의 "내담자는 탐색적 활동에 집중하면서 우연히 일어난 일을 유용하게 활용할 수 있다는 점을 알게 된다."라는 가정에 대해 Krumboltz(2009)는 내담자의 다양한 활동, 즉 인턴십, 실습, 팀 프로젝트, 지도자에 지원하는 것 등에 대해 권유한다(황매향 외, 2013).

따라서 진로상담자는 내담자가 작은 실수에 대해 우연을 기회로 만들어 갈 수 있도록 협력적이고 촉진적인 역할을 수행해야 한다.

(2) 이론의 적용

현대적 진로발달이론에서 계획된 우연이론은 개인의 능동적인 측면을 강조한다. 우연은 단지 수동적인 개념을 포함하고 있지 않다. 계획된 우연의 중요한 개념인 탐색과 기술은 진로선택 과정에서 기회를 창출하며 활용하는 데 중요한 역할을 하게 한다.

따라서 상담자는 내담자가 직면한 삶의 과정에서 우연을 '계획된 우연'으로 받아들여 그 과정을 가능하게 하는 개인의 능동적 측면을 갖출 수 있도록 해야 한다. 우연은 자신에게 유리하고 기회로 삼을 수 있도록 여러 가지 다양한 활동에 참여하는 것이 중요하다. 또한 이 이론에서는 내담자에게 원하는 것을 바로 알려주기보다는 내담자가 스스로의 학습과정을 통해 그 답을 발견하도록 도와주어야 함을 강조하고 있다. 즉 상담자가 주도적으로 지시하거나 이끌어 가는 것이 아니라 내담자가 자신의 삶에서 마주치게 된 우연을 대안적인 기회로 탐색하고 새로운 활동 영역에서 성공하는 기술을 학습할 수 있도록 내담자의 학습을 증진시키는 것이 진로상담자의 역할이다(오현주, 2012).

이러한 이론을 진로상담에 적용하자면 몇 가지로 요약할 수 있는데 Krumboltz (2009)는 진로상담자가 수행할 역할에 대해 다음 5가지 측면을 강조하였다.

첫째, 상담자는 내담자의 기대를 이끌수 있어야 한다고 강조한다. 내담자에게 일어난 계획되지 않은 일들을 자연스러운 일로 받아들일 수 있도록 하라는 것이다.

둘째, 내담자의 삶을 만족시킬수 있는 것은 무엇인지에 대해 관심을 갖고 조력자의 역할을 해야 한다.

셋째, 내담자에게 우연은 실수와 실패를 극복할 수 있는 자극제임을 인식하게 하여 과거의 경험을 활용하여 내담자를 격려한다.

넷째, 내담자의 잠재된 능력을 활용하여 우연을 기회로 인식할 수 있도록 격려한다.

다섯째, 내담자의 비합리적인 생각을 극복하도록 해야 한다.

황매향 외(2013), 김봉환(2019)는 Krumboltz(2009)가 제시한 진로상담자의 역할을 수행하기 위하여 다음과 같이 단계별 상담을 실시할 것을 추천하고 있다. 질문기법을 이용하여 개인상담 및 집단상담 과정에 활용하는 방법이 있다.

① 1단계: 계획된 우연을 자연스러운 일로 만들기

내담자에게 우연히 일어났던 일에 대하여 질문을 통해 사건을 조명해 보고 사건을 가능하게 했던, 기여했던, 만들어 냈던 그리고 유용하게 했던 행동이 무엇인지를 구체화하도록 한다.

- 당신의 진로에 계획하지 않은 우연한 사건이 당신의 진로에 어떤 영향을 미쳤나요?
- 그 일이 당신에게 어떤 영향을 미쳤나요?
- 당신은 미래에 일어날 계획되지 않은 일에 대해 어떻게 느끼나요?

② 2단계: 호기심을 학습과 탐색의 기회로 바꿀 수 있도록 돕기

내담자가 진로탐색의 기회를 갖도록 해야 한다. 특히 자신에게 완벽한 직업을 찾아 줄 것이라는 상담자에 대한 잘못된 기대를 갖지 않도록 자기주도적 탐색과 기회를 부여한다.

- 어떻게 당신의 호기심을 북돋을 수 있나요?
- 기회가 어떻게 당신의 호기심을 불러일으키나요?
- 당신은 호기심을 키우기 위해서 어떻게 해 보았나요?
- 호기심은 당신의 진로에 어떠한 시사점을 줄 수 있나요?

③ 3단계: 바람직한 기회를 만들도록 가르치기

우연적 사건을 바람직한 기회로 만들기 위해 상담자는 내담자 스스로 진로를 설계하고 결정해 나가도록 촉진자, 조력자의 역할을 해야 한다. 유용하게 사용할 수 있는 질문들은 다음과 같다.

- 당신이 흥미 있는 직업에 대해 배울 수 있는 기회를 만들고자 어떤 일을 할 수 있나요?
- 그 학과가 당신에게 맞는지 알아보기 위해 어떤 일을 더 해 볼 수 있을까요?
- 명절 때 가족들이 모인 그 기회를 활용하여 진로에 대해 더 배울 수 있도록 하기 위해 당신은 무엇을 해 볼 수 있나요?

④ 4단계: 과제 실천에 방해가 되는 요인을 극복하기

진로를 탐색하고 선택하는 데 어려움이 없을 수는 없다. 과제해결 기술(호기심, 인내심, 유연성, 낙관성, 위험감수성)을 발휘하는 데 있어 어렵게 만드는 원인은 무엇이며, 내담자가 자신의 진로를 찾고 행동을 실천하는 데 방해가 되는 요인을 찾아내 어려움을 극복하기 위한 방법을 상담을 통해 돕는 과정이 필요하다.

- 만약 그 일을 한다면 어떤 어려움이 있을 것 같나요?
- 그 과정을 이수하는 데 어떤 점이 어려웠나요?
- 그러한 어려움이 얼마나 오래 지속되었나요?
- 그러한 어려움을 다른 사람들은 어떻게 극복하나요?

3) 이론의 평가

계획된 우연이론은 기존의 전통적인 진로이론과 다르게 급속하게 변화하고 발전하는 현대사회에서는 자신의 미래를 예측하는 것은 불가능하며, 이러한 진로의 불확실성에 대처할 수 있도록 하여 기존 이론의 한계점을 보완했다는 점에서 의의를 지닌다.

진로상담에서 상담자는 내담자가 삶에서 겪게 되는 우연에 대해 어려움을 스스로 극복할 수 있도록 조력자의 역할을 하는 것이 중요하다. 계획성과 합리성을 강조하기보다는 개인이 변화에 민감하게 반응하고, 불확실성과 모호함을 견디면서 새로운 적응적인 반응을 할 수 있도록 이끄는 진로상담이 필요하다(손은령, 2009).

직업의 세계가 급변하는 상황에서 계획된 우연이론은 내담자가 우연적 요소를 인정하고 자신의 삶 속에서 일어나는 사건들을 유리하게 활용할 수 있는 능력을 강조하였다(오현주, 2012). 즉 사람들은 우연를 기회로 인식하고, 새로운 호기심과 직면할 수 있도록 호기심(curiosity), 인내심(persistence), 유연성(flexibility), 낙관성(optimism), 위험감수성(risk taking) 등이 요구된다. 왜냐하면 우리가 살아오면서 모르고 지나쳤던 수많은 우연은 개인의 잠재력을 갖게 할 수 있는 요인이기 때문이다. 우연은 개인의 진로발달에 중요한 변인이 될 수 있음에도 불구하고 기존 진로발달이론에서는 '우연'에 대한 개념이 포함되지 않고 배제되어 왔다. 그러나 Krumboltz를 중심으로 최근 연구에서는 진로선택 과정에서 우연의 중요성이 강조되고 있으며 예측하기 어려운 직업선택 과정에서 내담자가 자기주도적으로 진로를 탐색하는 데 조력할 수 있는 이론으로 진로상담에 적용하는데 큰 의의를 지닌다.

〈활동지〉

▶ 계획된 우연 적용하기

- 1단계: 당신은 계획하지 않은 우연한 사건이 당신의 진로에 어떤 영향을 미쳤다고 생각하나요? 예를 들어 작성해 보세요.

- 2단계: 당신은 계획하지 않은 우연한 사건을 호기심을 키우기 위해서 어떻게 해 보았나요? 예를 들어 작성해 보세요.

- 3단계: 당신이 흥미 있는 직업에 대해 배울 수 있는 기회를 만들고자 어떤 일을 할 수 있나요?

- 4단계: 만약 그 일을 한다면 어떤 어려움이 있을 것 같나요?

〈활동지〉

- 자신이 관심 있는 직업을 생각하게 된 이유:

- 느낀점 성찰하기:

〈학습평가〉

1. 계획된 우연의 개념과 필요성에 대해 생각해 보고 정리해 보세요.

2. 계획된 우연이론에서 과제접근 기술이 당신에게 어떤 의미를 주는지 생각해 보세요.

3. Krumboltz의 계획된 우연이론이 당신의 진로결정에 어떤 영향을 미치는지 생각해 보고 정리해 보세요.

2. 구성주의 진로발달이론

최근의 구성주의 이론에 입각하여 진로구성상담을 체계적으로 정리한 Kobus Maree 교수는 진로구성상담은 어떤 직업을 선택할 것인가에 대한 문제에서 어떻게 의미 있는 일을 할 것인가에 초점을 부여하고 있다. 특히 진로구성상담은 인간의 삶에서 나오는 이야기의 힘을 활용하여 진로상담의 원리를 체계적으로 접근하고 있다.

21세기 진로상담의 새로운 패러다임은 개인을 맥락 안에서 이해하고 맥락과 개인의 지속적인 통합과정을 강조하고 있는데(Savickas, 2009), 진로상담과 진로연구 분야의 대안적 접근 중의 하나로 부상하고 있는 것이 바로 구성주의 관점이다(McMahon & Patton, 2002).

1) 기본가정

김봉환(2019)에 의하면 구성주의 진로발달이론의 특성을 16가지로 구분하고 있다.

① 사회는 사회적 역할을 통해 개인의 삶의 과정을 구성한다.
② 직업은 핵심적인 역할을 부여하고 성격 조직의 중심이 된다.
③ 개인의 진로유형(직업 지위, 직업의 순서, 지속 기간, 변경 빈도 등)은 부모의 사회경제적 지위와 교육수준, 능력, 성격, 자아개념, 기회에 대한 적응능력에 달려 있다.
④ 능력, 성격, 자아개념 등 직업 관련 특성에서 개인차가 존재한다.
⑤ 각 직업이 요구하는 직업 관련 특성은 서로 다르다.
⑥ 사람들은 다양한 직업을 가질 자질을 가지고 있다.
⑦ 일에서의 역할이 자신의 탁월한 직업 관련 특성과 일치하는 정도가 직업적 성공을 좌우한다.

⑧ 만족감은 직업적 자아개념의 실현 가능성에 비례한다.

⑨ 진로구성 과정이란 직업적 자아개념의 발달 및 실현의 과정이다.

⑩ 자아개념과 직업적 선호는 계속 변한다.

⑪ 진로는 성장, 탐색, 확립, 유지, 쇠퇴의 과정을 순환한다.

⑫ 전환기에는 성장, 탐색, 확립, 유지, 쇠퇴의 5단계가 반복된다.

⑬ 진로성숙도란 발달과업의 수행 정도로 정의할 수 있다.

⑭ 진로적응도란 발달과업을 수행할 수 있는 준비도와 자원(태도, 신념, 능력)이다.

⑮ 진로구성은 진로 발달과업에 의해 시작되고 그 발달과업에 대한 반응으로 완성된다.

⑯ 발달과업은 그것을 설명하는 대화, 적응력 훈련, 자아개념을 명료화하는 활동으로 촉진할 수 있다(김봉환, 2019).

2) 사회구성주의 이론

Kobus Maree 교수는 『진로구성상담의 원리와 실제(*Counselling for Career Construction*)』(2013)에서 구성주의 관점을 설명하기 위해 Hartung(2011)의 'constructionism'은 현실을 관계의 결과물로 보는 반면, 심리학적이고 개인의 내적인 개념으로 보는 'constructivism'을 현실을 개인의 해석한 결과물로 보는 관점으로 소개하고 있다.

사회구성주의 이론은 언어를 통한 사회적 상호작용을 통해 공유하고 소통하는 신념에 토대를 두고 있다(O'Hanlon, 1994).

Savickas(2011b)는 진로 이론의 패러다임은 50년이 지나면 효과성이 상실된다고 주장하면서, '사람들이 어떻게 다른가?'와 같은 개인차를 설명하는 실증주의적인 진로 이야기를 뛰어 넘어 탐색적, 발견적 구성 개념을 공식화하였다.

3) 내러티브 상담

진로구성과 생애설계에 대한 내러티브 또는 이야기를 통한 상담접근은 최근에 강조되고 있는 진로상담의 주제어이다. 이는 사회구성주의 이론에 근거하고 있으며, 사람들은 이야기를 통해 공유되고 합의를 통한 의미에서 현실, 역할, 능력, 역량을 구성한다. 즉 언어대화는 사회적 관계형성과 유지 및 증진을 위해 공유되고 전달된다.

내러티브 상담에서는 사람들이 이야기를 하면서 무엇인가를 한다는 것은 다른 사람과의 관계에서 일어난다고 주장한다(김봉환 외, 2019).

Morgan(2000)은 이야기 상담은 인간에 대한 깊은 존경심과 삶의 유일한 존재임을 바탕으로 접근하며, 인간은 그들에게 마주친 도전과 문제를 다룰 능력이 있음을 가정한다.

● 기본명제

① 사람들은 자신의 삶에 대해 이야기하는 대로 살아간다.

② 사람들이 애착을 가지고 이해한 것들과 의미 있는 것들 중에서 어떤 것은 걸러 내고 어떤 것에는 중점을 둔 이야기는 자신의 삶을 해석하는 방식과 일치하지 않는 정서적, 인지적, 행동적 패턴을 보지 못하도록 덮어 버릴 수 있다.

③ 모든 사람은 자신에 관한 몇 가지 핵심 이야기에 집착한다.

④ 이야기는 자신과 중요한 타인에 의해 형성되었으며, 많은 사건 중에서 선택된 사건들에 기반을 두고 있다.

4) 진로구성이론

Savickas(2005)는 Super(1990)의 전 생애 진로발달이론에 근거하여 진로구성이론을 발전시켰는데 직업선택과 적응의 발달적 관점에 대한 Super의 이론을 업데이트하였다.

Savickas는 지식이 구성되는 모든 의미는 언어로 표현된다고 말한다(Savickas, 2005).

진로구성이론은 사람의 특정 방향에 대한 움직임을 생애주제에 초점을 두고 있으며 객관적, 주관적인 여러 접근법을 사용해서 내담자의 자료를 수집하고, 내담자가 이런 정보를 활용하여 의사결정을 할 수 있도록 돕는다.

진로구성이론은 진로상담사의 역할을 강조하고 있는데 상담자는 내담자가 초기 기억과 현재 사건 및 경험뿐만 아니라 미래 포부까지 성찰하고 메타성찰하도록 하며, 자신을 해석 및 재해석하도록 촉구하게 된다.

즉 진로구성이론에서는 내담자가 깊은 자기와 접촉하고 있다는 느낌을 연결하게 하고 '자서전적' 다리가 과거와 미래 사이에 건설됨으로써 내담자는 자신의 일체감과 통제감, 적응력, 이야기 속에서 자신의 진실성과 공유된 나를 확립하게 된다(김봉환 외, 2019).

● 진로구성의 대표적인 인터뷰

① 여섯살 이전에 당신이 존경했던 3명의 역할모델이 누구였습니까? 그 이유는 무엇입니까?

② 좋아하는 잡지, TV 프로그램, 웹사이트는 무엇입니까? 그 이유는 무엇입니까?

③ 당신이 좋아하는 3가지 좌우명이나 인용구는 무엇입니까?

(1) 진로 적응력

Savickas의 진로구성접근은 Super의 전 생애-생애공간이론의 후속작업으로 이루어졌다. 이는 생애구조, 진로 적응력, 진로성격 및 생애주제의 진로 행동의 기본요소를 포함한다. Savickas(1997)는 진로발달의 핵심 구성요소로 '진로성숙' 개념을 '진로 적응력'으로 대체하여 설명하고 있는데 진로 적응력은 전 생애에 걸쳐 적용된다(Savickas, 2009c).

즉 일을 하는 현대인들은 지속적인 자기개발과 훈련, 평생학습자가 되어야 한다. 단순히 일회적인 직업을 선택하고 구하는 것이 아니라 지속적인 생애설계를 위한 지식과 기술을 습득해야 한다. 생애설계는 지속적인 삶의 순환과정에서 적응력을 갖추어 나가는 것이다.

따라서 진로상담자는 내담자가 한 직업에서 다른 직업으로 확장하고 이동할 수 있다는 관점에서 통합적인 상담 접근방법을 고려해야 한다.

(2) 초기기억

초기기억은 내담자의 생애 이야기를 구성하는 연속적인 사건들로 나타난다(Adler, 1929; Savickas, 2008). 초기기억은 인간중심적 개인심리학을 근거로 하고 있으며 개인적의 발전과 타인에 대한 공헌 등 내담자의 자화상을 완성하기 위한 노력과 맥락으로 일을 경험할 가능성을 높이게 된다(Savickas, 2011b).

Adler(1958)에 의하면 초기기억은 "내담자의 생애 이야기를 대표하는 것으로 그 이야기는 자신에게 반복적으로 자신을 경고하거나 위로하거나 자극하며, 자신의 목표에 집중하고, 과거 경험을 통해서 준비하고, 이미 검증된 행동양식으로 미래를 맞이하라고 반복적으로 하는 이야기이다."라고 말한다. Adler에 의하면 초기기억은 우연한 기억은 없다고 주장하는데 이는 내담자가 스스로 성찰하고 경험하여 자신을 재구성하고 자화상을 그려 놓은 이야기의 되풀이로 보기 때문이다. 따라서 내담자는 자신의 이야기를 되풀이하면서 사회적 관계와 사건 속에서 공유하고 성찰하게 되며 미래에 대한 행동을 이끌어 가게 된다.

이야기 속에는 이미 내담자 마음속에 가능한 해결책을 표현하는 것으로 초기기억은 내담자로 하여금 수동적인 변화가 아니라 능동적인 마법과 같은 변화를 가져오게 만든다.

〈표 4-2〉 기억의 단계

구분	내용
첫 번째 기억	핵심적이고 중심적인 생애 '문제'와 연결되는 것
두 번째 기억	문제를 확인하게 만드는 것
세 번째 기억	문제에 대한 해결을 제시하는 것

출처: 김봉환 외(2019). 진로구성상담의 원리와 실제.

초기기억은 내담자로 하여금 상담자가 질문을 활용하는 방법인데, 귀납적 자료 분석 전략법은 내담자가 말한 진로에 대한 문제를 이야기로 듣고 다시 읽어 주어 내담자의 이야기 속에 일정한 주제나 패턴을 발견하도록 하는 방법이다. 초기기억에는 주로 생애주제가 드러나며, 흥미 관련 질문은 진로상담에서 자주 사용할 수 있는 질문법이다. 예를 들어 내담자가 '나의 강점은 컴퓨터를 조립하는 것입니다.'라고 하고, 다음으로 '좋아하는 인물은 스티븐 잡스입니다.'라고 하며, '어려서 집에 있는 아빠 전자기기를 해체했다가 다시 조립하는 것을 좋아했습니다.'라고 계속 말을 하면서 '내가 좋아하는 대학교 과목은 수학, 물리, 기계이며 현재 기계공학을 전공하면서 매우 흥미롭다.'라는 이야기 속에서 '기계, 전자와 관련된 흥미'라는 일정한 주제와 패턴을 발견할 수 있다.

내담자의 이야기 속에는 답이 정해져 있으며, 진로상담자는 계속적인 반응을 유도하여 탐색이 이루어지도록 해야 한다.

● 주요 질문

① 당신이 어렸을 때 가장 큰 어려웠던 3가지 도전은 무엇이었나요?
② 무엇을 가장 가치 있게 생각하세요?
③ 좋은 책이나 영화는 무엇이고, 그 이유는 무엇입니까?
④ 당신의 현재 역할모델은 누구입니까? 그 이유는 무엇입니까?
⑤ 당신의 좌우명은 무엇입니까?

(3) 메타성찰

진로상담자는 내담자의 입장에서 내담자의 생애 이야기를 이끌어 내어 다시 생각할 수 있도록 격려해야 한다. Savickas(2009)는 내담자의 개인적인 이야기는 개인에게 인생을 살아가는 데 각본을 제공하며, 직업환경 등의 변화에 따라 노동이행 과정에서 자기를 관리해 나갈 수 있도록 돕는다. 그렇기 때문에 상담자는 내담자가 자기성찰을 계속적으로 할 수 있는 여건을 보장하고 진로선택 및 전환과정을 스스로 탐색해 나가고, 미래를 예측해 나가면서 현재의 취약점을 극복할 수 있도록 성찰의 여건을 제공해야 한다.

Polkinghoorne과 Savickas는 진로상담 과정에서 지속적이고 계속적인 성찰의 중요성을 강조하였는데, '메타성찰'이란 행동에 대한 성찰, 행동하는 중의 성찰, 행동하기 위한 성찰을 의미한다(Farrell, 2004; Killoon & Todnew, 1991; Kuenzli, 2006; Schon, 1987).

계획, 자기검열, 자기평가, 자기조절, 의사결정이 메타인지 활동에 포함되며, 메타성찰하기의 3단계는 다음과 같다.

① 이끌어 내기 단계

- 내담자는 자신의 진로와 생애 이야기를 말함으로써 자신의 생애를 성찰하게 된다.

② 승인 단계

- 진로상담자가 내담자 자신에 대해 진심으로 성찰하도록 안내할 수 있는 정도와 상담자의 성찰능력에 달려 있다(Savickas, 2011b).

③ 행동하기 단계

- 내담자의 행동을 도와 진로를 선택하고 생애설계를 하도록 하는 것이다.

5) 이론의 평가

구성주의 진로발달이론은 기존의 이론들에서 주로 다루는 개인의 진로발달, 정체성과 달리 개인의 특성이나 행동 그리고 환경의 특성이 비교적 높은 안정성을 유지한다는 것을 가정하고 있다(Savickas, 2009). 현대사회는 기술력의 변화, 조직구조의 변화, 경제 상황의 변화, 직업세계의 빠른 변화로 인해 진로이론에서 인간의 유연성, 적응성 및 평생학습을 강조할 수밖에 없으며, 진로상담의 방법은 개인의 상상력과 자신의 가능성을 스스로 탐구할 수 있도록 북돋워 주는 역동적인 접근이 필수 불가결하다(김진희, 2012).

따라서 진로상담을 통해 개인과 환경의 특성을 파악하는 데 그치는 것이 아니라 복잡한 사회환경에 적응해 나가기 위한 개인의 능동적 태도 및 행동을 구성주의이론에 근거하여 접근할 필요가 있다. 구성주의 진로상담은 Super의 전 생애-생애공간이론의 후속작업으로 이루어졌다. 이는 생애구조, 진로 적응력, 진로성격 및 생애주제의 진로 행동의 기본요소를 포함한다. 구성주의 진로발달이론이 진로상담 분야에서 활발하게 연구가 진행되고 있으나 그 필요성에 대한 강조에만 머물고 있으며, 특히 한국의 경우 구성주의와 관련된 문헌 부족은 물론 실제 구성주의 진로상담 기법을 활용한 연구가 부족한 실정이다(김진희, 2012).

진로구성주의 상담이론에서는 내담자의 초기기억과 메타성찰을 통해 내담자의 입장에서 내담자의 생애 이야기를 이끌어 내어 다시 생각할 수 있도록 격려하게 된다. 즉 내담자의 개인적인 이야기는 개인에게 인생을 살아가는 데 각본을 제공하며, 직업환경 등의 변화에 따라 노동이행 과정에서 자기를 관리해 나갈 수 있도록 돕는다. 그렇기 때문에 상담자는 내담자가 자기성찰을 계속적으로 할 수 있는 여건을 보장하고 진로선택 및 전환과정을 스스로 탐색해 나가고, 미래를 예측해 나가면서 현재의 취약점을 극복할 수 있도록 성찰의 여건을 제공해야 한다.

〈학습평가〉

1. 구성주의 진로발달이론의 핵심 내용을 생각해 보고 정리해 보세요.

2. 구성주의 진로발달이론에서 초기기억의 중요성이 어떤 의미를 주는지 생각해 보세요.

3. 구성주의 진로발달이론에서 초기기억, 메타성찰, 적응력의 핵심 이론이 당신의 진로결정에 어떤 영향을 미치는지 생각해 보고 정리해 보세요.

제2부

실천적 진로상담

제5장

문제인식하기

1. 진로미결정의 개념과 필요성

Crites(1969)는 '진로선택에 있어서 미결정이란 개인이 구제적인 직업을 준비하고 시작하기 위해 필요한 특정 행동의 과정을 선택하거나 그 과정에 관여하는 데 있어서 무능력함을 가리킨다.'라고 정의하였다.

진로미결정은 직업성숙, 흥미에 대한 불충분 문제로 보고 있는데 정신역동 접근에서는 관찰 가능한 증상 대신에 개인의 내적 원인에 따라 문제를 분류하였고(Bordin, 1946), Super(1953)는 발달 접근 측면에서 의사결정 과정에서 나타나는 전형적인 문제들을 생애발달 단계에 따르는 것으로 보면서 직업성숙도의 개념을 강조하였다. 성격이론과 욕구이론에서는 직업 흥미에 따른 접근에서 개인의 진로결정을 막는 주요 요인으로 흥미에 대한 개인의 다양한 경험이 환경에 노출되지 못하여 구체화가 불충분했기 때문으로 보았다(Holland, 1985; Roe, 1956).

2. 진로미결정의 원인

우리나라 학생들은 청소년 시기에 진로에 대한 의사결정을 하더라도 노동시장 이행을 위한 사회에서 요구하는 일정한 시험에 통과해야 하는 이중적인 영역으로 분리되어 있어, 진로결정 문제는 더욱 중요한 요소라고 할 수 있다. 많은 학생들이 진로에 대한 자기확신이 있거나 결정이 되었다고 해도 여전히 다양한 진로문제를 호소하고 있는 게 현실이다.

비단, 청소년 및 대학청년들의 이야기만은 아니다. 어른이 되어서도 진로결정 문제는 늘 이슈가 되어 왔던 주제이기도 하다.

최근의 대량 실업사태와 경제위기 속에서 대부분의 학생들은 좋은 대학에 진학하기 위한 입학과 더불어 졸업 후 취업을 걱정해야 하는 시대에 살고 있다. 이는 졸업 후 첫 직장이 향후 직업인으로 종사하는 데 지속적으로 영향을 미치기 때문일 것이다. 다수의 취업지원센터 및 학생상담센터에서의 진로문제는 중요한 상담주제이기도 하다. 즉 우리나라의 청소년 및 대학청년, 성인에 이르기까지 어떤 일을 해야 하는지, 어떤 일이 내가 좋아하고 잘할 수 있는 일인지에 대한 진로문제로 고민이 많다고 할 수 있으며, 대학 입학 이후 바로 시작되는 학생들의 고민은 종합적인 진로문제에서부터 대인관계 부적응, 능력개발의 부족, 정보의 부족, 졸업 후 취업을 준비해야 하는 구직문제까지 그 범주가 넓다.

이러한 진로미결정 및 호소문제의 배경이나 원인은 매우 다양하게 나타난다고 볼 수 있는데, 경우에 따라 자기이해 부족으로 인해 진로고민 및 진로결정이 너무 늦거나, 일과 관련한 경험의 부재, 적성과 흥미의 불일치, 막연한 낙관주의와 같은 개인차원에서의 원인뿐만 아니라, 부모님 입장에서의 무조건인 요구가 문제의 원인이 되는 경우도 있다. 최근에는 학교 부적응 문제, 기업 내에서의 부적응 등 복합적인 진로문제가 이슈가 되고 있다.

Jones와 Chenery(1980)는 진로결정 문제는 단순한 의사결정에 대한 의미로 보기보다는 다차원적인 개념으로 의사결정을 했거나 또는 하지 못한 상태 이상을 의미하는 것이라고 하였다. 즉 진로결정 문제는 미결정과 진로성숙도, 결정수준에서 보다 심도 있는 이해가 이루어져야 보다 적절한 상담 접근이라고 할 수 있다고 하였다.

이는 결정과 미결정의 단순한 분류 이상의 문제로, 내담자의 진로결정 수준 및 다양한 영향의 요인을 이해할 필요가 있다.

Gati 등(1996)은 학생들의 진로미결정의 주요한 요인으로 동기의 부족을 들고 있다. 이러한 현상들을 살펴보면 진로미결정에 영향을 미치는 요인들은 학생들의 진로정보의 부족, 흥미 및 적성과 관련된 자기이해 부족 등과 같은 인지적인 요인뿐만 아니라 정서 불안정성과 같은 비인지적인 요인인 것으로 나타났다(이기학, 2003).

그 외에도 서구문화에서의 진로선택은 개인의 선택적인 문제인데 반하여 아시아계의 진로선택은 자신과 가족 모두를 고려한다는 차이가 있었다.

특히 우리나라는 '관계'를 중요시하고 특히 부모-자녀관계에서 심리적인 독립보다는 정서 친화성을 강조한다(박수길, 이영희, 2002; 선혜연, 김계현, 2008). 또한 흥미와 진로선택과의 관계에서 보면 아시아계 미국인들은 진로선택에서 중요한 문제는 자신들의 흥미와 부모의 기대를 수용한다는 점에서 차이가 나타났다(Leon & Chou, 1994).

임은미(2011)는 진로결정 과정과 개인요인에 관한 연구에서 우리나라 학생들의 진로결정 과정에서의 핵심변인은 '성공과 지지를 바탕으로 결정해 나감'이라고 주장하였다. 여기에서 '지지'는 진로결정 및 준비과정에서 경험하는 지속적인 환경적 지원을 의미하는 것으로 부모의 물질적 및 정서적 지원과 갈등여부 등의 원인이 진로고민에 영향을 미칠 수 있다고 보았다.

Salomone(1982)은 진로미결정 문제는 인지적인 요인 외에 정서적인 요인을 살펴보면 높은 수준의 불안정성, 불안, 불분명한 자아정체감, 외적 통제성, 자신의 상황에서 다른 사람들은 비난하는 경향 등을 찾아볼 수 있다고 하였다. 진로미결정은 진로에 대한 지식, 기술, 인식의 부족이나 과업수행에서의 무능력에서 발생하는 직업선택 과정에서의 불일치로 보았다(김정희, 2013).

결국, 진로결정은 부모와의 애착, 가족의 지지, 정보의 부족, 자기이해의 부족 등 인지적이고 정서적인 변인을 포함하는 원인임을 알 수 있다. 따라서 진로상담 과정에서 진로결정성에 대한 심도 있는 개입요인이 될 수 있음을 시사하고 있다.

1) 선택할 때의 어려운 점

의사결정 단계에서 생기는 가장 보편적인 문제는 하나의 선택과정에서는 실패를 경험하는 것이다(김병숙, 2006).

Salomone(1982)은 내담자들은 미결정 상태(undecided)의 내담자들과 우유부단한(indecisive) 내담자들로 구분하였다. 우유부단한 내담자의 경우 직업결정뿐 아니라 심리기능의 여러 측면에서 개인의 문제들을 지니고 있다. 우유부단한 내담자의 심리적인 영역은 자기강도, 자존심, 명확한 정체감 등이 부족한 사람들이며, 직업에 대해 부정적인 태도를 지니고 있다. 그렇기 때문에 만성적으로 우유부단한 사람은 높은 수준의 불안을 경험하게 되는데 직업을 선택하는 과정에서 많은 어려움을 겪게 된다.

2) 실패에 대한 두려움

실패에 대한 두려움은 누구나 갖게 되는 우유부단함과 함께 다가오는 이유이다. 실패에 대한 두려움이 강할수록 사람들은 어떤 노력이나 도전, 시도를 해 봄으로써 그에 따른 실패확률을 최소화하려고 하지 않고 오히려 아무런 시도조차 하지 않는다. 진로상담에서 내담자의 진로선택과 결정에서 가장 어려운 문제는 바로 의사결정 문제이다. 이러한 실패에 대한 두려움은 미결정 상태에 머물게 하며, 자신이 아무것도 하지 않으면서도 잠재력과 능력을 갖추고 있다고 여길 수 있다.

이때 가장 중요한 전략은 바로 현실에 뛰어들어 검증하는 방법이다. 다음 사례를 살펴보자.

사례 1

정상적인 직장에는 나가지 않지만 가족을 부양하고 있는 강시월은 이러한 환경의 많은 여성들과 마찬가지로 이 상황에서 대학 공부는 힘들 것이라는 생각을 하고 있었다. 그러자 상담사가 검증해 보지 않은 가설 때문에 소망을 포기하는 건 어리석은 생각이라고 지적하여, 강시월은 대학 강좌를 하나 수강해 자신의 신념을 검증해 보기로 했다. 이런 유형의 여성들이 대학 공부를 하는 것이 사실 힘들기는 하지만 대체로 잘 해내고 있기 때문에 내담자에게 알맞은 권고사항이 되었으며 그 효과 또한 입증되었다. 강시월은 상당히 쉬운 과목을 선택했고, 비록 학기 초에는 며칠 동안 심한 두려움을 보여 상담자와 타인의 지지가 필요 했지만, 학기 말에는 자신감이 상당히 커져서 자신이 소망하던 것을 추구하기로 결심하게 되었다.

출처: 김병숙(2006). 직업상담심리학. p. 429.

실패에 대한 두려움은 내담자로 하여금 진로결정에 방해가 될 수 있다. 실수에 대한 두려움을 극복할 수 있도록 점진적인 시도를 해 보도록 격려하고 계획을 세워 볼 수 있도록 해야 한다.

3) 타인에 의한 영향

진로선택과 결정에서 중요한 타인의 영향력은 얼마나 될까?

진로신화(career mythology)란 자신의 진로와 관련하여 획득한 근거 없는 믿음이나 획득된 정보에 대한 왜곡된 해석 등을 말하며 별도의 노력 없이도 자신만큼은 잘될 것이라고 믿는 믿음을 의미한다. 진로신화는 진로에 대한 비합리적 신념이다(최석규, 2007).

특히 가족신화는 가족전통과 가족가계도에 나타난 직업이력, 부모의 지지적 영향력이나 관계가 곧 자신의 진로라고 은연중에 갖는 신념이다. 대대로 교육자, 법조계 집안에서 태어난 아이는 당연히 교육학, 법학 분야에 가야한다는 신념을 갖게 되는 것이 바로 그것이다. 그 밖에도 부모나 중요한 타인의 기대 등에 부응하기 위하여 나타나는 타인기대신화가 있다. 높은 지위와 남부럽지 않은 성공은 미래의 행복과 안정을 보장해 주고, 중요한 타인의 기대에 실망감을 주지 않는다는 성공의식을 말한다.

젊은이들의 생각은 자기 부모들의 바람을 포기하고 자신이 하고자 하는 일을 선택하는 데 있어, 자신의 의견과 생각을 포기하더라도 중요한 타인의 영향에 의해 의사결정에 영향을 받게 된다. 이는 부모님의 기대와 지원, 주변의 타인에게 부정적인 영향을 끼칠 수 있다는 걱정과 두려움 때문이다.

자신의 결정이 타인에게 피해를 주기도 하지만 자신이 혹시 조롱거리가 되거나 관계가 단절되면 어쩌나 하는 걱정에 먼저 앞서기 때문에 자신의 결정을 우선적으로 양보하게 된다. 이는 중요한 타인과 자신의 의견을 서로 양보함으로써 자신이 진정으로 관심 있는 직업에 대해 계획을 세워 나가도록 지지해 줘야 한다. 진로상담자는 상담과정에서 주변에 진로선택에 영향을 줄 수 있는 관계를 먼저 파악하고 내담자가 편안하게 삶의 방식을 그려 나갈 수 있도록 알려 줄 필요가 있다.

4) 완벽한 선택 욕구

완벽하려는 욕구는 우유부단함의 일반적인 이유로 여겨지는데 완벽성신화는 강한 매력이 있는 진로선택과 결정을 해야만 하고, 자신의 모든 욕구가 충족되지 않으면 불행하고 그러므로 더 좋은 대우를 받을 권리와 체면을 위해 완벽하지 않으면 타협하지 않으려는 강박관념을 말한다.

완벽하려는 내담자의 신념을 진로결정에서 비합리적인 것으로 완벽한 선택이란 거의 없으며, 모든 일에서의 선택 후에는 후회와 회의가 드는 것이 정상적임을 인정하게 해야 한다. 최고의 선택보다는 최선의 선택을 하는 진로선택 과정을 우선적으로 고려할 수 있도록 말해 줘야 한다. 완벽하려는 욕구는 몇 가지로 요약해 볼 수 있다.

① 안정성에 대한 완벽성

② 흥미와 적성에 대한 완벽성

③ 미래 성공 가능성에 대한 완벽성

④ 급여에 대한 완벽성

⑤ 중요한 타인의 기대에 대한 완벽성

⑥ 실패하지 않으려는 완벽성

3. 진로결정검사

내담자의 진로 의사결정은 진로상담에서 가장 중요한 과정이며 핵심적인 개념으로 합리적인 의사결정을 돕도록 하기 위해서는 다양한 대안을 탐색해 나가도록 해야 한다.

Harren(1979)은 진로 의사결정은 개인의 정보를 조직화하고 이를 통해 여러 가지 대안을 스스로 검토하여 진로를 선택해 나가는 행동과정으로 보았다.

특히 대학생 시기인 청년기의 주요한 과업 중 하나인 진로에 대한 의사결정은 중요하게 다루어진다. 대학 졸업 시점에서 노동시장으로 이행하는 과정에서 직업 선택과 취업 이후 전직 또는 이직과 같은 사회적 현상들은 진로 의사결정의 중요성을 말해 준다.

진로상담에서는 의사결정 관련 연구에 따라 다른 관점에서 설명하지만, 우선 개인이 직업을 갖는다는 것은 독립적인 성인으로서 경제활동을 통해 사회적 활동을 하는 것을 의미하며, 그동안 받아 온 교육의 결정적인 성과로서 인식되고, 첫 취업의 성공경험과 첫 번째 직장은 향후에도 개인의 진로에 매우 중요하게 작용하기 때문이다(김봉환 외, 2005).

일부 연구에서는 우리나라의 경우, 외국과 비교할 때 진로대안을 탐색하고 자신의 진로를 결정하는 과정이 대학 진학 이전보다 대학 진학 이후에 보다 활발하게 이루어지는 독특한 경향이 있다는 결과를 보고하고 있다(이지원 외, 2014; Huang et al., 2006).

대부분의 선행연구에서는 구직 실패나 원치 않는 곳으로의 취업 등 순조롭지 못한 진로전환은 개인에게 심리적인 충격이나 불안, 낮은 자기효능감 등 향후의 삶에 지속적으로 부정적인 영향을 미칠 가능성이 높다는 것에 동의하고 있다(노경란, 박용호, 허선주, 2011; 박성재, 반정호, 2006; 조규형, 정철영, 2016; 주영주, 한상윤, 2015; Mora, Garcia-Aracil, & Vila, 2007; Savicaks, 1997). 또한 대학졸업자들의 진로에 대한 의사결정은 개인적 측면 외에도 학문적·사회적으로도 중요하게 다루어진다. 사회구성원으로서 미래를 이끌어 갈 청년층이 직업세계로 원활하게 이행하지 못한다면 사회 전반의 조화로운 발전에 장애가 되기 때문이다(김봉환 외, 2007).

대학생들의 진로 의사결정은 직업환경의 변화와 같은 외적인 요인에 의해 큰 영향을 받기 때문에, 현재와 같이 기술 및 산업이 급속도로 발전하는 상황에서 적절한 진로 의사결정을 내리기 위해서는 진로 의사결정이 이루어지는 현실적인 맥락을 지속적으로 파악할 필요가 있다(Ng & Feldman, 2007).

현재의 대학생들은 불확실한 고용환경 및 높은 청년 실업률로 인해 과거보다 더욱 진로 의사결정을 내리기 어려운 환경에 놓여 있다. 우리나라의 연간 기준 청년 실업률은 2012년 7.5%, 2013년 8.0%, 2014년 9.0%, 2015년 9.2%로 점차 증가해 왔으며, 2019년 4월 고용동향에 따르면 지난달 청년 실업률은 1999년 통계를 작성한 이래로 가장 높은 11.5%를 기록했다. 전체 실업률도 크게 다르지 않다. 지난달 전체 실업률은 4.4%로 4월 기준으로 2000년(4.5%) 이후 가장 높았을 정도로 고용상황은 최악을 향해 치달리고 있다(통계청, 2019).

대학생들이 학업을 수행하면서 진로와 관련된 구체적인 계획을 세워 필요한 과업을 수행하게 된다면 별다른 문제가 없겠지만, 이러한 학생들의 비율은 현실적으로 높지 않다. 대학생들이 진로를 준비하는 행동들이 일반적으로 신입생에서 고학년으로 갈수록 유의하게 높아진다는 연구결과는 이를 방증한다(강명희, 윤성혜, 김도희, 류다현, 2016; Pascarella & Terenzini, 2005).

이처럼 다수의 대학생들은 대학 입학 시점부터 단계적으로 진로를 계획하고 점진적으로 필요한 과업을 수행하기보다, 졸업이 가까운 시점에서 그동안 필요한 진로탐색이나 의사결정 등과 같은 진로 관련 과업들을 집중적으로 수행하고 있다. 그러나 앞서 이야기한 것처럼 불확실한 고용환경 및 높은 청년 실업률로 인해, 졸업에 가까운 시점에서도 취업 준비에 중점을 두게 되어 진로결정과 관련된 과업들은 제대로 수행하기 어려운 것이 현실이다.

진로 의사결정은 복잡한 과업이기 때문에 대부분의 대학생들은 진로 의사결정을 수행하는 것은 중요하면서도 어려운 과제로 느끼게 된다(Gati, Krausz, & Osipow). 일부 대학생들의 경우, 대학의 전공과 자신이 성취하고자 하는 진로가 일치하거나 개인이 이미 자신의 진로에 대한 확고한 신념을 가지고 있는 등 개인에 따라 별다른 문제의 여지가 발견되지 않을 수 있다.

그러나 국내외의 선행연구들은 공통적으로, 자신이 적절하게 진로 의사결정을 내렸다고 판단하는 경우에도 개인이 그 결정을 확신하는 정도나 결정에 대해 편안함을 느끼는 정도, 결정에 따른 준비 행동을 수행하는 정도 등에 따라 다양한 수준 차이가 발견된다고 보고하고 있다(김봉환, 김계현, 1997; Brown & Lent, 2008). 특히 현재와 같이 변화의 속도가 빠른 직업환경에서 대학생들이 자신의 진로를 위해 필수적인 과업들을 적기에 수행하지 못하고, 그 결과 적절한 진로 의사결정을 내리지 못하는 상황은 심각한 문제가 될 가능성이 높다.

실제로 대학 졸업 유예자의 증가, 전공과 관련 없는 공무원 지원자 증가, 대학을 졸업한 신입사원들의 높은 이직률 등과 같은 대학생들의 진로 의사결정과 관련된 현실적인 문제들이 과거와 비교할 수 없이 심각하게 다루어지고 있다(조규형, 정철영, 2016).

다양한 연구결과들은 적절한 진로 의사결정이 취업이나 직업과 관련된 만족, 직업생활 전반에 영향을 미친다는 것을 강조하며 점차 그 중요성을 강조하고 있다(Pott, 2015; Werbel, 2000).

1) 의사결정 유형검사

의사결정 유형은 개인이 어떤 결정을 내리는 방식으로 합리적 유형, 직관적 유형, 의존적 유형으로 나뉜다. 의사결정 이론에서는 합리적 유형에 따라 진로를 결정하는 것이 바람직하다고 본다. 의사결정 유형과 유형검사에 대해 알아보자.

〈표 5-1〉 의사결정 유형

유형	내용
합리적 유형	• 자신과 상황에 대하여 정확한 정보를 수집하고 신중하게 논리적으로 의사결정을 수행해 나가며 의사결정에 대한 책임을 자신이 진다. • 나는 중요한 의사결정을 할 때 한 단계 한 단계 체계적으로 한다. • 나는 얻을 수 있는 모든 정보를 수집하지 않고는 중요한 의사결정은 거의 하지 않는다. • 나는 의사결정을 할 때, 이 의사결정과 관련된 결과까지 고려한다. • 어떤 의사결정을 할 때 나는 시간을 갖고 주의 깊게 생각해 본다. • 나는 중대한 의사결정 문제가 있을 때, 그것을 계획하고 생각할 시간을 충분히 갖는다. • 어떤 중요한 일을 하기 전에 나는 신중하게 계획을 세운다.
직관적 유형	• 합리적 유형과 같이 의사결정에 대한 책임을 지지만 대안들에 대한 논리적인 평가과정을 거의 갖지 않는다. 의사결정의 기초로서 상상을 사용하고 현재의 감정에 주의를 기울이며 정서적 자각을 사용하는 특징이 있다. • 나는 어려운 문제에 부딪치면 재빨리 결정을 내린다. • 나는 의사결정에 관해 실제로 생각하지는 않지만 갑자기 생각이 떠오르면서 무엇을 해야 할지를 알게 된다. • 나는 의사결정을 할 때, 마음이 가장 끌리는 쪽으로 결정을 한다. • 나는 의사결정을 할 때, 예감 또는 육감을 중요시한다. • 어떤 의사결정이 감정적으로 나에게 만족스러우면 나는 그 결정을 올바른 것으로 본다.
의존적 유형	• 합리적, 직관적 유형과는 다르게 의사결정에 대한 개인적인 책임을 부정하고 그 책임을 외부로 투사하려는 경향이 있다. 의사결정 과정에서 타인의 영향을 많이 받으며 수동적이고 사회적 인정에 대한 욕구가 높으며, 의사결정 상황이 여러 가지로 제한받는다고 지각한다. • 결정을 할 때 내 친구들이 나의 결정을 어떻게 생각할 것인가를 매우 중요시한다. • 나는 다른 사람의 도움 없이는 중요한 의사결정을 하기 힘들다. • 나는 내가 하고 싶은 것보다 다른 사람이 어떻게 생각하느냐에 영향을 받아 결정한다. • 나는 친한 친구에게 먼저 이야기하지 않고는 의사결정을 거의 하지 않는다. • 나는 의사결정을 못한 채 뒤로 미루는 경우가 많다. • 의사결정을 할 때 나는 다른 사람의 많은 격려와 지지를 필요로 한다. • 대개의 경우 나는 주위 사람들이 바라는 방향으로 의사결정을 한다.

출처: 오윤선, 민순덕(2017). 진로상담의 이해.

〈진로 의사결정 유형검사〉

____ 1. 나는 중요한 의사결정을 할 때 한 단계 한 단계 체계적으로 한다.
____ 2. 나는 내 자신의 욕구에 따라 매우 독특하게 의사결정을 한다.
____ 3. 나는 얻을 수 있는 정보를 수집하지 않고는 중요한 의사결정은 거의 하지 않는다.
____ 4. 의사결정을 할 때 친구들이 내 결정을 어떻게 생각할 것인가를 매우 중요시한다.
____ 5. 나는 의사결정을 할 때, 이 의사결정과 관련된 결과까지 고려한다.
____ 6. 나는 다른 사람의 도움 없이는 중요한 의사결정을 하기가 힘들다.
____ 7. 나는 어려운 문제에 부딪치면 재빨리 결정을 내린다.
____ 8. 나는 의사결정을 할 때, 내 자신의 즉각적인 느낌이나 감정에 따른다.
____ 9. 나는 내가 하고 싶은 것보다 다른 사람이 어떻게 생각하느냐에 영향을 받아 의사결정을 한다.
____10. 어떤 의사결정을 할 때, 나는 시간을 갖고 주의 깊게 생각해 본다.
____11. 나는 문제의 본질에 대해 찰나적으로 떠오르는 생각에 의해 결정을 한다.
____12. 나는 친한 친구에게 먼저 이야기하지 않고는 의사결정을 거의 하지 않는다.
____13. 나는 중대한 의사결정 문제가 예상될 때, 그것을 계획하고 생각할 시간을 충분히 갖는다.
____14. 나는 의사결정을 못한 채 미루는 경우가 많다.
____15. 의사결정을 하기 전에 올바른 사실을 알고 있나 확인하기 위해 관련된 정보들을 다시 살펴본다.
____16. 나는 의사결정에 관해 실제로 생각하지는 않지만 갑자기 생각이 떠오르면서 무엇을 해야 할지를 알게 된다.
____17. 어떤 중요한 일을 하기 전에 나는 신중하게 계획을 세운다.
____18. 의사결정을 할 때, 나는 다른 사람의 많은 격려와 지지를 필요로 한다.
____19. 나는 의사결정을 할 때, 마음이 가장 끌리는 쪽으로 결정을 한다.
____20. 나는 인기를 떨어뜨릴 의사결정은 별로 하고 싶지 않다.
____21. 나는 의사결정을 할 때, 예감 또는 육감을 중요시한다.
____22. 나는 조급하게 결정을 내리지 않는데, 그 이유는 올바른 의사결정임을 확신하고 싶기 때문이다.
____23. 어떤 의사결정이 감정적으로 나에게 만족스러우면 나는 그 결정을 올바른 것으로 본다.
____24. 올바른 의사결정을 할 수 있는 능력에 자신이 없기 때문에 주로 다른 사람의 의견에 따른다.
____25. 종종 내가 내린 각각의 의사결정을 일정한 목표를 향한 진보의 단계들로 본다.
____26. 내가 내리는 의사결정을 친구들이 지지해 주지 않으면 그 결정에 대해 확신을 갖지 못한다.
____27. 의사결정을 하기 전에, 나는 그 결정을 함으로써 생기는 결과에 대해 가능한 한 많이 알고 싶다.
____28. 나는 '이것이다'라는 느낌에 의해 결정을 내릴 때가 종종 있다.
____29. 대개의 경우 나는 주위 사람들이 바라는 방향으로 의사결정을 한다.
____30. 여러 가지 정보를 수집하거나 검토하는 과정을 갖기보다, 나에게 떠오르는 생각대로 결정을 내리는 경우가 자주 있다.

출처: 오윤선, 민순덕(2017). 진로상담의 이해.

▶ 진로 의사결정 유형검사 채점지

일련 번호	문항 번호	그렇다	아니다	문항 번호	그렇다	아니다	문항 번호	그렇다	아니다
①	1			2			4		
②	3			7			6		
③	5			8			9		
④	10			11			12		
⑤	13			16			14		
⑥	15			19			18		
⑦	17			21			20		
⑧	22			23			24		
⑨	25			28			26		
⑩	27			30			29		
합계	합리적 유형: 개			직관적 유형: 개			의존적 유형: 개		

▶ 채점요령

① 여러분 각자 작성한 검사지를 보고 아래의 각 번호에 대하여 '그렇다'와 '아니다' 각각에 ∨표 하십시오.

② 맨 아래의 합계란에 '그렇다'에 해당하는 번호의 개수를 세어 적어 넣으십시오.

③ 합계의 개수가 가장 많은 유형이 현재 자신의 의사결정 유형입니다.

〈표 5-2〉 진로미결정검사의 하위요인

번호	하위요인	설명
1	직업정보 부족	어떤 직업이 정래성이 있는지 모르거나, 직업에서 요구되는 지식과 능력이 무엇인지 인지하는 못하는 정도
2	자기 명확성 부족	자신의 적성과 흥미를 정확하게 파악하지 못하는 정도
3	우유부단한 성격	매사에 소극적이고 우물쭈물하는 성격으로 인해 직업결정에 어려움을 겪는 정도
4	필요성 인식 부족	현시점에서 직업선택이나 결정이 크게 중요하지 않다고 생각하는 정도
5	외적 장애	자신이 바라는 직업에 대한 부모의 반대나 주변의 인식 정도

출처: 오윤선, 민순덕(2017). 진로상담의 이해.

〈진로미결정검사〉

번호	내용	전혀 그렇지 않다	그렇지 않은 편이다	그저 그렇다	그런 편이다	매우 그렇다
1	내 적성이 무엇인지 모르겠다.					
2	여러 종류의 직업이 있는지 잘 모르겠다.					
3	내가 바라는 직업의 장래성에 대한 정보가 부족하다.					
4	어떤 직업이 전망이나 보수가 좋고 사회의 수요가 많은지 모르겠다.					
5	직업에 대한 정보를 수집하는 방법을 모른다.					
6	하고 싶은 직업이 있지만 직업을 추구하는 방법을 잘 모른다.					
7	어떤 직업이 나의 전공과 관련되는지에 대한 정보가 부족하다.					
8	내 흥미가 무엇인지 모르겠다.					
9	내 장점과 단점이 무엇인지 모르겠다.					
10	내가 무엇을 원하는지 모르겠다.					
11	내가 바라는 직업에서 잘 해낼 수 있을지 모르겠다.					
12	나는 어떤 결정을 내리기가 힘들다.					
13	중요한 결정을 내릴 때 우물쭈물하는 경향이 있다.					
14	나는 모든 문제에서 우유부단한 사람이다.					
15	현재로서는 직업선택을 할 필요성을 느끼지 않는다.					
16	아직 이르기 때문에 직업선택에 대해 잘 생각해 보지 않았다.					
17	미래의 직업을 현시점에서 결정해야 한다는 필요성이 피부에 와닿지 않는다.					
18	내 인생에서 직업이 왜 필요한지 모르겠다.					

번호	내용	전혀 그렇지 않다	그렇지 않은 편이다	그저 그렇다	그런 편이다	매우 그렇다
19	내가 바라는 직업을 주변에서 반대하는 사람이 많다.					
20	내가 바라는 직업을 부모님이 반대하시기 때문에 갈등이 된다.					
21	집안의 경제적 사정 때문에 내가 바라는 직업을 추구하기가 어렵다.					
22	나이를 강조하기 때문에 내 직업을 추구하는 데 어려움이 있다.					
진로미결정 점수(총점)		______ 점				

출처: 오윤선, 민순덕(2017). 진로상담의 이해.

진로미결정검사는 국내의 진로결정수준검사(CDS)를 기반으로 대학생을 대상으로 진로미결정 요인을 탐색하기 위해 개발한 척도로 총 22개 문항으로 구성되어 있다(탁진국, 이기학, 2001).

각 문항은 리커트(Likert) 5점 척도(1=전혀 그렇지 않다, 2=그렇지 않은 편이다, 3=그저 그렇다, 4=그런 편이다, 5=매우 그렇다)이다. 진로미결정검사의 하위요인은 인지적, 정서적 측면을 포함한 직업정보의 부족, 자기 명확성 부족, 우유부단한 성격, 필요성 인식 부족, 외적 장애의 5가지로 구성되어 있다(오윤선, 민순덕, 2017).

진로미결정검사는 해당 문항의 점수를 합하여 높을수록 진로를 결정하지 못하고 있는 것으로 해석할 수 있다.

▶ 채점방법

- 직업정보의 부족: 2, 3, 4, 5, 6, 7번 → 총 ______점
- 자기 명확성 부족: 1, 8, 9, 10번 → 총 ______점
- 우유부단한 성격: 11, 12, 13, 14번 → 총 ______점
- 필요성 인식 부족: 15, 16, 17, 18번 → 총 ______점
- 외적 장애: 19, 20, 21, 22번 → 총 ______점

4. 진로관심사 정의하기

내담자의 관심사가 무엇인지 탐색하는 것은 쉽지 않다. 내담자가 자신의 진로문제를 구체적이고 상세하게 표현하지 못하기 때문이다. 이럴 때 진로상담자가 해야 할 일은 내담자의 진로문제에 대해 상세하게 진술하도록 촉진자의 역할을 해야 한다.

내담자는 자신이 바라는 진로에 대한 나름대로의 관점과 믿음을 통해 이야기하게 된다. 내담자가 바라고 관심 있는 주제가 진로와 관련 있는지는 알 수 없다. 진로상담자는 내담자가 관심 있는 주제에 대해 어떻게 지각하고 있는지를 바라볼 수 있어야 한다.

내담자의 진로문제와 관심사는 여러 가지가 있을 수 있다. 모든 문제를 동시에 다루거나 관심사를 모두 반영할 수는 없다. 현실 가능한 것과 미래지향적인 것들을 구분하여 우선순위에 따라 진로문제와 관심사를 좁혀 나가야 한다.

어느 한 가지 문제가 변화되면 전체로의 변화로 이어질 수 있다고 한다(McMahon, 2005). 예를 들어 학점이 낮아 고민하는 학생이 학습습관을 개선하여 성적이 올랐다면, 진로에 대한 목표와 미래에 대해 자존감이 생기게 되며 학창시절이 안정되면서 졸업을 무사하게 할 수 있고 자신의 목표를 이룰 수 있는 문제들이 조금씩 사라지게 된다. 어느 작은 문제는 이렇게 큰 변화를 가져온다.

최근에는 고용가능성에 대한 용어가 이슈가 되었다.

고용가능성은 개인이 노동시장으로의 첫 직장을 구하기 위한 취업과 개인의 전직(轉職) 가능 능력뿐만 아니라, 지금 몸담고 있는 조직에서 끊임없이 업무를 맡을 수 있는 존재인가라는 의미까지 포괄한다. 고용가능성을 일에 대해서 고용될 수 있는 능력이라고 제안했는데 첫째, 고용될 수 있는 능력, 둘째, 고용안정을 유지시킬 수 있으며 조직 안에서 새로운 요구에 절충하기 위해서 변화하는 책임과 역할을 유지하는 능력, 조직 내에서든 조직 간에든 노동시장에서 독립적으로 새로운 고용안정을 획득할 수 있는 능력을 유지하는 것이다(Dan Finn, 2000).

21세기의 노동환경은 고용안정성에서 고용가능성으로 변화하였다. 고용안정성(employment)보다 고용가능성(employability)이 더 중시되는 미래를 요구하고 있다. 이제는 아날로그와 스마트 시대가 융합적으로 성장 가능한 4차 산업혁명에 따른 파급효과가 사회·경제 전반에 영향을 미칠 것이다. 향후에는 조직(내부 노동시장) 내 동료들과의 보직 경쟁뿐만 아니라, 진로선택 과정에서 외부 노동시장에서의 경력직 간 일자리 경쟁 강도도 더욱 높아질 것이다.

진로상담 영역에서는 내담자의 관심사를 정의하는 것은 몇 가지로 구분할 수 있는데, 캐나다 인적자원개발부(Human Resources Development Canada)는 고용가능성(employability)이라고 명시하였다(이동혁 외, 2013).

▶고용가능성 문제 영역

다음 영역은 내담자가 흔히 갖게 되는 문제와 관심사를 정의하는 데 도움이 될 수 있도록 구분되어 있다. 진로탐색과 의사결정, 직업적 또는 일반적 기술발달, 직업탐색 기술, 직업유지 기술 등의 관한 것이다.

가. 진로탐색과 의사결정: 이 영역에서 문제를 자진 사람은 진로선택에 확신이 없고 미결정 상태이거나 진로 무결정 상태로서 결정을 내리는 것을 어려워한다. 이는 노동시장에 대한 직업정보가 부족하거나, 자신의 기술, 가치, 흥미 및 적성 등 무엇을 좋아하고 잘하는지에 대한 자기이해가 부족한 것과 관련될 수 있다. 또는 가족 및 또래집단의 영향과 같은 변인과 관련된 문제일 수 있다.

나. 직업적 또는 일반적 기술발달: 이 영역은 구직기회를 활용하는데 기술적인 훈련의 부족으로 발생할 수 있는 문제이다. 고등학교나 대학교에서 교육, 훈련 등의 부족으로 인해 사회에서 요구하는 적절한 능력과 기술을 갖추지 못해서 생기는 문제들이다. 직업훈련기관이나 대학교, 관련 교육기관을 통해 훈련을 받을 필요가 있다. 현대사회는 평생학습의 시대로 변화되었다. 이러한 교육은 내담자의 진로목표에 따라 비공식적인 훈련기관에서 이루어지거나 학교에서 이루어지기도 한다.

다. 직업탐색 기술: 이 영역은 취업을 위한 노동시장 분석과 정보수집, 이력서와 자기소개서, 면접기술, 포트폴리오 작성 등에 관한 기술이다. 사회초년생이거나 한 직장에서 오래 일했던 사람은 자신의 능력과 기술을 표현하는 데 부족할 수 있다.

라. 직업유지 기술: 많은 사람들은 취업을 하고 직장에서 경력을 유지하는 데 어려움을 겪는다. 특히 신입사원들의 직업적응 문제나 경력단절여성들의 조직생활 단절 및 부족으로 인한 동료 및 고객, 상사와의 관계에 대한 적절한 기술이 부족할 수 있다. 또한 자기 스스로 일정한 분야에 경력개발을 하기 위한 전략도 배워 나가야 한다.

출처: 이동혁 외(2013). 진로상담 과정과 기법.

고용가능성은 어느 한 가지 영역에 해당하지 않고 추가되거나 복합적으로 내담자에게 반영될 수 있다. 청소년들의 진로관심사를 정의하는 데는 대부분 지금 당장 취업을 위한 고민을 하게 되는데, 이때 자신의 적성과 흥미, 진로에 대한 자기 확신의 부족 문제 등이 뒤따른다. 게다가 청년들의 경우 자기이해와 직업탐색 기술의 부족 등으로 인해 제대로 된 정보수합과 활용, 관심사에 대한 불명확한 진로 문제를 갖게 된다.

진로상담은 더 넓은 지역사회 및 노동시장 내에서 다른 서비스와 연계되어 이루어져야 한다. 교육훈련기관, 기업체, 단체, 상담기관 등 직업을 선택하고 경력을 개발하여 유지하는 기술을 향상시키고, 개발할 필요가 있다.

5. 문제탐색하기

1) 문제탐색의 중요성

이 절에서는 내담자의 문제탐색을 위한 접근방법에 대해 상담자가 해야 할 내용을 중심으로 정리하고자 한다. 일단 자기를 이해한 이후에는 내담자의 주변 환경적 요인과 노동시장 이행과정에 집중할 필요가 있다.

문제탐색하기는 Super의 진로 아치문 모델의 오른쪽 기능을 중심으로 환경, 사회, 노동시장, 경제, 지역사회 등과 함께 통합적으로 고려해야 할 단계이다.

내담자가 바라는 직업선택을 위해서는 다른 사람이 부여하는 의미에 대해 질문을 해야 한다. 자기자신을 위한 위대한 질문은 미래상을 구체적으로 그려 볼 수 있게 하기 때문에 구조화된 방법이 요구된다.

문제탐색하기는 주변 사람들에게 질문을 하고 진로에 대한 어떤 조언을 받았는지 써 보라고 한다. 이 방법을 통해 진로에 대해 서로가 진지한 이야기를 이어 나갈 수 있다.

'당신은 주변 사람으로부터 또는 누구에게 어떤 지지와 조언을 받았습니까?'라고 물어볼 수 있다. 이러한 질문에 답하면서 당신의 관점이 어떻게 변화하는지 주목해 볼 수 있다.

특히 내담자가 직접 진로를 선택하는 과정에서 문제인식을 갖고 자신의 강점과 보완해야 할 것이 무엇인지 파악해 나가는 데 도움이 된다.

주변의 중요한 사람들에게서 정보를 수집하는 것도 여러 가지 방법이 있다. 예를 들어 현장에서 일하는 특정 분야의 실무자 인터뷰를 통해 취업요건과 가능성을 탐색하는 방법이 있다. 하지만 조금 더 구조화된 방법을 통해 사회적 환경에 대한 몇 가지 질문을 더하여 문제를 탐색할 수 있다.

2) 중요타인질문지

중요타인질문지(Significant Other Questionnaire)를 사용하여 다른 사람에게서 직접적인 이야기를 들어 보고 내담자의 장래 방향과 진로설정에 대한 타인의 관점과 자신이 바라는 것에 대한 구조화된 방법을 활용할 수 있다(Amundson, 2003).

주변 사람들이 조언해 주는 이야기와 자신의 진로문제는 현실의 일상적인 은유일 뿐만 아니라 자기 삶을 향상시키는 방법을 제공해 준다.

진로문제 해결과정에서 내담자가 상담에 직접적으로 참여하도록 하기 위해서는 질문을 통해 이야기를 나누어 보는 방법이 있다. 중요 타인이 진로상담 과정에서 더 개입이 되면 중요한 환경적 정보를 제공할 수 있다(이동혁 외, 2013). 질문기법은 본하트의 질문스토리 카드를 활용하여 소그룹 집단상담과 개인상담에 활용할 수 있는 방법도 있다.

▶ 질문지

다음 질문지를 완성해 주세요. 당신의 의견은 (조언 대상자 이름)이/가 장래 진로계획을 세우는 데 중요합니다. 그러므로 정직하게 응답해 주시면 감사하겠습니다.

1. 당신은 이 사람이 무엇을 잘한다고 말해 주시겠습니까? 이 사람이 보여 주었던 능력으로는 어떤 것이 있었습니까?
2. 당신은 이 사람의 주요 흥미 영역이 무엇이라고 생각하십니까?
3. 당신은 이 사람의 개인적 특성이 무엇이라고 설명하시겠습니까?
4. 이 사람을 지켜보면서 당신이 목격한 긍정적인 변화는 무엇입니까?
5. 이 사람은 어떤 방향으로 계속 성장할 수 있을까요?
6. 당신은 이 사람에게 어떤 긍정적인 능력과 특성의 잠재력이 있다고 보십니까?
7. 당신이 이 사람을 위해서 이상적인 직업이나 진로전망을 제안한다면 무엇을 제안하시겠습니까?(Amundson, 2003: 196).

출처: 이동혁 외(2013). 진로상담 과정과 기법.

〈활동지〉

▶ 중요타인질문지 실습

Q. 당신의 장래 방향과 진로설정에 대한 타인 관점의 질문지를 활용하여 인터뷰한 결과를 작성해 봅니다.

가. 인터뷰 대상자:

나. 무엇을 질문할 것인가?

①

②

③

④

⑤

다. 주요 내용

라. 느낀점

〈학습평가〉

1. 주변 사람들이 겪고 있는 진로미결정의 원인에 대해 생각해 보세요.

2. 내담자의 문제를 정의하기 위한 방법에 대해 생각해 보고 정리해 보세요.

3. 다른 사람이 보는 나의 모습에 대해 생각해 보고 진로문제에 대해 정리해 봅니다.

제6장

생애진로주제 사정하기

진로상담에서는 개인의 실제적인 일의 경험을 생애주기에서 축적된 것에서부터 이용할 수 있다. 이와 관련하여 이 장에서는 개인의 관심사를 정의하기 위해 생애진로사정의 몇 가지 관점에서 접근하고자 한다.

Gysbers는 생애진로사정(Life Career Assessment: LCA)을 구조적 면접의 기술이라고 소개하고 있다.

1. 생애진로사정의 역할

진로상담에서 가장 중요한 상담과정은 초기면접이다. 이때 생애진로사정은 상담자와 내담자가 처음으로 대면하는 자리에서 이용할 수 있는 구조화된 면접기법이다. 많은 시간이 소요되지 않으며 생애주제별 10~15분 정도 끊어서 활용할 수 있다.

생애역할은 학습자, 작업자, 개인의 역할 등을 포함하여 내담자의 기술수준 및 역할에 대한 환경을 어떻게 극복할 것인가에 대한 정보산출 과정이다.

생애진로사정법의 긍정적인 점은 다음 3가지로 정리할 수 있다.

첫째, 내담자와 상담과정에서 협조적인 관계형성을 위한 긍정적인 분위기를 만들어 준다.

둘째, 내담자의 강점을 도출하게 하고 장애를 발견하게 하여 진로계획을 향상시킨다.

셋째, 내담자로 하여금 목표달성을 위한 행동의 변화를 가져다 준다.

2. 생애진로사정의 의미

생애진로사정법은 Adler의 개인심리학에 기초한다(Row & Dinkmeyer, 1979). Adler는 개인과 세계의 관계를 일, 사회(사회적 관계), 성(우정) 등 3가지로 구분하고 이 3가지를 분리할 수 없는 필수적인 평생과제로 강조하였다. 즉 어느 하나가 변하면 다른 것도 변한다는 것으로 인간의 생애적 역할에서는 어느 하나가 다른 하나의 역할에 영향을 주고받는 것으로 통합적인 관계로 보았다.

사람은 인생을 살아가면서 위의 3가지 요소에 의해 문제를 해결하여 보상을 받으려고 시도하는 경향이 있다. 개인이 살아가는 인생의 설명서는 주제가 있다. 그 주제는 관념을 표현하는 방식, 태도, 가치로 표현되며 사람들은 표현된 주제를 조작하여 개인의 주제로 형상화한다.

개인이 형상화한 생애주제는 개인이 살아가는 생활방식에서 나타나는데, 이러한 개인의 생애역할에서 나타나는 주제는 일관성이 있지만, 사람들은 자신의 생애주제를 깨닫지 못하며 살아간다.

〈표 6-1〉 생애진로주제 면담의 예

주제	대화
내담자는 사교적이므로 동년배인 타인의 주변에서 일하는 것을 기대함	• 상담자: 희정 양의 직업경로에 대하여 알아봅시다. 희정 양의 과거의 직업에 대해 이야기해 주시겠어요? • 내담자: 작은 보험회사에 다녔습니다. 지급부서에 있었는데, 주로 편지를 보내거나 지급을 점검했어요. • 상담자: 희정 양은 그 직업에서 어떤 것을 좋아했나요? • 내담자: 거의 모두요. 그러나 지루하고 재미가 없었어요. 모든 사람들이 저보다 나이가 많았거든요. 제가 가장 어렸지요. 그러나 회사 사람들 대부분은 정말 좋은 분들이었어요.
사회적 접촉을 좋아함	• 상담자: 희정 양이 그 직업에 대해 정말 좋아한 것은 무엇이죠? • 내담자: 그들은 나보다 나이가 많은데도 참 편했어요. 그리고 나는 전화로 이야기하는 일을 좋아했어요. 모든 사람들과 이야기할 수 없었지만 나는 사람들과 이야기할 수 있는 지급부서를 좋아했어요. 또한 도시 번화가(downtown)에서 일하는 것을 좋아했고 보험사업 자체를 좋아했어요. • 상담자: 그래요? • 내담자: 예. 보험사업 중에는 자동차 보험도 있지만, 전 생활과 건강보험을 좋아했어요. 매우 재미있었지요. 여러 종류의 보험들이 있고 그것들에 흥미를 느꼈어요.
일상적인 일을 싫어함	• 상담자: 희정 양이 나이 든 사람들과 거기서 일하는 것 말고 다른 것에 관해 싫어했던 것은 무엇이죠? • 내담자: 제가 매일 하는 일은 우편물을 점검하는 것인데, 전 그 일과 공무서신 처리가 싫었어요. 컴퓨터에 입력하여 공문서신을 보냈는데, 컴퓨터로 하지 않고 글로 써서 공무서신을 만들어야 했다면 아마 못했을 거예요. 그것은 너무 지루하고 반복되는 일이라 싫었지요.
사람들과의 접촉이 중요함	• 상담자: 그 전에 가졌던 직업에 관해서는 어떻게 생각하나요? • 내담자: 꽃집에 다녔는데 매우 좋았어요. 전 꽃을 운반하는 것을 좋아했어요. 그것은 매력적인 직업입니다.
갇혀 있는 것을 싫어함	• 상담자: 희정 양이 의류공장에서 일을 했을 때는 어땠나요? • 내담자: 아. 정말 싫었어요. 소름끼쳐요. 보통 밤에도 일했는데, 온종일 공장에 가서 새벽 1시까지 일했지요. 저는 틀에 박힌 일들을 싫어했고 그것은 사람을 마치게 했어요. 하루 종일 서 있었고 30분 휴식 동안 점심시간을 가졌지요. 일을 너무 많이 했어요.

출처: 김병숙(2006). 직업상담심리학. 재인용.

〈표 6-1〉의 대화에서 내담자는 지난 직업경험을 이야기하고 있다. 생애진로사정을 통해 내담자는 반복되는 주제 속에 내담자가 다른 사람들과 일하는 것을 즐거워하며, 사회적 욕구를 만족시켜 준다는 것을 알 수 있다. 내담자는 반복적인 일을 싫어하고, 일상적인 업무보다는 사교적이며, 비반복적인 업무를 좋아한다. 이때 내담자가 가졌던 정확한 직업이 무엇인가를 아는 것만큼 어떤 종류의 일의 환경이 내담자를 가장 강화시키는지를 아는 것도 중요하다.

생애진로사정은 내담자의 강점과 장애를 파악하여 환경적인 관계를 이해하는데 도움을 준다. 뿐만 아니라 내담자의 독특한 생애역할과 태도, 신념을 이해할 수 있도록 돕는 협동적인 과정이다. 또한 이런 초기 상담과정에서 상담자와 내담자가 솔직하게 대화하며 진솔한 관계를 유지하는 데 기여한다.

3. 생애진로사정의 구조

진로상담에서 생애진로사정은 초기면접에서 이루어진다. 생애진로사정의 구조는 ① 진로사정, ② 전형적인 하루, ③ 강점과 장애, ④ 요약 등으로 이루어지며, 이를 통해 내담자의 일의 경험, 교육의 성취 등과 같은 비교적 객관적이고 사실적인 유형의 정보를 얻을 수 있다. 또한 내담자의 타고나 소질과 적성, 관심사(흥미), 성격적 강점에 대한 정보를 얻을 수 있다.

이러한 정보들은 내담자의 일, 학교, 훈련 또는 여가 등 관련된 활동으로부터 추론된다.

〈표 6-2〉 생애진로사정의 구조

단계	내용	
1. 진로사정	① 일의 경험 (시간제, 전일제, 유급 및 무급)	• 마지막 직업 • 가장 좋았던 것 • 가장 싫었던 것 • 다른 직업과 동일한 과정
	② 교육 또는 훈련 과정과 관심사	• 일반적 사정 • 가장 좋았던 것 • 가장 싫었던 것 • 지식, 기술, 기능의 수준이나 형태를 위한 교육이나 훈련
	③ 오락	• 여가시간 • 사회활동(여가 내용 등) • 친구(여가 내용 중)
2. 전형적인 하루	① 의존적-독립적	• 타인에 대한 의존 • 어떤 사람의 주장, 그 밖의 의사결정
	② 자발적-체계적	• 안정된 일 • 완고하며 주의 깊음
3. 강점과 장애	① 주요 강점	• 처분할 자원 • 내담자에게 필요한 자원
	② 주요 장애물	• 강점과 관련됨 • 주제와 관련됨
4. 요약	① 생애주제에 동의	• 수집된 정보를 정확히 파악, 이해를 했는지 내담자에게 확인하는 단계
	② 내담자 자신의 용어 사용	
	③ 목표설계와 관련됨	

출처: 김병숙(2006). 직업상담심리학. 재인용.

1) 진로사정

진로사정은 일의 경험, 교육 또는 훈련과정 및 관심사, 오락 등으로 나누어 설명할 수 있다.

(1) 일의 경험

내담자가 과거에 수행했던 직무를 적도록 하고 시간제, 전일제, 유급 및 무급으로 나누어 가장 좋았던 것과 싫었던 것을 적도록 한다. 이렇게 자신의 일 경험 속에 자신의 일관성 있는 주제를 발견하게 하고 깨닫게 한다. 예를 들어 조작하기, 정리하기, 반복하기 등에서는 내담자의 체계적이고 반복적인 유형을 도출해 낼 수 있다.

- 마지막 직업: 가장 좋은 것, 가장 싫은 것
- 관리: 가장 좋은 것, 가장 싫은 것

〈표 6-3〉 일의 경험 면담의 예

일상적인 일을 싫어함	• 상담자: 선생님의 마지막 직장이 교외 병원입니까? 선생님은 병원 주방에서 일했었죠? 거기서 얼마나 일하셨나요? • 내담자: 예, 2년 동안 일을 했습니다. • 상담자: 선생님은 주로 언제 일을 했나요? • 내담자: 9시에 일어나 11시에 일하러 갔습니다. 하루 종일 일터에 있었기 때문에 햇빛을 보지 못했고 밖에 나왔을 땐 어두웠습니다. 전 그것이 너무 싫었습니다. 처음엔 괜찮았죠. 그러나 그 시간에 일하는 것이 싫어 졌어요. 전 점차 숙달됐을 때는 2시 혹은 3시까지 일을 하고 앉아서 쉬거나 다른 사람을 도와주며 4시 30분이나 5시까지 일을 마쳤습니다. 늘 잡동사니 일을 하는 사람을 돕나 앉아 있거나 했는데 그것은 정말 피곤한 일이었습니다.

출처: 김병숙(2006). 직업상담심리학. 재인용.

〈표 6-3〉에서는 상담자와 내담자의 짧은 대화 속에서 내담자의 직업 우선순위와 생애주제가 표현되고 있다. 내담자는 정형화된 업무보다는 다양성을 추구하는 욕구에 주목해야 한다.

(2) 교육 또는 훈련과정 및 관심사

진로상담 과정에서 내담자의 교육 또는 훈련경험은 진로경로를 통해 진로를 탐색하는 데 의미 있는 과정이라고 볼 수 있다. 교육 또는 훈련을 통해 좋음과 싫음으로 구분하게 하고 상담자는 내담자의 교육배경이나 훈련경험 등을 토대로 구체적인 질문을 하게 한다.

예를 들면 '나는 과학을 좋아하고 체육을 싫어해.'라고 하는 상담자는 내담자의 학습유형을 통해 단서를 얻을 수 있다.

- 일반적인 평가: 학교, 학습에 관해 가장 좋은 것, 학교, 학습에 관해 가장 싫은 것
- 주제선호: 좋음, 싫음
- 교사특성(친밀도, 권위 등): 좋음, 싫음
- 교실 또는 훈련조건 선호도: 독립적-의존적 공부, 다른 학생 혹은 다른 훈련생과의 접촉, 학습방식
- 지식, 기술, 기능의 수준을 위한 교육이나 훈련

(3) 오락

생애진로사정에서 내담자들이 여가시간에 무엇을 하는지 질문해야 한다. 강한 관심과 전념에서 내담자가 대부분의 시간에 게임을 하거나 애완동물과 시간을 보내는지, 아니면 타인의 제안을 따르면서 지내는지 확인할 필요가 있다.

- 여가시간 활용, 사회생활(여가 내용 등), 친구(여가 내용 등), 주말, 주일, 저녁

2) 전형적인 하루

전형적인 하루의 탐색목적은 개인이 자신의 생활을 어떻게 조직하는지를 발견하는 것이다. 이러한 생애진로사정은 내담자에게 단계적으로 전형적인 하루를 서술하도록 함으로써 생애주제를 파악할 수 있다.

'아침에 일어나 무슨 일을 먼저 하는지, 스스로 깨어 일어나는지?' 등의 질문을 통해 독립적인 삶을 살려고 하는지 내담자의 삶을 알게 된다.

또한 매일 식사를 하고 청소하며, 게임을 하고, 똑같은 일을 반복하는 경향이 있는 반면에 어떤 사람은 매일 색다른 일을 하게 된다. 예를 들어 내담자가 매일 늦잠을 자는 것을 즐겨 한다거나, 독서를 하면서 정서적으로 스스로 지지를 받고 있다고 느낀다면, 내담자의 일과 삶에 대한 참여성을 예측할 수 있다.

이러한 삶의 전형적인 하루를 반복적으로 확인, 반영하여 내담자가 하루하루를 어떻게 조직화하는지를 분명하게 이해할 수 있게 도와준다.

3) 강점과 장애

강점과 장애에 대한 사정은 숨겨진 강점에 민감하게 대처해야 하는데, 예를 들어 '나는 너무 내성적이라서 일을 느리게 한다.'라는 장애를 강점으로 전략적으로 접근하면 내담자의 차분하고 섬세하다는 강점을 파악할 수 있다.

즉 내담자의 표현된 주제를 상기하고 반영하여 내담자로 하여금 자신의 일에서 강점을 발견하도록 돕고, 높은 자기효능감을 갖도록 해야 한다.

4) 요약

요약의 목적은 상담자가 내담자에게 깨달은 것을 다시 한번 요약하면서 상기하도록 하는 것이 목적이다.

요약 부분에서 중요한 것은 첫째, 내담자의 생애주제에 대해 의견을 일치시켜 나가는 게 중요한데, 내담자의 강점과 장애 등을 반복적으로 검토하여 부언해 주어야 한다.

둘째, 요약은 생애주제를 통해 상담자와 내담자가 가능한 직업선택, 진로계획을 수립하고 향상시키도록 자극하는 데 목적이 있다. 특히 생애주제는 진로탐색을 가능하게 하고, 내담자가 바라는 것을 좁혀 나갈 수 있지만, 진로선택에 방해가 되거나 장벽이 되는 문제를 제시할 수 있어야 한다. 또한 요약은 내담자의 강점과 장래를 발견하여 긍정적인 면을 개발하도록 돕고, 장애가 될 수 있는 요소들은 약점을 극복할 수 있는 목표를 세워 행동계획을 수정해 나가도록 할 수 있다.

5) 생애진로사정과 삶의 변화

삶의 변화와 성장은 아동기에만 일어나는 것이 아니다. 많은 학자들은 아동기에만 성장이 일어나는 것이 아니라 성인기에도 지속적인 발달이 일어난다고 보았다. Erikson(1082)은 성인의 경력에 있어서 친밀감, 생산성, 자아통합을 중요한 발달과제로 파악하였다. 인간은 생애발달 단계를 통해 삶의 중요한 순간에 어떤 중요한 문제에 부딪치게 되는지를 제시하였다.

Levinson(1986)은 성인의 삶을 크게 3가지로 나누었는데 인생 항로(Life course)라는 용어로 생애발달 단계를 설명하면서 생애설계에 대한 의미를 부여하였다. 이 3가지 시기는 성인 초기(17~45세), 성인 중기(40~60세), 성인 후기(60세 이상)이다. Levinson은 인생은 도전과 과제가 시기별로 있는데 각 시기는 변화와 안정이 주기적으로 바뀐다고 하였다. '중년의 위기'라는 개념도 Levinson의 연구에서 도출된 것이다. 그의 인생과업 발달 모델을 살펴보는 것은 생애 전반을 염두에 두고 진로를 설계를 하는 데 도움이 될 수 있을 것이다.

〈표 6-4〉 Levinson의 인생과업(life task) 발달 모델

발달 시기	연령대	과업
성인 초기 전환기	17~22세	가능성 탐색 및 헌신을 시험해 보기
성인세계 입문기	22~29세	첫 번째 주된 인생구조 만들기
30세 전환기	29~33세	인생구조 재평가하기
안정기	33~40세	두 번째 인생구조 만들기
성인 중기 전환기	40~45세	"지금까지 어떻게 살아왔는가?" 질문하기
중년 입문기	45~50세	새로운 인생구조 만들기
50세 전환기	50~55세	중년 생활구조를 부분적으로 조정하기
성인 중기의 정점	55~60세	두 번째 중년 생활구조 확립하기
인생 후기의 전환기	60~65세	은퇴와 노년 준비
성인 후기	65세 이상	인생 후기의 구조 만들기 및 노년에 대처하기

출처: Knowles 외(2005). 성인학습자. 재인용.

생애진로주제는 생애 전반에 걸친 변화와 발달을 일의 경험에 좀 더 초점을 맞춰 볼 수 있다.

생애진로주제란 사람들이 그들 자신과 타인 그리고 세계관에 관한 생각, 가치, 태도, 신념을 표현하는 말이다. 내담자의 표상적 체계에 대한 그림을 제공하고, 내담자의 정보와 행동에서 통찰을 얻도록 돕는다. 생애진로주제의 역할은 개인이 어떻게 문제를 해결하는지, 자기완성을 향해 어떻게 나아가는지, 그들의 커리어를 구성하는 안전, 권력 혹은 사랑에 대해 어떻게 애쓰는지에 대해 직접적으로 제시하며 그들의 삶의 이야기 속 주인공으로서 극복하려는 잠재적인 고통과 문제를 간접적으로 드러낸다.

여러 학자들은 이러한 관심을 가지고 진로발달 모델을 제시하였다. Super는 자기개념의 형성이 진로발달에 중요한 역할을 한다고 보았다. 즉 내가 무엇을 좋아하는지, 무엇을 잘할 수 있는 사람인지에 대한 인식, 성공과 좌절 경험을 통한 자신에 대한 인식 등을 통해 자신에게 맞는 진로를 선택해 가고 이 과정이 또한 자

기개념을 강화하거나 발전시켜 간다는 것이다.

Greenhaus(1981)는 Levinson의 생애발달 모델에 기반하여 진로발달 단계를 직업선택, 조직 입사, 경력 초기, 경력 중기, 경력 후기의 5단계로 제시하였다. 각 단계의 연령 범위와 발달을 위한 주요 과제는 〈표 6-5〉와 같다.

〈표 6-5〉 생애주기에 따른 진로발달 5단계

단 계	연령 범위	주요 과제
직업선택	0~25세	• 직업 이미지 개발 • 다양한 직업탐색 • 최초의 직업선택 및 필요한 교육이수
조직 입사	18~29세	• 원하는 조직에서 일자리를 얻음 • 정확한 정보를 토대로 적합한 직무선택
경력 초기	25~40세	• 직무와 조직의 규칙과 규범에 대해 배움 • 자신의 직업과 조직에 적응해 감 • 역량을 증대시키고 꿈을 추구해 나감
경력 중기	40~55세	• 경력 초기와 성인 초기를 재평가하고 꿈을 수정 • 성인 중기에 적합한 선택을 하고 지속적으로 열심히 일함
경력 후기	55세~퇴직	• 지속적으로 열심히 일함 • 자존심 유지 • 퇴직 준비

출처: Greenhaus 외(2002). 경력개발 및 관리(탁진국 옮김). pp. 146-149.

(1) 1단계: 직업선택–일을 위한 준비

이 단계는 다양한 직업의 특성을 이해하고 자신에게 적합한 직업상을 형성하는 것이 중요한 과제가 되는 시기이다. 또한 잠정적으로나마 직업을 선택하고 그 선택을 실행하는 데 필요한 교육이나 훈련을 받는 것이 필요하다.

이를 위해서는 자기이해를 위한 자신의 재능, 흥미, 가치, 바람직한 라이프 스타일에 대해 충분히 인식하여야 한다. 또한 직업세계의 변화와 이해를 통해 자신이 생각하는 직업 분야에서 요구되는 사항, 가능성, 보상 등에 관해서도 알아야 한다. 이 단계는 연령별로 보면 대략 25세까지라 할 수 있는데, 일반적으로 자신과 일의 세계에 대한 이미지 형성은 아동기, 청년기, 성인 초기를 거쳐 발전하게 된다. 그러나 경력 중기에 직업을 전환하는 것과 같이 직업선택은 다른 인생 단계에서도 일어날 수 있다.

(2) 2단계: 조직 입사

조직 입사 단계의 과제는 대학에서 사회로 자신이 원하는 경력 분야로 이행하여 특정한 분야에 맞는 직무와 조직의 세계를 선택하는 것이다. 하지만 안타깝게도 많은 사람들이 잘못되었거나 비현실적인 정보를 토대로 직무를 선택하는 것이 현실이다. 생애진로사정은 자신이 기대했던 것과 일의 현실이 만족스런 선택을 하도록 돕지만 그렇지 않을 경우 막상 취업 이후 일의 현실이 자신이 기대했던 것과 달라 불만족하거나 좌절하게 된다. 자신의 재능과 능력을 발휘하고, 자신이 일의 분야에서 원하는 가치를 충족할 수 있는 직무의 선택이 중요하다.

고등학교를 졸업하고 취업을 하거나, 대학교를 졸업하고 취업을 하기 위해 희망하는 직무를 찾는 데 수개월이 걸릴 수 있다. 졸업 후 첫 직장을 얻는 데 소요되는 기간은 평균적으로 11개월이라고 보고되었다. 이 단계 역시 새로운 조직에 들어가는 시점으로 생애진로사정을 통한 자신의 강점과 장래를 파악하고 자신의 가치를 실현하기 위한 준비가 필요하다.

(3) 3단계: 경력 초기-확립과 성취

경력 초기는 일정한 분야에서 경력과 조직 내에서 위치를 확고하게 하는 단계이다. 성인세계에서 자신의 보금자리를 찾고 선택한 길을 따라 앞으로 나아가는 시기이다. 신입사원은 첫 조직에 적응하여 일정한 특성에 따라 업무를 배우게 되지만, 경력 초기 단계에서는 자신의 업무 내용을 파악해야 할 뿐 아니라 조직의 규범, 가치, 비전과 미션에 따라 역량을 활용하여 성과를 올려야 하는 시기이다. 생애진로사정을 통한 이 단계에서는 자신의 강점을 확고히 하고 장애가 되는 요인들을 찾아 자기개발을 경력에 활용할 수 있는 단계이다.

다른 말로 하면 실무적인 영역에서 조직 내에서 실력을 발휘하여 자신의 자리를 확고히 하는 단계이다. 즉 조직 내에서 성공을 지향하는 시기로 40대 전후의 연령에 해당하며, 조직 내에서 정착하고 유지하기 위해서 중요한 책임을 맡게 되고 역할의 비중이 높아지게 된다.

(4) 4단계: 경력 중기

경력 중기는 경력 후기 단계를 미리 준비하고 새로운 인생의 구조를 설계해야 하는 시기이다.

이때는 인생의 중반기로 여러 가지 관심과 인생의 과제인 조직 퇴직이나 명예퇴직과 같은 변화를 맞게 되면서 사람들은 자신의 경력 초기에 조직 내에서 일정한 위치에서 책임과 역할을 수행했던 결과물들을 재평가하여 가치관, 라이프스타일, 재능, 성취 등을 새롭게 만들어 가야 하는 시기이다. 많은 사람들이 소위 '사오정, 오륙도'라며 신조어를 말하기도 하는데 경력 중기는 '중년의 위기'로 인생 후반전을 맞이해야 하는 시기이다. 새로운 인생 방향이 전과 같은 일을 하거나 그렇지 않든 간에 경력 중기의 과제 완수에 따라 삶의 생산성이 차이 나게 된다.

(5) 5단계: 경력 후기

경력 후기는 조직에서 은퇴하는 시기이다. 물론 경력 후기에 인생 후반전에 들어가 이전에 했던 일을 유지하거나 새로운 분야로 진출하여 일을 하는 경우도 있다. 대략 50대 중후반에 해당하며, 은퇴 시기는 사람마다 다르지만 한 직장에 오래 일했던 사람의 경우 경력 후기가 더 빨리 시작될 수 있다. 새로운 기술변화에 대처하기 위해 자기능력 개발을 꾸준히 해 온 사람은 경력 후기에 제2의 경력을 만들어 생산성과 자존감의 유지, 젊은이들과의 소통, 건강과 재무 등 여러 가지 도전적인 과제에 대처할 수 있게 된다.

이 단계에서 개인은 생산적인 기여자와 자신의 가치를 유지해야 한다. 나이 먹었다는 이유로 사회적 편견으로 조직에서 퇴출 1순위가 될 수 있다. 경력 후기에 있는 사람은 은퇴 시기를 예측하고 경력 후기에 대한 인생전환을 위해 효과적인 인생설계를 준비해야 한다. 그래야만 일을 그만두었을 때 낙담하지 않고 은퇴 후의 생활이 의미 있고 만족스러울 수 있을 것이다.

▶ 연구문제

1. 진로상담에서 생애진로사정 활용이 중요한 이유를 설명하시오.
2. 생애진로사정은 어떤 이론에 근거하고 있으며, 활용목적은 무엇인지 설명하시오.
3. 생애진로사정의 구성은 어떻게 이루어졌는지 설명하시오.
4. 강점과 장애, 전형적인 하루를 통하여 어떤 종류의 내담자 정보를 알 수 있는지 설명하시오.
5. 생애진로사정법에서 요약이 중요한 이유를 설명하시오.
6. 청소년의 생애진로사정을 위한 구조화된 접근방법은 무엇인지 설명하시오.

〈활동지〉

● 긍정적인 자아정체감 확립을 위하여 나는 무엇을 해야 하는가?

'나의 실천 선언문: 앞으로 변화할 기대되는 나의 모습'

긍정적인 자아정체감 확립을 위하여 나는 (가정/ 학교/ 사회에서) ~ 할 것이다.

1.

2.

3.

4.

5.

출처: 손민영(2020). 행복한 삶의 성취를 위한 실천적 문제 중심의 가정과 교수·학습 과정안 개발 및 적용.

〈활동지〉

<table>
<tr><td colspan="2">• 자아실현을 위한 진로설계를 위하여 나는 무엇을 해야 하는가?</td></tr>
<tr><td colspan="2">직업가치관
직업을 선택할 때 내가 중요시 여기는 나의 직업관을 탐색해 본다.
(예 : 가치, 성취, 봉사, 직업 안정, 금전적 보상 등)</td></tr>
<tr><td>가치 카드 선택 (나의 직업관)</td><td>나의 직업관은 나와 가정, 사회에 어떤 기여를 할 수 있는가?</td></tr>
<tr><td></td><td></td></tr>
<tr><td></td><td></td></tr>
<tr><td></td><td></td></tr>
<tr><td></td><td></td></tr>
<tr><td></td><td></td></tr>
</table>

출처: 손민영(2020). 행복한 삶의 성취를 위한 실천적 문제 중심의 가정과 교수·학습 과정안 개발 및 적용.

4. 진로상담에서의 직업가계도

1) 직업가계도의 의의

직업가계도(Genograms)는 내담자의 생물학적 친조부모와 양조부모, 양친, 숙모와 삼촌, 형제자매 등의 직업들을 도표로 표시하여 직업경로, 직업선택 등에 관해 내담자에게 영향을 주었던 다른 사람들도 포함시킨다(Gysbers & Moore, 1987).

진로상담에서는 가족 및 친인척에 의해 직업선택에 어떤 영향을 받았는지를 사정하게 되는데, 직업가계도는 직업상의 자기지각(self-perception)의 근거를 밝혀 가족의 핵심구성원인 부모들과의 상호작용을 탐색에서 내담자가 직업을 선택하고자 하는 이유를 인식하도록 돕는다.

Gysbers와 Moore(1987), Okiishi(1987)는 진로상담 과정에서 자신을 대하는 가족의 태도가 직업구조를 형성하고, 지각하는 데 일차적인 변인으로 작용한다는 이론과 실증적인 자료를 제시하였다(김병숙, 2006).

2) 직업가계도의 활용

상담자는 직업가계도를 활용해 가족의 역할 자체를 파악을 넘어 내담자가 인식하는 진로선택에 대한 넓은 시작에서 인식하도록 하게 한다. 예를 들면 내담자는 직업가계도를 통해 그 직업이 갖고 있는 환경과 조건 등을 면밀하게 이해할 수 있고, 도전할 수 있는 자기인식의 장을 만들어 갈 수 있다.

직업가계도는 종이와 연필이 필요한데 시간적 여유가 필요하다. 이는 가족의 직업위계표를 그리기 위해서는 가족의 역할과 개인의 관심사를 면밀하게 파악해야 하기 때문이다.

중요한 것은 직업가계도는 내담자의 생애역할과 밀접한 관련이 있으며, 가족의 영향으로 받게 된 자신의 직업구조를 체계화할 수 있다는 점이다. 다만, 직업가계도에서 나타난 가족과 바라는 직업과의 관계가 반드시 일치하지 않을 수 있다는 점을 고려하여 상담자는 자료로 활용해야 한다.

3) 질문을 통한 직업가계도

내담자로 하여금 직업가계도를 구축하는 목적과 진로계획을 세우고 가족을 더 이해할 수 있도록 하는 데 의의가 있음을 먼저 도입 부분에 이야기하면 좋다.

직업가계도는 김병숙(2006)의 진로상담 심리학의 사례를 들어 간략하게 활용방법을 소개하도록 한다. 먼저 넓은 의미의 가족 관련 질문을 살펴보자.

- 당신이 자란 가정에 대해 서술하시오.
- 당신 아버지의 직업은 무엇입니까?
- 당신의 형제, 자매들의 직업은 무엇입니까?
  가족의 생활방식 및 형제, 자매들은 자라서 어떤 사람이 되기를 원합니까?
- 당신은 누구를 가장 닮았으며 가족구성원 중에서 누구에게 영향을 많이 받으며 자랐습니까?

4) 직업가계도 그리기

직업가계도는 내담자로 하여금 세상을 바라보는 태도와 삶의 역할에서의 지각, 사람들과의 관계에서의 역할, 그리고 가장 중요한 진로선택에 대한 중요한 관점을 탐색하는 방법의 하나이다.

- 수지 양: 직업가계도를 그려 보면 무엇을 알 수 있나요?
- 상담자: 직업가계도는 수지 양에게 일에 대한 태도와 신념을 명확하게 하고, 가족 관계에서 중요한 사람에게 어떤 영향을 받았는지를 알 수 있게 해 줍니다. 특히 조부모, 양친, 형제자매의 직업을 살펴봄으로써 중요한 타인과의 관계에서 수지 양이 어떤 직업을 바라는지를 알 수 있게 도와줍니다.
- 수지 양: 그럼 어떻게 그려 봐야 할까요?
- 상담자: 자, 종이에 가족들의 직업을 나열해 보세요.

출처: 김병숙(2006). 직업상담심리학. 재인용.

먼저 준비물이 있어야 한다. A4 종이나 큰 전지를 활용하면 좋고, 펜을 준비한다. 직업가계도는 5개의 횡렬로 배치하여 작성하게 되는데, 1열은 조부모용이며, 2열은 양친의 형제자매인 숙모와 삼촌들에 관한 사항을 작성하게 된다. 제3열은 삼촌들에 관한 것이며, 4열은 양친과 수양부모, 5열은 수양자매이며 이복형제자매도 포함하여 직업을 표시한다.

직업가계도 표시부호는 사각형은 남성, 원형은 여성을 표시하게 된다. 그물망 표시는 사망한 사람을, 빗금(/)은 이혼을 표시하며, 점선(-----)은 결혼하지 않는 동거를 의미하며, 실선(—)은 결혼한 사람을 의미한다. 결혼한 부부가 별거 중인 경우 실선(—)에 점선 빗금(-/-)으로 표시한다.

5) 직업가계도 해석하기

직업가계도는 내담자가 중요한 가족의 어떤 영향을 받았는지를 살펴봐야 하는데 Dagley(1984)는 직업가계도의 핵심적인 질문을 다음과 같이 제시하였다.

- 가족구성원 중 누구의 가치와 자신의 가치가 일치하는가?
- 확실한 가치를 부여할 만한 직업소명이 있는가?
- 직업에 대한 태도와 신념을 갖게 만든 가족전통이 있는가?
- 직업에 대한 가족세대의 이어져 오는 믿음이나 관습 같은 것이 있는가?
- 직업가계도를 그려 보면서 떠오르는 직업은 무엇인가?

이러한 질문들은 직업가계도를 그려 보고 내담자로 하여금 가족 중에 또 다른 누가 세대에 따라 이어져 오는 직업에 대한 믿음이나 관습에 따라 직업을 갖게 되었는지를 파악할 수 있게 한다.

직업가계도는 청소년 및 대학생들에게 진로성숙 수준을 높여 주고, 직업이 갖고 있는 환경과 역할, 과거에 관습적인 직업을 선택하려는 경향성을 교정하고, 폭넓은 진로선택을 하도록 하게 한다. 청소년의 경우 다양한 역할에 대한 경험이 부족하고 제한되어 있기 때문에 학창 시절 자기주도적으로 진로를 탐색하고 합리적으로 선택해 나갈 수 있도록 생애진로사정법을 활용하여 적용할 수 있도록 지원해야 한다.

- 상담자: 직업가계도를 그려 보면서 무엇을 알게 되었나요?
- 수지 양: 아마도 저희 집안이 법조계 집안이라 큰아버지와 작은아버지, 숙모, 삼촌들이 관련 분야에서 일하고 있어요. 그리고 저희 아버지도 변호사로 일하고 계시고 어머니도 법률사무소에서 일하고 계세요. 아버지는 늘 변호사로 일하시면서 그 일을 좋아하셨고 자랑스러워 하셨어요. 저 또한 어려서부터 아버지와 어머니의 일하시는 모습을 보고 도전을 받기도 했고, 친척들이 법 분야에 일하다 보니 자연스럽게 법에 대한 직업을 생각하게 되었고 대학 진학도 법학과를 지원하게 되었어요.
- 상담자: 직업가계도는 수지 양에게 중요한 타인과의 관계에서 직업탐색을 하는데 도움을 줄 수 있을 겁니다. 수지 양은 부모님과 친척들의 영향으로 법에 대한 직업을 긍정적으로 생각하고 있는 것 같군요.
- 수지 양: 그럼요. 보람도 있을 것 같고, 부모님이 적극 추천하세요.
- 상담자: 자, 수지 양이 그려 본 직업가계도를 살펴보면서 직업선택을 하는 데 중요한 것을 생각해 볼까요? 법 분야의 직업을 나열해 보고 그 직업이 주는 보람, 가치, 돈, 명예, 체면, 자유 등 수지 양의 가치를 점수로 매겨 보고 비교해 볼까요?
- 수지 양: 모든 직업이 만족감을 100% 얻을 수 없지만 아직은 잘 모르겠어요. 좀 더 제 자신의 가치가 무엇인지 생각을 더 해 봐야 할 것 같아요.

출처: 김병숙(2006). 직업상담심리학. 재인용.

〈학습평가〉

1. 초기면담에서 생애진로주제가 중요한 이유에 대해 생각해 보세요.

2. 생애진로주제의 구성요소에 대해 생각해 보고 정리해 보세요.

3. 직업가계도를 활용하여 자신의 진로탐색을 하면서 알게 된 점은 무엇인지 생각해 봅니다.

제7장

직업심리검사의 활용과 진로사정

1. 직업심리검사의 활용과 목적

이 장에서는 직업심리검사의 활용과 상담자가 표준화된 검사도구를 선택하고 해석하는 데 알아 두어야 할 내용을 중심으로 구성하였다. 특히 진로상담자가 내담자의 검사지를 선택하고 내담자를 상담과정에 포함해야 하는 등 지켜야 할 사항에 대해 정리하였다. 심리검사의 신뢰도, 타당도, 규정, 변인에 대한 내용은 직업심리학을 통해 구체적으로 파악할 수 있다.

1) 직업심리검사의 활용

진로상담 과정에서 직업심리검사는 내담자의 동기, 성격, 흥미, 가치관 등을 측정할 수 있는 객관적인 도구이다. 검사도구를 활용하고 해석하는 것은 내담자가 맞는지, 틀리는지를 구분하는 것이 아니라 다른 사람들과 비교할 수 있는 자료가 된다.

직업심리검사지에서 가장 많이 사용하는 것은 직업흥미검사이다. 특히 내담자의 성격과 흥미와 환경적 요인에 대한 검사결과를 활용하여 진로와 직업을 선택하는 데 정보로 활용된다.

2) 검사도구의 활용도

검사도구는 내담자의 성격적 특성과 직업의 불만족 원인, 진로미결정에 대한 원인 등을 파악하는 데 활용된다(김병숙, 2006).

검사지를 선택하는 데 중요한 요소는 내담자의 진로선택이나 의사결정을 용이하게 할 수 있는 검사지를 선택해야 한다.

① 직업선호도 확정하기
② 전반적인 태도 및 능력 확인하기
③ 성격의 장단점 파악하기
④ 직업가치 확인하기
⑤ 직업불만족 확인하기

3) 검사도구의 올바른 사용법

① 검사도구의 윤리적 지침 준수
② 내담자의 진로문제와 목표에 부합한 검사지 선택
③ 표준화된 매뉴얼에 따른 해석
④ 검사도구는 의사결정의 도구로 인식
⑤ 내담자와 적극적인 협조를 통해 검사지 선택

4) 직업심리검사의 활용 목적

직업심리검사는 내담자의 불명확한 정체감, 진로와 적성의 불일치, 진로성숙에 대한 문제 등의 원인을 파악하여 의사결정 능력을 높이기 위해 활용해야 한다.

내담자와 상담을 진행하면서 다양한 상담기법을 적용하는 과정에서 검사도구는 원인을 파악하여 객관적인 정보를 제공한다는 의미를 주기 때문에 검사의 목적에 부합한 검사지를 선택하고 활용해야 한다.

다만, 이러한 검사결과를 무조건적으로 수용한다는 의미는 아니다. 개인의 바람과 자기인식의 명확성을 고려해야 하는 상황에서 검사도구는 일정한 결과를 보여 준다.

성격, 가치관, 대인관계, 개인–환경 간의 불일치 등의 문제는 대부분 상담과정에서 이루어지는 이슈들이다. 예를 들어 회계직에서 일을 하고 있지만 자신의 성격적 특성이 사교적이거나 또는 현실적, 예술적 감성과 같은 성격일 수도 있다. 이러한 현상들을 잘 관찰해 보면 내담자가 개인–환경 간에 불일치, 역할갈등 등의 문제를 포함하고 있음을 알 수도 있다(김병숙, 2006).

2. 직업심리검사의 선택과 해석

1) 직업심리검사의 선택

검사지를 선택하는 데 몇 가지 주의해야 할 사항이 있다.

첫째, 내담자의 진로목표와 특성을 고려하여 선택해야 한다는 것이다. 즉 '저는 어떤 일을 해야 할지 막막해요.'라는 내담자는 성격, 흥미, 가치관 등 종합적인 문제와 원인을 포함하고 있다. 다만, 검사지를 무리하게 선택하기 보다는 내담자의 자기인식과 진로 명확성 정도에 따라 면접기법, 정보제공 등의 수준에서 상담이 이루어질 수 있다는 점이다. 또한 검사지를 선택하기 전에 내담자의 진로목표와 문제의 원인을 완전히 탐색할 필요가 있다.

둘째, 검사지 선택은 신뢰도와 타당도가 높은 표준화된 검사지를 사용해야 한다. 기술상의 문제는 타당도나 신뢰도와 관련이 있다. 타당도와 신뢰도가 높은 표준화된 검사도구를 사용해야 하는 이유는 검사의 잘못된 결과를 내담자에게 제공할 수 있기 때문이다.

셋째, 검사대상의 연령과 진로성숙도를 고려하여 검사지를 선택하여 활용해야 한다. 직업선호도검사의 경우 청소년용과 성인용으로 구분되어 있고, 성격 및 흥미검사의 경우도 청소년용과 성인용으로 구분된다.

커리어넷의 직업심리검사의 주요 내용을 살펴보면, 커리어넷 심리검사 메뉴에서는 8종의 심리검사와 검사결과를 종합적으로 볼 수 있는 진로탐색 프로그램인 아로플러스를 이용할 수 있다. 여기서 아로플러스는 중·고등학생만 이용이 가능한데 진로심리검사는 크게 중·고등학생 심리검사 4종과 대학생·일반 심리검사 4종으로 구분되어 있다.

대학생 및 일반 성인용을 위한 검사는 진로개발준비도검사, 이공계전공적합도검사, 주요능력효능감검사, 직업가치관검사가 있다.

〈표 7-1〉 진로심리검사의 대상별 구분

구분	검사명
중 · 고등학생 심리검사	직업적성검사
	직업흥미검사(간편형)
	직업가치관검사
	진로성숙도검사
대학생 · 일반 심리검사	진로개발준비도검사
	이공계전공적합도검사
	주요능력효능감검사
	직업가치관검사

출처: 커리어넷(www.career.go.kr).

아로플러스는 진로심리검사의 결과를 좀 더 종합적으로 보여 주는 진로탐색 프로그램이다. 커리어넷 중·고등학생 회원인 경우 이용할 수 있으며 관심직업이 있는지 여부에 따라 자기이해를 통한 진로탐색과 관심직업을 통한 진로탐색의 2가지

방법으로 나누어지게 된다.

아로플러스 전체를 실시하기 위해서는 2시간 30분~3시간 정도가 소요된다. 중간에 저장 기능이 있어 일부만 실시하고 나머지는 나중에 이어서 실시할 수 있다.

〈표 7-2〉 아로플러스 진로심리검사의 구분

구분	검사명
자기이해를 통한 진로탐색 (관심직업 없는 경우)	직업적성검사
	직업흥미검사(간편형)
	직업가치관검사
	진로성숙도검사
	과목별 성취 및 흥미
관심직업을 통한 진로탐색 (관심직업 있는 경우)	직업적성검사
	직업흥미검사
	직업가치관검사
	직업상세능력

출처: 커리어넷(www.career.go.kr).

2) 내담자 포함시키기

검사지를 선택하고 해석하는 데 내담자를 포함시킨다는 것은 내담자와 협조적인 관계에서 상담자와 내담자 간에 라포형성이 우선되어야 신뢰가 형성된다. 상담자는 내담자의 성격, 흥미, 가치관 등의 문제 원인을 파악하여 내담자에게 도움이 되는 검사도구를 제안할 수 있어야 한다.

다만, 검사지를 선택하고 해석하는 데 검사도구가 반드시 정답을 제시하지 않는다는 점을 인식해야 한다(김병숙, 2006).

흥미 및 직업가치관 검사의 경우 다양한 직업에서 종사하는 사람들과의 흥미, 가치관 유형별로 비교하여 내담자의 흥미와 가치과 어떤 연관성이 있는지를 확인할 수 있어야 한다. 적성 및 성격 검사의 활용에서도 성격검사 결과를 맹목적으로 해석하기보다는 내담자의 자기인식을 확장하여 대인관계, 직업선택 등에서 명확한 자아를 이해하는 데 도움을 줘야 한다.

만약에 상담과정에서 진로 명확성을 높이기 위해 검사도구 외에 자료, 면접기법 등을 활용하여 내담자의 흥미, 성격, 가치관, 대인관계 등의 문제를 효율적으로 대처할 수 있어야 한다.

3) 검사해석 및 주의사항

내담자는 검사결과에 대해 혼란스러워 할 수 있다는 점을 고려하여 상담자는 냉철한 판단과 표준화된 절차에 따라 다음과 같은 준비와 해석이 필요하다.

첫째, 상담자는 이전 상담 단계에서 내담자의 상담정보와 자료를 종합적으로 검토하여 검사결과를 다음 단계로 발전시켜 나갈 수 있어야 한다.

둘째, 검사결과에 대해 내담자와 이야기를 나눠 보고 느낀 감정이나 자기인식에 대해 확인을 해야 한다. 이는 다음 상담 단계로 넘어가는 데 중요한 단서가 될 수 있기 때문이다.

셋째, 내담자의 반응에 논리적으로 방어하지 말아야 한다. 검사결과는 반드시 정답이 아니라는 사실을 인식하게 하고 검사결과가 내담자가 바라는 결과를 보이지 않았더라도 검사실시에서의 어떤 원인이나 내담자의 감정 상태 등을 확인하여 검토해야 한다.

검사결과는 내담자가 원하는 것과 다른 결과를 보일 수 있다. 이럴 경우 불일치의 원인을 심층적으로 알아 내기 위한 문제해결 중심의 상담과정으로 이루어져야 한다. 또한 검사해석 시 어려운 용어를 지양하고 쉬운 용어로 해석해야 하며, 검사결과의 점수 범위를 고려하여 중립적 판단으로 해석해야 한다. 그렇기 때문에 진로상담자는 검사도구의 임상적인 경험과 훈련을 통해 철저한 지식을 갖춰야 한다(김병숙, 2006).

① 해석에 대한 내담자 반응 관찰
② 검사결과에 대해 쉬운 용어 사용
③ 표준점수에 의한 점수 범위 고려
④ 상담자의 주관적 판단 지양
⑤ 내담자의 방어 최소화
⑥ 검사의 대상과 용도 명확화

〈학습평가〉

1. 직업심리검사를 통해 알게 된 문제 원인은 무엇인지 정리해 보세요.

2. 직업심리검사를 해석하는 데 중요한 기준이 무엇인지 생각해 보세요.

3. 직업심리검사를 해석하는 데 진로상담자가 갖춰야 할 능력과 기본태도는 무엇인지 생각해 보세요.

3. 가치사정법

이 절에서는 가치관의 의미와 사정법을 통해 개인의 흥미와 어떤 관계가 있는지를 살펴보도록 하겠다. 직업가치관은 개인의 직업과 관련된 다양한 욕구 및 삶의 지향점이며 사회, 문화적 환경의 통합적인 결과물이다. 직업가치는 개인이 상대적으로 무엇을 얼마나 더 중요하게 여기는가에 대한 정보를 제공함으로써 진로상담 과정에서 매우 중요한 의미를 갖는다.

1) 직업가치관의 개념

가치란 삶을 살아가면서 가장 중요하게 여기는 삶의 기준을 말하여 개인적으로 신성하게 여기는 관점이며, 신념이다.

인간은 삶에서 무엇을 가장 중요하게 생각할까? 다시 말해서, 직업을 선택하는데 중요한 지향점은 무엇일까? 사람들은 내재적 가치와 외재적 가치에 따라 삶의 방향을 유지하려고 한다. 이러한 삶의 방향은 종교, 물질, 대인관계, 명예, 사회적 성공 등의 생각과 행동을 포함한다.

Locke(1976)는 직무만족과 관련하여 작업수행 결과의 요인은 직무가치와 밀접한 관계가 있다고 보았다. 이는 직무가치에 따라 직무만족감을 얻게 되고 직무만족감이 높은 근로자는 작업성과를 올린다고 가정하였다.

즉 직업가치관은 삶의 여러 지향점들을 하나의 통합적인 가치로 결합된 직업선택 과정에서의 결과물로 볼 수 있다. 개인의 가치관은 직업선택을 위한 지향점과 밀접한 관련이 있으며, 사람의 환경과 문화는 개인을 지각하게 하고 어떤 지향점을 갖게 하는 가치에 영향을 준다.

Nevill과 Super는 현저성검사(Salience Inventory: SI)와 가치척도(Values Scale: VS)를 통해 욕구와 가치관에 대한 새로운 접근을 시도하였는데, 현저성검사는 여가, 직업, 가정, 공동체 등에 대한 개인의 삶의 기준과 지향점을 발견할 수 있도록 도와준다. 인간의 삶의 지향점은 변화할 것이라고 강조하는데, 젊은 사람들과 나이 많은 사람들은 각각 삶의 지향점이 다르다는 것이다.

젊은 사람들은 일에 더 몰입을 하게 되고, 나이가 많은 사람들은 일보다는 가정, 공동체, 여가에 더 몰입하는 삶의 지향점을 갖고 있다고 강조하였다.

Brown(1996)에 의하면 진로선택 및 직업만족에 있어서 가치의 중요성을 강조하였는데 가치 중심적 접근 모델은 흥미는 가치를 근거로 발전되며, 따라서 가치가 더 근원적이며, 큰 영향을 미친다는 것이다. Dawis와 Lofquist(1984)에 의하여 제시된 환경적응이론에서도 개인이 욕구와 조화를 이룰 수 있는 환경적 특성을 선택해 나가려는 경향은 이미 강조된 바 있다.

직업가치관검사는 직업과 관련된 다양한 욕구 및 가치들에 대해 각 개인이 상대적으로 무엇을 얼마나 더 중요하게 여기는가에 대한 정보를 제공함으로써 (Boyle, 1996) 진로선택 및 진로상담 과정에서 매우 중요한 의미를 갖는다.

2) 직업가치관 탐색하기

직업가치에 관한 연구는 시간이 지남에 따라 변화한다는 연구도 있지만, 사회, 문화적 영향으로 변화했다는 것에서 특정 가치와의 연관성 여부는 의문이 제시되었다. 통계적으로 사람이 살아가는 문화와 환경은 필연적이지는 않지만 어느 정도 통계적 차이가 있음을 알려 준다.

직업가치관 탐색은 자기보고식 검사를 통한 방법이 있고, 가치관 카드, 질문지를 통한 사정법 등이 있다.

(1) 직업가치관 탐색의 용도

'관심 분야는 많은데 무엇을 해야 할지 모르겠어요?'라고 진로에 대한 걱정을 하는 사람들을 보면 우선, 자신이 삶의 지향점이 어디에 있는지 먼저 탐색해 봐야 한다.

가치사정은 몇 가지 의미 있는 용도로 사용된다.

① 자기인식의 발전
② 가족역할과 작업역할의 근거에 대한 확정
③ 직업 불만족에 대한 근거를 제시
④ 동기부여의 근거 제시
⑤ 흥미, 성격과 같은 영역에 대해 확인하도록 제시

(2) 직업가치관검사를 활용한 탐색법

진로상담 과정에서 개인의 가치관을 탐색하는 방법은 여러 가지가 있으나 우선, 워크넷(work.go.kr) 직업가치관검사를 활용하는 방법이 있다.

진로상담 및 지도의 기본원칙 중의 하나는 개인의 특성과 일치하는 직업을 가졌을 때, 가장 큰 만족과 성취를 가져온다는 것이다.

Davis와 Lofquist(1984)는 가치가 오히려 흥미보다 더 근원적인 의미를 가지며 개인의 진로선택과 밀접한 관련이 있다는 연구결과들이 있다. 이는 흥미의 근원적인 원인과 의미를 가지며 개인의 진로선택과 밀접한 관련이 있다.

직업가치란 직업생활을 통하여 충족하고자 하는 욕구 또는 상대적으로 중요시하는 것을 의미한다. 그렇기 때문에 이 검사는 직업과 관련된 다양한 욕구 및 가치들에 대해 상대적으로 무엇을 얼마나 더 중요하게 여기는가를 살펴보고, 그 가치가 충족될 가능성이 높은 직업을 탐색할 수 있도록 도움을 주는 검사이다.

〈표 7-3〉 직업가치관검사 개요

구분	내용
검사 시간	10분
검사 목적	• 대학생 및 일반인: 직업생활에서 중요시하는 가치탐색으로 자기이해 증진 • 교사 및 상담자: 내담자의 정보를 얻음으로써 자기이해 탐색
검사의 하위요소	• 능력 발휘 • 자율성 • 보수 • 안정성 • 사회적 인정 • 사회봉사 • 자기계발 • 창의성
활용방법	① 개인별로 중요시하는 가치의 순서를 확인 ② 상위 2개의 가치와 관련된 직업을 확인 ③ 제시된 직업들에 대한 정보를 직업사전에서 탐색

출처: 워크넷(www.work.go.kr).

(3) 체크목록의 가치 우선순위 매기기를 통한 탐색법

내담자에게 가치관 목록표를 활용하여 중요한 가치와 중요하지 않은 가치를 구분하여 중요한 가치는 +로 표시하고, 중요하지 않은 가치는 −로 표시하게 한다. 가치관 목록별로 체크가 완료되면 +로 표시한 가치관 목록에서 상위 5개를 정하게 한다. 가치관 목록을 보고 순위에 따라 내담자의 우선적인 삶의 지향점을 파악할 수 있다.

〈표 7-4〉 직업가치 목록표

중요한 가치는 (+)로 표시하고, 중요하지 않은 가치는 (−)로 표시하시오.	
안전	+ 표시를 한 5개의 우선순위를 정함 1. 2. 3. 4. 5.
권력과 권위	
균형	
창의성	
안정성	
이윤/돈	
사회적 기여	
봉사와 헌신	− 표시를 한 5개의 우선순위를 정함 1. 2. 3. 4. 5.
기계적 활동	
독립성	
삶의 다양성	
가족	
대인관계	
성취	
우정	
주변환경(분위기)	
타인에 대한 영향력	
정직함과 윤리	

출처: 김병숙(2006). 직업상담심리학. 재인용하여 수정.

(4) 질문을 활용한 과거의 선택 회상하기

질문을 활용한 과거의 선택 회상하기를 통해 내담자가 과거에 선택한 가치들을 조사함으로써 내재적 가치를 살펴보고 직업과 어떤 연관성이 있는지 살펴볼 수 있다.

상담자는 질문지를 활용하여 내담자에게 과거에 선택했던 자신의 생각과 행동을 이야기하도록 하여 개인상담과 집단상담을 통해 가치를 사정할 수 있다.

김병숙(2006)은 과거의 선택하기 회상질문을 통해 내담자에게 가치관사정법을 소개하고 있는데 여기에서는 집단상담을 위한 질문을 구성하여 소개하기로 한다.

● 상담의 주제로 활용할 수 있는 질문목록

① 학교에서 과목을 선택했을 때, 어떤 과목을 왜 선택했는가?

② 어떤 여가(취미)활동을 해 왔으며, 그 이유는 무엇인가?

③ 당신이 선택했던 일(직업, 아르바이트, 인턴, 실습)은 무엇이며, 그 이유는 무엇인가?

④ 친구를 사귄다면 어떤 성격의 친구이기를 바라는가? 그 이유는 무엇인가?

⑤ 그동안 살면서 가장 최선의 의사결정은 무엇이었나? 그 이유는 무엇인가?

〈활동지〉

▶ 과거의 선택 회상하기

- 과거의 선택 회상하기 중 1개의 질문을 선택하여 생각해 보고 자신의 생각을 정리해 보세요.

(5) 질문을 활용한 자유시간과 금전사용법

내담자의 가치관을 탐색하는 방법으로 자유시간과 금전사용에 대한 생각을 들어보고 가치관을 사정하는 방법이 있다. 질문과 토의를 통해 자유시간이 생기거나 금전을 어떻게 사용할 것인지 들어보면 개인의 가치관과 상대방의 가치관을 엿볼 수 있다.

● 상담의 주제로 활용할 수 있는 질문목록

① 만약 하루에 2시간의 자유시간이 생긴다면 무엇을 하겠는가? 그 이유는 무엇인가?

② 로또 100억 원이 당첨된다면 어떻게 쓰겠는가? 그 이유는 무엇인가?

〈활동지〉

▶자유시간 및 금전사용법

- 자유시간 및 금전사용법과 관련된 1개의 질문을 선택하여 생각해 보고 자신의 생각과 친구들의 생각을 정리해 보세요.

1. 내 생각:

1. 친구의 생각 (이름):

2. 친구의 생각 (이름):

3. 친구의 생각 (이름):

4. 친구의 생각 (이름):

5. 친구의 생각 (이름):

〈학습평가〉

1. 직업가치관이란 무엇인지 생각해 보고, 자신의 직업가치관을 정리해 보세요.

2. 자신이 바라는 직업과 가치는 어떤 관계가 있는지 생각해 보고 정리해 보세요.

3. 가치관 사정을 통해 알게 된 점은 무엇인지 생각해 보고 정리해 보세요.

4. 흥미사정법

이 절에서는 흥미사정법의 의미와 개인의 흥미유형에 따른 사정법을 이해하고 적용할 수 있도록 구성하였다. 특히 개인의 관심사와 호기심에 대해 표현된 흥미와 조작된 흥미, 조사된 흥미에 따라 내담자가 자신의 직업적 흥미를 탐색하고 이를 토대로 효율적인 진로 및 직업설계를 할 수 있도록 탐색할 수 있다는 점에서 큰 의미를 지닌다.

1) 흥미사정법의 의미

흥미란 개인이 하고 싶어 하는 것이나, 호기심을 자극하는 어떤 것이라고 할 수 있다. 흥미는 관심이며, 호기심에 따라 몰입하게 하는 그 무엇이다.

Super(1949)는 흥미사정법을 3가지로 구분하였다.

① 표현된 흥미: 내담자의 활동이나 경험에 대해 '좋다, 싫다'로 말하도록 요청하는 것
② 조작된 흥미: 질문을 하거나 활동에 참여하는 사람들을 관찰하는 것
③ 조사된 흥미: 가장 일반적으로 표준화된 검사를 통해 관심을 파악하는 것

2) 흥미사정법의 목적

① 자기인식 확장시키기
② 직업대안 확인하기
③ 여가(취미)와 직업선호 구별하기
④ 직업 및 교육상의 불만족 확인하기
⑤ 직업탐색 구체화하기

3) 흥미탐색하기

흥미는 직업심리학자에 의해 강조되어 왔는데, 크게 2가지 관점에서 강조하였다.

첫째, 흥미는 가치와 구별하기 쉬운 것은 아닌데, 진로상담에서는 그동안 가치보다는 흥미의 역할과 중요성을 지나치게 강조해 왔다는 관점이다. 예를 들어 사람이 사람들을 돕고 싶다는 것은 가치이며, 사람을 돕는 일은 흥미의 기능으로 보면, 사회복지사, 여행계획상담사, 간호사 등으로 구분하여 설명할 수 있다.

둘째, 흥미와 가치는 기술 및 능력과 밀접하게 관련되어 직업 만족에 있어서 관련성이 높다고 주장하는 관점이다(김병숙, 2006). 즉 사람들은 어떤 일을 잘하기 때문에 그 일에 흥미를 느낄 수 있다는 것이다. 예를 들어 테니스를 잘 치는 사람은 운동을 하고 싶을 때 테니스를 치는 경우가 많다. 반면에 어떤 사람은 운동선수를 직업으로 하고 싶지는 않으나 운동을 능숙하게 잘할 수 있는 경우가 있다.

그렇기 때문에 흥미를 탐색한다는 것은 흥미, 가치, 기술 등이 개별적으로 관련이 없다고 주장하는 것은 비효율적이라고 제시한다. 따라서 흥미탐색은 개별적인 흥미 자체만을 탐색하기보다는 개인이 보유한 다양한 관점에서 총체적으로 접근해야 할 필요가 있다.

4) 표현된 흥미와 조작된 흥미사정법 이해하기

표현된 흥미사정법은 '좋다, 싫다'로 말하도록 요청하여 내담자의 관심 분야를 탐색하는 방법으로 목록에 작성하도록 하는 방법이 있다. 또한 인생 곡선을 그려보고 자신의 관심 분야를 탐색해 나가는 방법이 있다. 이런 방법들을 통해 상담자는 내담자의 좋고, 싫음에 대해 대답하도록 유도하게 된다.

조작된 흥미사정법은 개방적인 질문을 통해 내담자가 관심 있고, 호기심이 있는 것은 무엇인지 파악하는 방법이다. 특히 소질은 개인이 본래 타고난 것이며 고유한 능력이다. 타고난 자신의 능력과 IQ, 유전적 특성만을 믿는다면 신이 우리에게 아무런 노력 없이 활용 가능한 선물을 주었다고 믿는 것과 같다. 소질의 본질을 좀 더 생각해 보면 타고난 능력과 특성이 아니라 자신의 타고난 본질을 깨달아 끊임없는 노력과 실패 속에 자신의 잠재력을 발휘하는 것이다.

소질탐색은 흥미사정법과 함께 중요한 접근방법인데 본래 타고난 것은 무엇인지 몇 가지 질문을 통해 소질과 흥미를 탐색할 수 있다.

① 어렸을 때부터 지금까지 어떤 일에 흥미가 있었나?
② 어린 시절 가장 즐거웠던 일은 무엇인가?
③ 가장 좋아했던 일은 무엇인가?
④ 가장 자신이 있던 과목은 무엇인가?
⑤ 가장 취약했던 과목은 무엇인가?
⑥ 가장 하기 싫었던 일은 무엇인가?
⑦ 가장 몰입했던 일은 무엇인가?
⑧ 부모, 친구, 선생님 등 다른 사람에게 인정받았던 일은?

〈표 7-5〉 표현된 흥미사정법

좋아함	싫어함
흥분하다	지루해하다
다른 사람과 만나다	스스로 일하다
손으로 만든다	손을 사용하지 않는다
사람을 돕는다	사람과 함께 연관되지 않는다
여행	한 장소에 머무르다
높은 보수	낮은 보수
남성의 일	여성의 일
명예스러운 일	낮은 직무

출처: 김병숙(2006). 직업상담심리학. 재인용.

질문을 통해 흥미를 탐색하는 방법 외에 신문 및 잡지를 읽게 하고, 흥미가 있다고 여겨지는 직업목록을 만들게 하는 방법도 있다. 또한 지난 몇 년 동안 생각해 온 직업의 종류를 적어 보게 하고, 그것을 거부한 이유도 생각해 보도록 하는 부가적인 방법도 있고, 어린 시절 인생 곡선을 그려 보고 자신의 관심사와 본래 타고난 소질을 파악하는 방법도 있다.

〈활동지〉

▶ 표현된 흥미사정법

좋아함	싫어함

※ 표현된 흥미사정법을 통해 흥미에 대해 알게 된 점은 무엇인지 정리해 보세요.

〈활동지〉

▶ 나의 인생 곡선

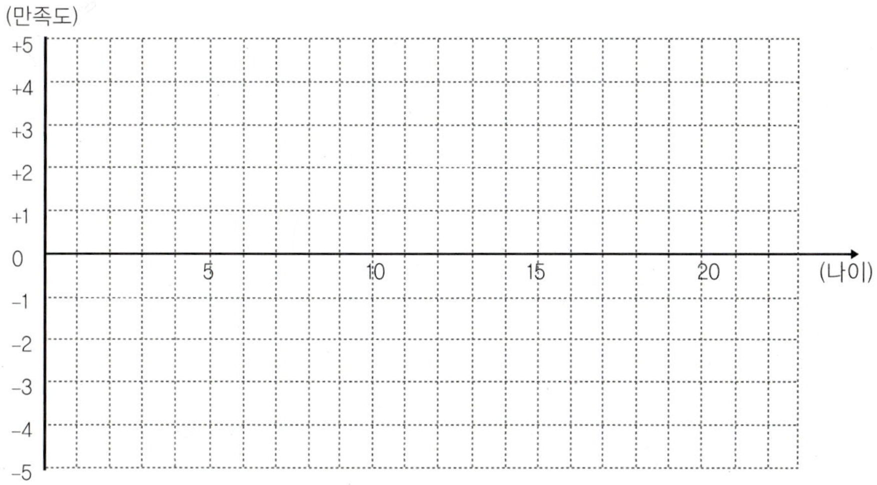

나이(   )

낮음 -5 -4 -3 -2 -1 0 1 2 3 4 5 높음

▶ 소질 카드를 활용한 흥미사정

직업 카드는 내담자의 흥미를 사정하는 방법으로 가장 많이 사용하고 있다. 카드를 분류하여 좋아하는 것, 싫어하는 것, 미결정으로 분류하고 주제를 찾는 방법이 있다.

이외에 본래 타고난 내담자의 소질을 탐색하는 본하트 소질 카드는 타인과 자신의 흥미와 소질을 인식하고, 깨닫게 도와주는 도구이다. 쉽게 공감대를 형성해서 내담자의 마음을 여는 데 도움을 준다.

본하트 소질 카드는 RIASEC의 6가지로 구성되어 있고 총 54장으로 구성되어 있다.

▶ **활용법**

① 모든 소질 카드를 펼쳐 놓는다.

② 자신이 본래 가지고 있던 소질이라고 여기는 카드는 좋아함, 싫어함, 미결정에 따라 6장씩 선택한다.

③ 최종적으로 6장의 소질 카드를 선택하여 목록표에 적는다.

④ 6장의 소질 카드와 관련된 직업명을 적고, 선택동기를 작성한 후 행동계획을 정리한다.

▶ **소질 카드를 활용한 흥미사정법**

좋아함	싫어함	미결정

▶ **소질 카드를 활용한 주제 찾기**

직업명	선택동기
• 행동계획:	

5) 조사된 흥미사정법

조사된 흥미사정법은 가장 일반적으로 표준화된 검사를 통해 관심을 파악하는 방법이다.

대표적인 방법으로 워크넷 직업선호도검사(S, L형) 및 Holland의 검사, 스트롱 검사가 자주 활용된다. 여기에서는 직업선호도검사를 중심으로 활용방법에 대해 정리하도록 하겠다.

진로발달이론에서 성격에 따른 구성과 역할을 설명하는 것은 Holland뿐이다. Holland 이론은 개인의 성격과 환경 간의 상호작용을 통한 성격사정법이다.

직업선호도검사는 청소년용과 성인용으로 구분되며, 성인용은 S형과 L형으로 구분된다.

청소년용 직업선호도검사는 청소년들이 자신의 직업적 흥미를 탐색하고 이를 토대로 효율적인 진로 및 직업설계를 할 수 있도록 직업흥미에 적합한 직업과 학과에 대한 정보를 제공해 주는 검사이다. 성인용 직업선호도검사는 좋아하는 활동, 관심 있는 직업, 선호하는 분야를 탐색하여 직업흥미 유형에 적합한 직업들을 제공해 준다.

다만, 직업선호도검사는 개인의 현재 보유능력이나 학력, 전공, 자격, 가치관 등은 반영하지 않고 오로지 흥미성향과 성격, 생활사 등에 관련된 정보만을 제공한다. 따라서 검사결과를 토대로 직업이나 진로를 결정하고자 할 때에는 검사결과에 반영되지 않은 자신의 능력, 자격, 적성, 가치관 등을 함께 고려하여 총체적으로 접근할 필요가 있다.

〈표 7-6〉 직업선호도검사의 구성

구분	청소년용	성인용	
		S형	L형
대상	중·고등학생	만 18세 이상	만 18세 이상
검사 시간	약 30분	약 25분	약 60분
주요 내용	직업적 흥미탐색 및 적합 직업과 학과 안내	개인의 흥미유형 및 적합 직업 탐색	개인의 흥미유형 및 성격, 생활사 특성을 측정하여 적합 직업 안내

출처: 워크넷(www.work.go.kr).

직업선호도검사(S형)는 Holland의 6가지 흥미유형 분류에 근거하여 자신의 특성을 탐색하고 흥미유형에 적합한 직업을 제시하고 있다. 직업선호도검사(L형)은 개인의 관심과 흥미, 성향 그리고 생활경험을 측정하여 적합한 직업을 안내하는 검사이며, L형은 다음 3가지 부분으로 구성되어 있다.

① 흥미검사

- 흥미검사는 다양한 분야에 대한 개인의 흥미를 측정하는 검사로 개인의 흥미특성을 6가지 유형으로 구분하여 흥미특성에 적합한 직업 분야를 소개해 준다.

② 성격검사

- 성격검사는 일상생활 속에서 나타나는 개인의 성향을 측정하는 검사로 5가지 요인에서의 성격특성과 세부적으로 28개 하위요인에서의 개인 성격특성을 알 수 있다.

③ 생활사검사

- 생활사검사는 과거의 다양한 생활경험을 측정하여 개인을 이해하도록 돕는 검사로 9개 생활경험 요인에서의 개인특성을 설명해 준다.

〈활동지〉

▶ 직업선호도검사를 활용한 흥미사정법

육각형의 모형	진로 행동계획

※ 육각형의 모형을 보고 진로 행동계획을 작성합니다.

▶ 직업선호도검사를 활용한 자기평가

자기평가	타인평가	회피활동
• 자신이 관심 있는 직업:		

〈학습평가〉

1. 현재 자신의 관심과 호기심이 있는 흥미 요소는 무엇인지 생각해 보고 정리해 보세요.

2. 자신이 본래 타고난 소질은 무엇인지 생각해 보고 정리해 보세요.

3. 흥미사정법을 통해 알게 된 점은 무엇인지 생각해 보고 정리해 보세요.

제8장
목표설정과 대안개발

1. 목표설정

내담자가 목표설정을 했다면 문제해결을 위한 노력의 의지를 반영한 결과이다. 목표는 상담과정에서 방향을 제시해 주며, 노력이 지향하는 바의 목적이다.

즉 목표는 상담자와 내담자의 협조적 과정이며, 내담자가 구체적인 목표를 정할 수 있도록 도와주어야 한다.

상담과정에서의 목표는 내담자의 진로선택과 결정에 대한 주된 문제로 1회 시에 얻은 목표는 상담을 진행하면서 목표가 수정되기도 하며, 내담자의 진로탐색 또한 수시로 바뀌게 된다. 그렇기 때문에 목표를 1회기에 설정했더라도 상담을 진행하면서 수정이 가능하다.

1) 목표설정의 의의

Super(1963)는 자기개념을 '일부 기능을 수행하게 하는 특정 역할, 상황, 지위 내에서 혹은 관계망 속에서의 자기에 대한 그림'이라고 하였다. 자기개념을 사람이 살아가면서 겪게 되는 환경 및 역할에 따라 그려 보는 자기만의 공간이라는 것이다. 목표설정은 학창 시절 다양한 경험을 해 봄으로서 자신이 바라고 원하는 일을 발견해 나가는 과정으로 꼭 필수적인 요소이다. 목표의식을 통해 학창 시절 만족감을 얻지 못한 학생은 전공수업 적응 및 학교생활 적응에서도 낮은 자아존중감을 갖게 될 것이다. 직업심리학자들은 자아존중감이 부족한 사람은 자기개념과 직업에 대한 역할을 적절하게 대응하지 못한다고 지적하고 있으며, 특히 자기개념이 부족한 사람은 직업적 역할에서 자신이 어떻게 적응해야 하고 어떤 역할을 해야 하는지 제대로 파악하지 못한다고 하였다.

결국, 목표설정을 통해 글이나 그림으로 자신의 목표를 그려 보고 작성하게 되면 다음과 같은 효과를 얻을 수 있다.

① 목표는 사막에서 오아시스를 발견하는 것과 같이 갈증을 줄여 준다.
② 목표는 하고자 하는 일에 동기를 부여하여 신념을 갖게 한다.
③ 몰입을 통해 만족도를 높여 준다.
④ 자존감을 높여 삶에 대해 감사하게 만든다.
⑤ 인생에 참맛을 알게 하여 기대감을 심어 준다.
⑥ 의사결정 능력을 높여 준다.

이처럼 목표를 설정하고 실천하는 것이 가장 중요한 일이지만 주의해야 할 사항이 있다. 개별목표는 단기목표와 장기목표로 구분하여 설정하는 게 좋다. 목표는 막연하거나 추상적이어서는 안 되며 행동으로 측정 가능한 목표를 수치화해서 정하는 게 바람직하다. 예를 들어 '10년 후에 계획을 세운다면 2030년에는 결혼해서 서울 강남에 30평대 아파트에서 살 것이다. 현재 전공을 살려 게임회사에 팀장으로 승진하여 IT개발 전문가가 될 것이다.'와 같이 인생에서 얻고 싶은 것을 구체적으로 작성해 두어야 한다.

직장에서 영업사원, 연구개발자, 회계사무직, 마케터 등 역할이 각각 다르듯이 목표는 자신의 주변 상황과 자신의 내재적 요소 범위 안에서 정하고 실천해야 한다.

① 우선 인생을 통해 얻고 싶은 것을 목표로 정한다.
② 목표는 움직이지 않는 것이어야 한다.
③ 목표는 단기목표와 장기목표로 구분하여 정한다.
④ 목표가 어려가지 일 경우 실천 가능한 목표를 선택하고 집중한다.

2) 목표설정의 특성

목표설정이론은 1968년 Edwin A. Locke에 의해서 제시된 이론으로 현재까지 가장 많이 연구되어 활용되고 있다. 목표설정이론은 개인의 성과가 개인의 성격과 목표에 의해서 결정된다는 이론이다. 쉽게 말하면 목표를 지닌 사람은 목표가 없는 사람보다 더 많은 업적과 성과를 달성하려고 노력한다는 것이다. 실제 기업현장에서 자발적으로 목표를 달성하기 위해 늦게까지 남아서 야근을 하는 경우와 팀장이 야근을 하니 어쩔 수 없이 야근을 하는 경우 누가 더 업적을 달성할 것인가? 바로 전자에 사람이 그렇다는 것은 누가나 다 아는 사실이다. Locke의 이론은 실제적 행위에 입각한 이론이면서 사람들의 의도와 역할을 강조하고 있는 이론이다.

(1) 목표는 구체적이어야 한다

상담과정에서 내담자의 모호한 표현은 상담자가 주도적으로 바꾸어 구체적인 목표를 설정하도록 이끌어 나가야 한다. '3개월 이내에 입사지원서를 넣어 꼭 합격을 하고 싶어요.'라고 목표를 정하는 것은 상담과정에서 효율성을 높이게 만든다.

(2) 목표는 실현 가능해야 한다

목표는 막연한 꿈이 아니다. 꿈에 대한 동경은 어느 순간에 가서는 지쳐 버리게 만든다. 하지만 실천 가능한 목표와 계획을 세운 사람은 목표를 달성해 가며 큰 성취감을 갖게 된다. 꿈을 이루기 위해서는 실현 가능한 목표를 세워야 한다. '저는 가수가 되고 싶어요.'라는 말은 가수로서 필요한 기술이 없으면 실현 불가능한 목표이다. 또는 '입사 후 연봉 1억 원을 모을 거예요.'라고 생각하는 행위는 현명하지 못한 목표이다.

하지만 상담과정에서 '졸업 후 취업을 하고 싶어요.'라는 것은 현실적이며 실현 가능한 목표이다. 이는 내담자가 자신의 강점을 발휘하여 다양한 선택을 할 수 있기 때문이다. 상담과정에서 목표는 과대 또는 과소 추정하지 않도록 주의해야 한다.

(3) 목표는 측정 가능해야 한다

목표를 세웠더라도 측정할 수가 없다면 막연하게 생각만 하다가 추상적인 목표가 되고 실천하지 못하는 경우가 많다. 다이어트를 목표로 세웠다면 막연하게 '몸무게를 줄이겠다.'라고 목표를 세우는 것보다 '현재 체중이 90kg이니까 매월 3kg씩 5개월 동안 15kg을 조깅을 하여 줄여보겠다.'는 식의 측정 가능한 목표를 설정해야 한다.

진로상담 과정에서도 상담자는 내담자가 측정할 수 있는 목표를 세울 수 있도록 이끌어 가야 한다. 예를 들어 '졸업 전에 4학년 2학기까지 토익 700점을 취득할 거예요.'라고 측정 가능한 목표를 설정해야 한다.

(4) 목표는 내담자가 원하고 바라는 것이어야 한다

목표는 내담자가 바라는 것을 반영해야 한다. 타인의 기대(부모, 주변 또래집단 등)을 반영하는 목표들은 내담자의 동기를 저해하며, 능동적으로 상담에 참여하지 않게 된다. 예를 들어 대학을 다니면서 전공에 대한 만족감도 높지만, 주변인들의 권유로 전공과 다른 일을 선택해서 높은 연봉과 사회적 체면을 유지할 수 있는 직장을 들어가려고 자신을 통제하지 않고 믿는다. 이런 경우 전공이 다르더라도 자신의 가치와 강점을 발휘할 수 있는 직업과 일을 탐색하도록 하는 것이 적절할 것이다.

(5) 목표는 시간을 한정해서 세워야 한다

사람은 목표를 세워 실천하는 삶을 살아야 하는데 목표는 구체적이고 자신의 행동을 관찰하여 측정 가능해야 하며, 기한을 정해 두어야 한다. 목표는 사람들에게 희망을 줄 수 있어야 하는데, 이처럼 기한을 정하고 기한 내에 목표를 달성하면 사람들은 희망을 갖게 된다.

또한 기한을 정해 목표를 세워야 하는 이유는 그래야 이런저런 이유로 미루지 않고 실천하게 되기 때문이다. 예를 들어 다이어트를 한다면 5kg를 빼겠다고 목표를 세우는 것보다 올해 12월까지 5kg, 내년 2월까지 8kg, 총 13kg를 줄여 보겠다는 기간이 있는 목표를 세워 보라는 것이다.

(6) 내담자의 목표는 상담자의 기술과 양립 가능해야 한다

진로상담은 개인의 진로선택과 직업소개 업무를 수행하는 관련된 기관 등에서 상담원에 의해 진행되는 서비스이다. 진로상담을 하다 보면 자녀들과 갈등, 조직생활을 하는 직장인들이 이직을 하려고 할 때의 스트레스, 개인의 성격장애, 부부치료 등의 문제를 동시에 꺼내 놓기도 한다. 어떤 개인은 진로상담원 능력 이상의 도움을 필요로 할지 모르며 상담사는 그 이상의 능력을 발휘하려고 할지 모른다. 목표를 상담자의 기술과 양립 가능하도록 해야 한다는 말은 상담사의 능력 제한으로 인해 발생할 수 있는 문제는 다른 기관으로 의뢰하는 것을 먼저 고려해야 한다는 의미이다.

3) 내담자의 목표설정과 실현 가능성 확인하기

내담자가 상담에 참여하려는 이유는 분명하기도 하지만 한편으로 목표가 애매할 때도 있다. 그러나 대부분의 내담자는 자신의 문제를 해결 받고자 하는 이유가 있고, 이는 상담과정에서 가장 중요한 단서가 될 수 있다. 내담자의 문제가 어느 정도 해결되면 상담과정에서 초기 목표를 설정하고 다음 단계로 들어갈 수 있다. 상담자와 내담자의 첫 상담에서는 내담자의 현존하는 문제의식을 함께하고 이끌어 내야 하는데 예를 들면, 기업정보에 대한 파악이 어렵다거나, 입사서류 준비 부족 문제, 또는 진로미결정 문제일 수 있다.

목표를 구체적으로 설정하기 위해서는 질문을 통해 확인할 수 있다.

① 진로상담에서 얻고 싶은 것이 무엇인가?
② 진로상담이 끝나면 지금과 어떻게 달라져 있을까?
③ 진로상담에서 꼭 해결 받고 싶은 문제는 무엇인가?

또한 목표의 실현 가능성은 내담자가 바라는 것과 현실적인 것과의 차이를 좁혀 나가는 것이다. 목표의 실현 가능성은 내담자와 함께 탐색해야 하며 상담자가 통제할 수 있는 문제는 아니다. 실현가능성은 나의 능력과 한계, 주변 자원의 지지, 나의 시간 등을 통제할 수 있는 것이어야만 한다. 우선, 목표가 현실적인지를 확인할 수 있는 방법은 상담과정에서 질문을 해 보는 방법이다.

① 당신이 설정한 목표는 실현 가능한 목표인가?
② 목표를 이루기 위해 당신이 해야 할 것은 무엇인가?
③ 당신의 목표를 이루기 위해 어떤 지원이 필요한가?
④ 당신의 목표를 이루는 데 장애가 되는 요인은 무엇인가?
⑤ 당신은 목표를 이루기 위한 시간계획을 세워 놓았나?

4) 하위목표 설정하기

진로상담 과정에서 목표가 설정이 되면 상위목표의 달성을 위한 하위목표를 설정하도록 하게 한다. 목표를 세웠다하더라도 이를 실천하기 위해서는 목표달성을 위한 내담자 자신의 기술과 능력의 수준, 자기자신의 대한 가치평가, 직업선택을 위한 대안 등을 고려해야 한다.

이러한 요소를 근거로 내담자와 함께 하위목표를 세워 모호함을 줄이고 가능성을 높여 나가야 한다.

하위목표를 세운다는 것은 내담자의 문제 난이도와 복잡성 등을 충분히 고려하여 세분화할 수 있는 목표를 배열하고 구체화해야 한다.

예를 들어 '당신의 목표를 이루기 위해 먼저 해야 할 일은 무엇인가?'를 먼저 질문해 보고 필요한 자원 및 지지를 위한 검증과정이 필요하다.

마지막으로 목표를 세워 내담자가 목표를 이루기 위한 실천여부를 확인하고 평가하는 일도 중요하다. 목표에 대한 동기화가 되어 있지 않다면 몰입하여 목표를 이루는 데 방해가 된다. 그렇기 때문에 내담자가 목표를 이루지 못한 것에 대해 상담자에게 말하기를 부담스러워하거나 주저하게 된다. 상담자는 내담자가 작은 목표부터 실천하도록 격려하는 게 중요하다.

〈학습평가〉

1. 자신의 진로목표는 무엇인지 정리해 보세요.

2. 자신이 하고 싶은 일과 현실적인 문제는 무엇인지 생각해 보세요

3. 자신이 이루고자 하는 목표를 위한 구체적인 실천계획이 있는지 생각해 보세요.

2. 대안개발

진로상담은 내담자의 복잡한 문제들을 대안개발을 통해 의사결정을 위한 자료를 수집하고 정보를 획득해 나가는 것이다.

이 절에서는 대안개발을 위한 정보의 중요성과 대안개발 작성을 통해 의사결정을 돕는 과정을 연습해 보도록 한다.

1) 대안개발의 의의

개인은 직업적 선호(preference)에 따라 진로대안을 설정하고 관련된 정보를 수집하여 정보들의 속성들(attributes)에 따라 의사결정을 하게 되며, 진로대안에 따라 진로목표를 성취하기 위해 필요한 실행계획을 마련하게 된다(Hirschi & Läge, 2007; Peterson et al., 1991).

내담자는 진로선택 및 결정을 위한 복잡한 문제들을 해결하기 위해 불안과 의혹을 해결하려는 경향이 있다. 대안개발은 이들 단계에서 정보를 획득하고 의사결정을 하는 데 판단기준이 된다.

진로대안을 수집하여 진로를 선택하는 데 내담자는 많은 시간을 할애하게 되는데 이는 문제를 해결하는 과정에서 많은 변화를 거쳐야 하기 때문이다. 이런 변화는 우발적이고 내담자의 욕구와 동기를 떨어뜨리는 경우가 많다.

내담자는 획득한 정보를 통해 최선을 직업선택을 할 것이라고 기대하게 된다. 진로상담에서 대안개발은 완벽하지 않은 의사결정 과정임을 또한 명심해야 한다. 상담자는 직업선택을 단순히 정보와 직무를 연결하는 문제라고 생각할 수 있는데 대안개발을 통한 의사결정 과정은 다양한 요인들에 의해 의미를 더하기도 한다.

때로는 대안개발을 위해 획득한 정보로 인해서 또 다른 의사결정을 위한 요인이 될 수도 있기 때문에 완벽한 선택은 없다는 것을 내담자에게 인식시켜 줘야 한다. 특히 상담과정에서 대안개발을 통한 선택은 내담자의 삶을 위한 것이어야 하기 때문에 선택은 상담자가 아니라 내담자가 하도록 해야 한다.

2) 대안개발의 중요성

진로상담에서의 가장 궁극적인 목적은 내담자의 의사결정을 돕는 과정이다. 의사결정을 돕기 위한 대안개발은 직업정보의 수집이라고 할 수 있다. 내담자가 바라는 직업에 대한 정보를 획득함으로써 직업선택 시 판단기준이 될 수 있기 때문이다.

3) 직업정보 수집 및 과정

대안개발을 위해서는 직업정보를 수집한다. 직업정보는 직무환경, 작업환경, 직업이 요구하는 성격특성과 능력, 학문적 자질 등의 관점에서 수집되어야 하지만 많은 내담자들은 이에 대한 정보가 부정확하다. 때로는 직업정보가 현실을 반영하지 못하거나 주관적이고 오해들이 있을 수 있기 때문에 정보를 수집하는 과정에서 오해들이 먼저 제거되어야 한다.

진로상담자는 직업정보에 대한 편견 없이 최신의 정보에 민감하고 직업트렌드에 대해서도 잘 파악할 수 있어야 한다. 그렇다고 모든 진로상담자가 전문가로서 직업정보를 제공하기는 쉽지 않다. 때로는 특정 분야의 전문지식을 갖춘 상담자는 편견이 있을 수 있으며, 오히려 전문지식이 없는 상담자가 내담자의 대안개발에 더 유리할 수 있다.

진로상담자는 내담자로부터 신뢰를 얻기 위해 수집한 정보에 대해 출처가 분명한지를 확인해 주고 실행 가능한 것과 불가능한 것을 포함하여 가능한 한 많은 선택권들을 포함하도록 해야 한다. 즉 새로운 정보가 추가되고 하면서 대안의 목록에서 삭제되거나 수정이 될 수 있다는 점을 인지해야 한다.

대안개발을 위한 과정과 절차는 내담자의 흥미와 가능성을 충분히 열어 놓고 선택권을 넓힐 수 있도록 해야 한다.

① 직업 분류 제시하기

표준화된 직업의 분류체계에 따라 직업정보를 수집하되 보편적으로 사용되는 정확성과 용이성이 확보된 자료를 감안해야 한다.

② 대안 만들기

대안 목록 작성 시 능력이 부족한 직무들을 비롯한 내용들은 포함하지 않고 내담자가 실행할 수 있는 흥미를 보이는 단서들은 목록에 포함한다. 또한 어린 시절 꿈과 자극 상황이나 질문을 통해 여러 직업들 중에서 선택 가능한 대안을 모을 수 있도록 해야 한다. 대안 만들기는 내담자로 하여금 구인난이 실린 채용포털 사이트를 이용하여 직업의 요건, 자격, 하는 일 등을 매일 살펴보게 하고 목록에 추가하게 한다. 또한 TV나 잡지 등에 관심을 두고 있는 직업이나, 현장을 직접 방문하여 실무 담당자로부터 얻은 직업정보 중 관심 있는 10개의 직무를 종합하여 모으도록 한다.

③ 목록 줄이기

대안 목록을 작성하면서 수집한 정보를 근거로 선택의 폭을 줄여 나가야 한다. 내담자가 판단하기에 가장 바람직한 직업과 바람직하지 않은 직업준거에 따라 목록을 줄인다. 내담자의 관심사, 건강, 거리, 기술 및 자격요건 등을 고려해야 한다. 특히 상담자는 내담자가 자신의 가치와 흥미, 관심사가 아니라 가족의 기대에 따라 직업선택에 영향을 받고 있지 않은지 확인을 해야 한다.

④ 직업 수집하기

직업정보는 그 직업의 작업환경, 임금, 채용요건 등에 관한 정보를 수집하는 것이다. 직업정보를 수집하는 수단은 일반적으로 인터넷을 이용한다. 워크넷, 커리어넷 등 사이트를 활용하기도 하지만 전문가와 직접 만나 보고 인터뷰를 해 보는 방법을 통해 자신이 생각하고 있는 직업에 대한 기대와 어떤 차이가 있는지 발견하게 되고 작업환경이 어떻게 이루어지는지 알 수 있게 된다. 전문가와 면담을 통해 정보를 수집하는 방법의 장점은 직무의 느낌, 요구하는 속성, 직무 자체가 자신의 삶에 어떤 영향을 미칠지를 알 수 있다는 점이다.

더 바람직한 방법은 직업을 경험해 보고 관찰 및 참여해 보는 방법이다. 이는 실습, 인턴십, 견학, 자원봉사 등의 방법이 있다.

▶ 자기주도형 정보 수집을 위한 인터뷰 질문지

- 인터뷰 대상자 이름:
- 날짜:
- 장소:
- 하는 일:

▶ 면접 질문지

1. 당신이 하는 일은 구체적으로 어떤 일인가요?
2. 당신이 이 직업에 매력을 갖게 된 이유는 무엇입니까?
3. 당신이 일을 하면서 가장 힘든 것은 무엇입니까?
4. 지금 하고 있는 일은 당신의 적성과 어떤 관계가 있나요?
5. 지금 하고 있는 일을 통해 얻고 싶은 것은 무엇입니까?
6. 당신은 이 분야에 일을 하기 위해 어떤 과정을 거쳐 오게 되었나요?
7. 이 일을 하기 위해 어떤 준비를 해야 할까요?
8. 이 일을 선택하는 데 가장 영향을 받은 사람과 사건은 무엇입니까?
9. 당신이 지금 하고 일을 다른 사람에게 추천해 준다면 무엇을 추천해 주고 싶습니까?
10. 마지막으로 이 일의 전문가로서 가장 하고 싶은 말은 무엇입니까?

출처: 김병숙(2006). 직업상담심리학. 재구성.

〈활동지〉

- 인터뷰를 통해 알게 된 것은 무엇이며, 느낀점은 무엇인지 생각을 정리해 보세요.

〈학습평가〉

1. 대안개발의 필요성에 대해 자신의 생각을 정리해 보세요.

2. 자신이 하고 싶은 일 외에 다른 대안은 무엇이 있는지 생각해 보세요.

3. 자신의 대안을 개발하기 위해 어떤 노력을 하고 있는지 구체적인 준비계획을 생각해 보세요.

제9장

의사결정과 대안평가하기

진로상담에서 의사결정은 합리적 과정과 직관적 과정이 모두 필요하다. 이 장에서는 의사결정의 의의와 직업대안 선택을 위한 Yost(1986)의 자기평가를 통해 내담자 스스로 직업 의사결정 능력을 갖출 수 있도록 한다.

직업 의사결정은 개인의 가치와 밀접한 관계가 있으며, 중요한 것과 그렇지 않은 것에 대한 우선순위를 명료화하는 것이 중요한 과제이기도 하다.

1. 의사결정과 직업대안

1) 의사결정의 의의

내담자는 직업정보를 수집하고 분석하여 자신의 목표를 이루기 위한 대안을 마련한 후에 의사결정을 하게 된다. 어떤 사람은 '잠깐 지켜보자.'라고 뒤로 미루는 경우도 있고, 어떤 사람은 시간이 지나면서 자신이 대처해야 할 목록에 따라 의사결정을 해 나가는 경우도 있을 것이다. 뿐만 아니라 어떤 사람은 성급한 의사결정으로 후회를 하기도 하는 것이 의사결정이다.

만약에 내담자가 지금 당장 결정을 할 수 없는 경우라면 마음의 여유를 갖고 정보를 더 수집해 보고 주변의 자원과 지지를 확인하도록 하는 방법도 있다.

내담자의 진로대안과 의사결정은 개인의 가치와 밀접과 관계를 맺고 있어, 의사결정을 위한 자기평가는 지속적으로 이루어져야 한다.

일부 내담자들의 경우 진로대안을 만들고 결정하는 데 좌절을 하거나 마냥 미루는 경우가 많다. 이는 충분한 경험 부족과 자신의 흥미나 가치에 대한 종합적인 정리가 되어 있지 않기 때문에 그럴 수도 있다. 또는 주변인들의 기대나 강요, 체면 때문에 자신의 흥미과 가치와 무관하게 결정을 해야 하는 상황을 힘들어 하는 경우도 있다.

진로대안을 만들고 종합하는 과정에서는 내담자에게 생애초기에 무엇에 관심이 있었는지 흥미와 가치에 대해 확신을 갖도록 탐색 시간을 열어 주는 것이 중요하다.

수시로 바뀌는 채용트렌드의 변화와 기술의 진보로 인해 의사결정을 합리적으로 한다는 것은 쉬운 일이 아니다. Gelatt(1989)은 '긍정적 불확실성'이라는 용어를 사용하여 사람들의 통합적인 의사결정을 강조하였는데, 이 개념에서는 '이것 아니면 저것'이라는 이분법적 사고보다는 '모두 다'라고 사고능력을 강조한다. 완벽한 확신과 결정은 의사결정을 어렵게 만든다.

이제 노동시장은 불확실성에 의해 변화되었고, 지식을 갖춘 인재보다는 자신의 관심과 가치에 따라 사고하는 융합적인 인재를 선호하고 있다. 학교에서 배운 지식만으로는 생각의 틀을 넓혀 나가기 어렵다. Gelatt(1989)이 말하는 긍정적 불확실성이라는 것은 진로대안이 없고 의사결정에 어려움이 많은 학생이 진로계획을 명료하게 세우기 위해 현장실습 경험과 필요한 자격을 갖추기 위해 학교 내외에서 지원해 주는 훈련과정에 참여하는 것과 같은 것이다.

진로 의사결정은 '한 번'의 의사결정이 아니라 계속적인 자기평가와 진로대안을 세워 나가는 과정에서 변화하는 나를 발견하는 것이다.

2) 직업대안 선택

이 단계는 대안개발을 위한 정보를 조사하고 선호하는 목록을 축소해 나가는 단계이다.

최종적인 직업을 정하기 위해 직업을 평가하여 선택한다는 것은 두려움과 망설임이 뒤따르고 확신하기도 쉽지 않다. 진로상담에서 의사결정 문제는 직업을 선택하는 데 확신을 부여하지만 내담자 입장에서는 기술적인 문제보다는 심리적인 요인이 더 크게 작용한다.

직업대안을 나열해 놓고 매력적인 직업을 선택하면 성공적인 상담이고, 그렇지 않을 경우 실패한 상담이라고 생각할 수 있다. 성공적인 상담을 위해 자칫 상담자는 내담자를 적극적으로 이끌어 가기 쉽다. 하지만 직업대안 중에서 내담자가 선호하는 방향으로 의사결정이 이루어지도록 해야 한다. 직업선택의 결과와 삶은 개인의 몫이기 때문이다.

그렇다면 훌륭한 결정을 내린다는 것은 무엇일까?

훌륭한 결정을 내리기 위해서는 바로 내담자가 선택할 수 있는 충분한 정보 수집과 준비가 되어 있어야 한다. 이는 어느 누구의 도움 없이 일어나는 행동을 말한다. 직업대안 선택과정은 의사결정에서 중요한 단계인데, 진로 의사결정은 결함과 후회가 없을 수 없다. 특히 의사결정 과정에서 내담자는 인지적, 정서적, 심리적 어려움을 겪게 된다. 상담자의 역할은 내담자가 바라는 직업을 선택해 나가도록 촉진자의 역할을 해야 한다. 때로는 정서적으로 안정감을 부여하고, 인지적 사고능력을 통해 의사결정을 하도록 도와야 한다.

내담자가 직업선택을 위한 결정을 할 때 가장 어려운 문제는 대안들 간에 가치가 유사할 때 발생한다. 또는 시간 경과에 따라 초기 상담에서 제시한 틀이 바뀌는 경우도 있다. 예를 들어 가정 재정적인 문제 등으로 인해 직업계획에 중대한 영향을 미칠 수 있다.

개인의 문제도 의사결정에 영향을 미치게 되는데 성격적인 요인으로 인해 직업

목표를 수정하여 결정하게 되는 경우도 있다. 내성적인 내담자가 서비스 업무를 하려고 직업대안을 설정했다 해도 지나치게 부끄러워하는 성격이라면 고객을 대하는 데 어려움이 많을 것이다. 그렇기 때문에 성격에 맞는 일을 탐색하기 위해 의사결정이 지연될 수 도 있기 때문에 상담자는 내담자의 외부환경적 문제 및 개인의 요인들 간에 문제는 예측할 수 있어야 한다.

2. 내담자의 직업평가하기

진로대안을 선택하고 의사결정 과정으로 넘어가는 것은 장점과 단점 목록을 만들어 보거나, 내담자에게 두 가지 목록을 적고, 한 쪽에는 진로대안을 작성하도록 한다. 다른 한 쪽에는 진로에서 고려해야 할 가치와 만족할 만한 기준(임금, 안정성, 창의성, 보람, 위치, 승진기회, 성취감 등)을 적게 한다.

직업을 평가하는 방법은 여러 가지가 있는데, Yost가 제시하는 직업평가의 방법은 5가지로 내담자의 특성을 고려하여 어떤 방법을 선택하든 수정하여 사용할 수 있다.

김병숙(2006)은 Yost의 5가지 연습 내용을 토대로 제시하였는데, 원하는 성과연습, 찬반연습, 대차대조표 연습, 확률추정 연습, 미래를 내다보는 연습 등이다. 5가지 연습은 순서가 정해져 있지 않고 수업 시간을 통해 내담자들이 스스로 작성하고 피드백을 갖는 것이 좋은 방법이다.

1) 원하는 성과연습

원하는 성과연습은 원하는 직업 분야와 개인의 선호사항을 적어 보고 직업대안을 평가하는 방법이다. 우선 오른쪽 표에 내담자가 정보수집을 통해 선택한 직업 분야 3개를 적고, 왼쪽에는 5~7개의 선호사항과 가치관 등을 우선순위에 따라 적는다. 그리고 내담자가 직업별로 하나씩 선호사항을 추정하도록 진행한다. 이때 표시방법은 3점 척도로 표시한다. 원하는 직업은 포괄적으로 직무를 구체화할 수 있도록 활용하면 된다.

〈표 9-1〉 원하는 성과연습의 예

원하는 성과 종류	직업 분야		
	법학 관련	IT 관련	광고학 관련
돈	3	3	3
안정	3	2	2
자율성	2	3	3
창의성	1	3	3
출근거리	2	3	2
성장가능성	2	2	3
사회적 체면	3	2	2
합계	16	18	18

출처: 김병숙(2006). 직업상담심리학. 재인용하여 수정.

2) 찬반연습

찬반연습은 직업목표를 이루기 위해 직업들의 장기·단기적 장단점을 적어 보고 내담자가 선택한 직업대안에 대해 변화가 있는지 확인하도록 한다. 찬반연습은 선택한 직업에 대해 각각 연습지를 활용하여 찬성 및 반대, 단기 및 장기 모두 기록하도록 지도한다.

의사결정을 내리기 위해 반복적인 연습을 통해 자기확신을 갖게 하는 게 중요하다.

〈표 9-2〉 찬반연습의 예

진로상담사	찬성	반대
단기	자격증 취득 후 취업 가능	처음에는 보수가 높지 않음
	자율적	행정업무가 많음
	무료양성교육 기회가 많음	계약직 형태가 많음
장기	은퇴 후에도 일할 수 있음	업무 형태에 따라 젊은층 선호
	경력개발 분야가 다양함	학력에 따라 경력 차별
	분야별로 도전적임	근속자에 따라 보수 차이 없음

출처: 김병숙(2006). 직업상담심리학. 재인용하여 수정.

3) 직업선택안 만들기와 수용하기

이제 원하는 직업에 대한 결심을 해야 하는 단계에서, 내담자는 자신이 바라는 직업을 최종적으로 선택해야 한다는 점에서 걱정이 되고 확신을 갖지 못할 수도 있다. 그럴수록 상담자는 내담자가 마음의 여유를 갖도록 정서적, 심리적 지원을 해야 한다.

내담자가 불안하거나 긴장이 심하다면 인내하며 차근차근 결정해 나가도록 하고, 가족이나, 친구, 선배, 현장 실무자 등에게 충고를 듣도록 권유한다.

직업대안을 통해 직업 의사결정 단계에서는 여러 개의 준거들과 학과 또는 직업들 간에 순위를 매겨 가며 준거들을 확인하는 방법이 있다. 준거의 종류는 제일 매력적이고, 부모 주변인의 견해, 최고의 순간이 될 수 있음, 부정적인 조건이 제일 적음 등으로 구분하고 직업의 종류는 3개 정도 정리하여 1~3점으로 순위를 매겨 본다.

〈표 9-3〉 준거에 의한 직업순위 결정하기의 예

준거 종류	직업 종류		
	학원강사	공무원	게임기획
매력이 제일 높음	1	2	3
부모의 견해	1	3	1
친구의 견해	1	2	3
최고의 순간	1	2	3
부정적인 조건이 제일 적음	1	2	3
합계	5	11	13

출처: 김병숙(2006). 직업상담심리학. 재인용하여 수정.

이미 직업대안을 수립하고 선택을 했다 해도 늘 공상을 해 보며 선택에 대한 수용성을 높이기 위한 과정이 필요하다. 생각을 통해 내담자는 직업에 대한 친숙도가 높아지게 되고 다른 의혹과 문제가 있더라도 몰입할 수 있게 된다.

이 과정에서 생애초기에 무엇에 관심이 있었는지, 자기확신을 가지면서 모든 가능성에 대한 실천계획을 수립해야 한다.

〈학습평가〉

1. 당신은 초기의 직업대안과 지금의 직업목표에 어떤 차이가 있습니까? 생각을 정리해 보세요.

2. 자신의 장점과 단점에 의한 직업평가를 통해 알게 된 점은 무엇입니까? 생각해 보세요.

3. 자신의 직업대안을 개발하기 위해 어떤 노력을 하고 있는지 구체적인 계획을 생각해 보세요.

제3부

취업의 기술

제10장 취업태도와 강점파악하기

제11장 직무역량과 기업탐색하기

제12장 입사서류 작성 및 인터뷰 준비전략

제13장 청년층을 위한 정부지원제도 활용하기

제10장

취업태도와 강점파악하기

1. 취업을 위한 태도

진로상담을 거쳐 개인의 진로목표가 확실할 경우 내담자들이 준비해야 할 것은 취업을 위한 적극적인 태도이다. 열심히 학생 시절 준비를 한다면 모두 취업에 성공할 수 있으리라 생각한다. 하지만 취업은 경쟁력이다.

취업을 준비하는 대학생들이 스펙도 쌓고 남부럽지 않은 학력과 자격을 갖췄다 하더라도 취업을 위한 태도는 '자신의 능력에 대한 확신 또는 신념의 정도'에 달려 있다. 누구나 취업계획을 세우고 준비한다는 사실을 잊지 말아야 한다. 지금부터 실천해 나가면 취업의 기술을 터득할 수 있다. 늘 진로상담을 받는 학생들이 종종 있다. 완벽한 적성, 흥미, 가치관 탐색을 위해서 말이다. 이러한 태도는 자신이 이 세상에 무엇인가를 보여 줄 수 있을 때 생긴다.

당신이 CEO라면 누구를 채용하겠는가? 다음과 같은 질문을 해 볼 수 있다.

① 입사원서를 낸 이 사람은 어떤 사람인가(Who are you?)
② 왜 우리 회사를 지원했는가(Why come to us?)
③ 믿고 맡길만한 사람인가(Can I trust you?)
④ 어떤 일을 잘 할까(What do you do well?)

바로 위와 같은 질문에 당신은 일할 수 있는 태도와 자격을 갖추었는지 점검해 볼 필요가 있다.

첫째, 기업은 어떤 사람이고 왜 우리 회사를 지원했는지, 어떤 일을 잘하며 기본적인 태도는 어떤지를 확인하고 싶을 것이다. 즉 지원자의 성품, 지식, 경험 등을 알고 싶어 할 것이다(이력서, 자기소개서, 성취 스토리 등을 통해).

둘째, 우리 회사가 추구하는 가치와 인재상에 맞는 사람인지, 실무부서에서 요구하는 경험과 지식, 전공과 일치하는가를 먼저 확인하고 싶을 것이다. 무엇보다 현장에서 취급하는 상품과 서비스에 관심이 있는지를 확인할 것이다.

셋째, 일에 대한 태도이다. 이는 일을 처리하는 근성이나 책임감, 태도와 같은 눈에 보이지 않는 인성 등 속마음을 알고 싶어 할 것이다(면접을 통해).

넷째, 이 사람에게 어떤 일을 맡기면 신나게 잘해서 회사가 발전할 수 있을까를 알고 싶어 할 것이다(강점능력 등을 통해).

취업을 준비하는 태도라는 것은 기업이 요구하는 지식과, 경험, 지원자의 인성에 대해 기업이 궁금해하는 것을 성실하게 작성하는 등 면접을 준비하는 과정이라고 볼 수 있다(박양근 외, 2017).

〈활동지〉

▶ 토의하기

- 자신이 잘할 수 있는 일을 하기 위해 강점능력을 탐색하기 위한 방법은 무엇이 있을까요?

- 조원들의 의견:

- 종합 의견:

2. 강점능력의 의미

한 개인의 강점은 장점과 다른 의미를 지닌다. 강점능력(strengths)은 특정 분야에서의 뛰어난 수행능력을 의미한다. 즉 그 일을 하는 데 요구되는 기본적인 자신의 인성인 태도, 즉 장점과는 다른 개념이다. 동일한 일이 주어졌을 때 성과를 올릴 수 있는 그 무엇을 우리는 강점이라고 부른다. 또한 강점능력은 개인의 타고난 소질을 기반으로 사람 본연의 기질적 특징에 영향을 받기 때문에 그 사람만의 고유한 것이기도 하다. 이러한 강점능력은 취업의 기술을 활용하여 취업하는 데 기본이 된다. 이러한 강점은 기업 내 조직에서 어떤 과업이 부과되든지 역할과 책임에 따라 성과를 올리게 만든다. 예를 들면 탁월한 영업력을 가진 사람은 첫째, 상대방을 잘 설득하는 능력을 선천적으로 가지고 있고(talent to persuade others), 둘째, 잘 파는 구체적인 절차에 익숙할 것이며(skills to sell), 셋째, 팔 상품에 대한 충분한 지식도 가지고 있을 것이다(knowledge of the product)(박양근 외, 2017).

영업력 = 타고난 재능 × 파는 기술 × 제품지식

강점이란 지식, 기술, 태도로 구성된다. 지식과 기술은 후천적으로 익히고 개발이 되지만, 태도는 본래 타고난 자신의 재능적 소질을 말하는 것으로 선천적인 측면이 강하다. 하지만 재능적 소질은 충분히 발견하여 부족한 부분은 개발하여 학습될 수 있다는 점이다. 즉 어떤 경험을 하고 어떤 환경에 있었는지에 따라 개인의 재능적 소질을 발견하여 강점능력으로 활용할 수 있다.

W. Bridges 교수는 재능적 소질에 대해 설명하며 다음과 같은 동기와 내적 통찰능력, 집중력, 추론, 자심감 등을 제시하였다.

① 동기를 잘 감지한다(sensing motive).

② 여러 아이디어 간의 내적 관계를 잘 통찰한다(seeing the relations with a cluster of ideas).

③ 강한 집중력을 보인다(focusing).

④ 최선을 다해 일한다(hard–working).

⑤ 새로운 개념을 잘 잡아 낸다(getting others to see things from new perspectives).

⑥ 연구가 빠르고, 빨리 배운다(quick study and fast learn).

⑦ 설명을 잘한다(explaining things).

청소년이나 대학생들의 경우, 현재 자신의 재능적 소질을 간단하게 표현해 보면 자기를 이해를 하는 데 도움이 된다. "나는 일을 할 때 논리적으로 처리한다." 또는 "나는 언어를 빠르게 익히고 다른 사람에게 이해하기 쉽게 전달한다."와 같이 재능적 소질은 '논리적'. '쉽게'와 같은 표현을 기질이라고 한다. 그런데 청소년이나 대학생들의 경우 자신의 성격, 기질적 측면을 강점으로 이해하고 있는 경우가 많다. 강점능력과 기술을 가미하여 얻어 낼 수 있는 성과의 예를 들면, 아래와 같이 재능적 소질로 표현할 수 있다.

"나는 제약 연구 분야에서 단백질 분해 기술을 활용하여 식품을 연구하는 일에 능하다.
(지식) (기술) (재능적 소질, 기질)

〈실습지〉

자신의 재능적 소질을 빈 칸에 작성해 보세요.

•
•
•

3. 목표설정을 위한 강점 발견

내담자와 상담을 하다 보면 자신의 장점을 잘 알고 있으나 학교에서 그동안 배운 것을 활용할 수 있는 강점, 즉 개인의 강점능력을 활용하여 표현하거나 대답하는 데 상당히 제한적이다. 이는 사람들이 갖고 있는 재능적 소질과 관심 분야에 대한 애정, 소명, 가치 등과 연결시켜 생각해 보지 않았기 때문이다. 그러므로 전공지식에다가 자신의 본래 타고난 소질과 재능, 좋아하는 분야에 대한 열정, 소명, 직업가치관을 결합하는 것이 중요하다. 자신의 관심 분야에서의 애정과 소질, 가치관을 모르고 지식을 배운다면 힘을 잃은 기관차와 같은 꼴이 된다.

박양근 외(2017)은 강점능력은 사람의 마음이 더해지는 요소들을 포함하면 더 큰 힘을 발휘할 수 있다고 보았다. 사람의 마음은 관심 분야에 대한 애정부터 시작되며, 애정이란 기업에서 취급하는 상품이나 사업 분야, 서비스 등을 말한다. 예를 들면 IT 분야의 컴퓨터, 디자인 등으로 구체화하여 애정을 먼저 확인해야 한다.

강점 = 관심 분야에 대한 애정 × 소질 × 지식 × 기술 × 태도 × 열정 × 소명 × 가치관

경험이 많지 않은 대학생은 자신의 강점능력이 무엇인지 탐색하는 데 어려움이 있을 것이다. 관심 분야에 대한 애정이란, 일이 재미있고 끌리는 무엇이다. 무슨 일이든 밤을 새워도 재미있고 성과를 잘 냈던 기억을 해 보라. 그러면 관심 직종을 찾아 강점 분야로 개발시켜 나갈 수 있다. 자신이 하고 싶은 일이라면 목표를 세워 해 보게 되고 자연스럽게 계획을 세울 것이다. 그러면 그것이 일로 발전될 가능성이 크다. 그것을 탐색하기 위해서는 다음 수업에서 다뤄질 직무목표를 세우기 위해 좋아했던 과목, 잘 다루었던 실습장비, 잘 풀렸던 과제 등을 통해 꾸준히 확인해 나가고 또 대내외 활동이나 프로젝트, 인턴십, 아르바이트, 멘토링 활동 등을 통해 꾸준히 확인해 나가야 한다. 누구나 자신이 다른 사람보다 잘할 수 있는 분야가 있고 남보다 약한 분야가 있다. 자신이 어떤 곳에 강점이 있는지 제대로 알고 있다면 뚜렷한 방향성을 갖는 데 도움이 된다(박양근 외, 2017).

자신의 직무강점을 발견하고 목표를 설정하기 위해서는 자신이 하고 싶은 직종이나 분야를 먼저 선택하고 그 분야를 집중적으로 정보를 탐색하고 수집하는 단계를 거쳐야 한다. 그런 후에 그 직종에서 선두에 있는 회사를 선정해서 기업분석을 실시한다. 예를 들어 식품 분야 선두기업, 게임회사에서의 선두기업 등을 선정하고 관련 산업동향과 업계정보를 확인해 둔다. 중요한 것은 직무강점을 먼저 확인한 후 입사 후에 어떤 일을 하고 싶은지를 먼저 정하고 그에 대한 목표가 있어야 한다. 이때 업종에 대한 관심을 먼저 확인해야 한다. 예를 들어 식품, 화장품, 물류·유통 등으로 자신의 관심 분야를 고려하여 할 수 있는 일을 선택하는 일이 우선이다.

다음으로 기업선정은 대기업, 중견기업, 중소벤처기업, 외국인기업, 공기업 중에서 1~2개 회사로 압축하여 10개 이내를 대상으로 하는 것이 좋다. 그런 후에는 그 회사의 어떤 부서에서 일할 것인지도 생각해야 한다. 대학 3학년 2학기나 4학년에 올라가서는 분석했던 회사를 5개 이내로 압축하고 맞춤인재(right people)가 되도록 노력해야 한다. 그러면 내가 원하던 일을 하면서 회사에서 성과를 내고 성장해 나갈 수 있을 것이다. 다시 한 번 강조하면 직종을 선정한 후에 기업을 선택하는 것이 순서이다.

취업의 기술은 목표설정을 통해 강점을 활용할 수 있는 일을 선택하는 기술이다. 즉 자신이 좋아하고 잘할 수 있는 직업(dream job), 근무조건, 관심업종, 희망보수, 역할, 조직체계, 근무지역, 기업의 가치와 비전 등을 고려하여 목표를 설정해 나가야 한다. 핑거프린트를 이용하여 자신의 강점을 활용할 수 있는 목표설정 실습을 해 보도록 하자.

〈활동지〉

- 핑거프린트를 활용하여 자신의 강점과 직무목표를 세워 보도록 하자.
- 직무목표가 설정이 되었다면 자기확신을 위한 연습을 해 보도록 하자.

- 자신의 강점과 직무목표 세우기:

- 행동계획 작성하기:

〈학습평가〉

1. 당신은 취업을 위해 어떤 태도와 가치관을 갖고 있는지 생각해 보고 정리해 보세요.

2. 자신의 강점능력은 무엇인지 정리해 보세요.

3. 자신이 강점능력을 갖추기 위해 지금 당장 해야 할 것은 무엇인지 생각해 보세요

제11장 직무역량과 기업탐색하기

1. 희망직무 탐색하기

직무는 직업의 개념과 다른 의미를 가진다.

직업이란, '사람이 살아가는 데 필요한 물질적 자원을 정당하게 취득할 수 있게 하는 수단이며, 사회적 지위를 결정해 주는 동시에 자아를 실현하는 기회를 마련해 주는 일련의 행위'이다. 하지만 직무란, 기업의 조직 내에서 1인이 맡아 처리하는 업무의 단위를 말한다.

직업과 다른 기업의 업(業)을 알아야 기업의 직무구조를 알고 자신의 역량을 키워 나갈 수 있는데, 업종과 직종을 구분하여 이해해야 한다. 예를 들면 CJ그룹을 CJ제일제당, CJ푸드빌로 분류를 하면 이를 업종이라고 부르고 직무는 쉽게 말하자면 '어떤 일을 맡아 하는 것'이라고 이해하면 된다. CJ제일제당, CJ푸드빌 계열사에는 업종별 직무구조가 형성되어 있는데 업종별로는 비슷한 직무로 이루어져 있다. 진로상담에서 상담자는 내담자가 원하는 직무를 구체적으로 탐색하도록 도와야 하다. 그러기 위해서 업종별 특성과 기업의 직무구조를 이해할 수 있어야 한다.

직무의 예를 들어 보면 마케팅, 영업, 인사, 경영기획 등 직무에 대한 용어는 자주 들어봤을 것이다. 하지만 대학에서 직무에 대해 체계적으로 교육을 받거나 가르쳐 주지는 않는다. 기업의 근로자들도 자신이 해 보지 못한 직무는 잘 이해하지 못하기 때문에 직접 업무를 해 본 사람이 직무를 잘 이해할 수 있다.

그래서 직무역량을 갖춰 사회에서 요구하는 것을 준비하기 위해서는 업종 직종별 요구되는 자격과 역량을 미리 파악해 두어야 한다. 직무에서 요구하는 역량을 키워 나가는 것은 많은 시간이 요구되기 때문이다.

대학의 전공은 직무와 밀접한 연관성이 있는데 직무와 연관성이 있는 전공은 어떤 업종이든 공통적으로 직무를 수행하는 인사, 총무, 법무 등 인문사회계열이나 어문계열 전공이고 업종별 관련 분야의 전공자를 요구하는 학과는 소프트웨어, 컴퓨터공학, 기계공학, 전자, 통신, 화학 등이 있다. 즉 대학의 전공은 업종과 관련된 전공과 업종에 상관없이 직무와 관련되어 있는 전공으로 분류된다. 하지만 공학계열의 학생일지라도 기업의 지원직무(경영, 회계, 인사 등 공통직무)를 담당할 경우 관련 업종에서 지원직무를 수행할 수 있다.

그렇다면 기업의 직무는 어떤 구조로 이루어져 있을까?

기업별 직무소개는 기업별 홈페이지에 안내가 되어 있어 업종별 기업에 따라 자료를 참고할 수 있다. 중소기업 및 벤처기업을 지원할 경우 업종별로 홈페이지에 직무소개가 되어 있는 자료를 활용하여 해당 기업에 지원하는 데 도움을 받아 볼 수 있다.

1) 직무의 이해

진로상담 과정에서 상담자는 내담자의 강점을 파악하고 관심사를 정의하기 위해 각종 심리검사나 경험들을 비교 분석하여 내담자가 원하는 직무목표를 달성하기 위한 조언을 할 수 있어야 한다. 기업의 직무구조를 이해해야 하는 이유는 최근 채용트렌드는 해당 업무를 수행할 수 있는 인재를 선호하기 때문이다. 직무역량은 단기간에 갖출 수 없다. 직무정보를 파악하기 위해서는 중소기업과 대기업의 공통된 직무를 이해해야 하는데 직무에 있어 1인이 모든 역할을 한다는 것에서 차이가 있을 뿐 대기업 직무구조와 비슷하여 직무를 이해하는 데 도움이 될 수 있다. 하지만 기업의 규모에 따라 직무를 수행하는 범위와 역할이 다르고 명칭도 다를 수 있기 때문에 기업의 사업 영역을 꼼꼼히 파악하여 직무역량을 키워 나가야 한다.

따라서 상담자는 내담자가 직무에 대해 올바르게 파악할 수 있도록 전공과 경험 등을 연결하여 개인의 능력에 부합하는 직무를 선택하도록 도와야 한다.

〈표 11-1〉 기업별 직무구조

구분	지원 직무	주요 직무
하나투어	• 기획, 홍보, 인사, 교육, 재무, 총무	• 영업관리, 마케팅, 온라인 • 항공사업부, 해외사업기획 • 해외사업, IT
롯데호텔	• 경영지원, 법무, 재무	• 객실, 식음, 영업관리, 조리 • 시설, 개조공사, 대자인
아시아나 항공	• 경영기획, 예산기획, 항공기구매, 항공유구매 • 인사, 노무, 교육, 감사 • 재무회계, 원가회계, 수입회계, 자금관리 국제금융, 법무/보험, 홍보, 항공보안, 안전경영 • 총무, 시설/환경, 일반구매	• 캐빈커머스, 케이터링개발, 캐빈승무원관리 캐빈서비스 훈련, 운항평가, 운항훈련 • 운항기술, 운항승무원관리,서비스 품질관리 정비관리, 기재계획/재고관리
포스코	• 재무,구매, 경영지원(홍보, HR)	• 생산기술(제선, 제강, 압연 품질) • 설비기술(기계, 전기/전자, 토건) • 공정물류, 환경에너지(환경안전/에너지) • R&D, 마케팅(내수, 수출, 솔루션)
(주)웅진	• 기획/전략, 인사, 총무, 홍보, 교육, 재무, 법무	• 마케팅, 국내영업기획관리 • IT기획, IT운영(전산/WEB/모바일) • 시스템구축 및 컨설팅, 고객지원(콜센터)
신세계 푸드	• 인사, 기획관리, 재무, 품질위생	• 매입, 소매영업, 식재영업, R&D센터 • 생산관리, 물류, 점포개발 • 영양사/조리사, 홀/서비스, 조리사

출처: 이태현, 최석규(2020). 대학생활과 진로탐색. 재인용하여 수정.

2. 직무역량 개발과 진로탐색

진로상담에서 내담자의 역량을 파악하고 관심직무에서 요구하는 역량조건들은 무엇인지 사전에 파악하는 것이 중요하다.

역량이란, 기업이 지속적인 성장을 위해 개인에게 요구하는 일정한 준거로서 성과창출을 위한 개인의 내적 속성을 말한다. 이는 학교에서 배운 내용만으로는 원활한 사회진출이 어려울 수 있기 때문이다.

역량개념을 명시적으로 사용하고 인력채용, 교육훈련 등에 활용한 선구자는 하버드 대학의 심리학 교수이던 McClellan 교수로 알려져 있다. 학자들마다 역량에 대한 정의를 내리고 있지만 공통적인 것은 바로 높은 성과자에게 초점을 맞춘다는 사실이다. 즉 모든 직무는 개인의 역량과 관련된 것으로 다른 사람들보다 뛰어난 성과를 보이는 사람과 일반적으로 보통 사람과 다르다는 것을 규명하기 위해서 높은 성과를 보인 사람들을 관찰하고 연구하기 시작한 것이다.

역량(Competency)이란, 조직의 비전과 목표달성을 위해 꼭 필요한 인적 요소를 의미한다. 이는 직무를 수행하기 위한 지식, 기술, 태도 등의 통합적 개념으로 어떤 직무나 역할을 수행하기 위해서는 직무마다 요구되는 공통적인 역량과 직무별 특성을 고려한 역량을 요구하게 된다. 역량은 기업의 조직 내에서 성과를 내는 사람과 그렇지 않은 사람으로 분류된다. 이는 성과를 통한 자아실현의 과정이며 사회적 기여의 측면에서 조직에 헌신하는 의미를 동시에 지닌다.

조직 차원에서 볼 때, 이러한 역량은 기업의 성장을 위한 중요한 역할을 하게 된다. 기업의 경쟁력은 경쟁력 있는 구성원을 채용하고 관리하는 것에 있다 해도 과언이 아니다. 기업들마다 경쟁력을 갖추기 위해 조직구성원들이 우수한 성과를 내는 데 필요한 핵심적인 능력을 보유하고 있는지에 대해 파악하려고 서류전형 및 면접전형이 강화되고 있다.

1970년대 연구가 시작된 역량모델링은 미국기업들에 의해 1990년대에 본격적으로 활용되기 시작하였고 현재까지도 기업들이 인사관리의 도구로 활용하고 있다.

기업은 빠른 경영환경의 변화에 대처하기 위해 지속적인 성장전략을 수립하고 인재를 선발해야 한다. 기업이 살아남기 위해서는 높은 성과를 올릴 수 있는 구성원을 채용해야 한다. 기업의 경쟁력은 기술력, 투자시설, 자금 등 눈에 보이는 요소가 전부가 아니라 눈에 보이지 않은 조직구성원들의 역량에 의해 좌우가 된다. 그렇기 때문에 직무별 역량을 갖춘 인재를 선발하는 것은 어떤 조직이든지 필수적인 과제이다. 이러한 배경 속에서 수행업적, 성과에 영향을 미칠 수 있는 개인의 직무동기, 행동, 태도에 대해 관심을 갖기 시작한 것이다.

1) 핵심역량의 이해

기업은 해당 직무를 수행하기 위한 지식, 기술, 태도를 갖춘 인재를 원한다.

진로상담에서 내담자는 자신의 전공과 관련된 직무를 선택하거나 그렇지 않을 경우도 있을 것이다. 내담자가 바라는 일을 수행하기 위해 개인의 지식수준과 현장경험, 필요한 태도 등의 역량을 갖출 수 있도록 자기개발과 경력관리가 필요하다.

핵심역량(core competency)은 기업이 보유한 인적자원의 지식, 기술, 태도에 관한 높은 수준의 능력을 말하는데 기업은 시대에 뒤떨어지지 않는 새로운 인재를 채용하여 비전과 목표를 달성하게 된다.

① 지식(Knowledge): 해당 분야의 업무를 수행하기 위한 기본적인 지식을 말한다. 해당 업무를 수행하기 위해서는 대학 학창 시절 전공 및 자기개발을 통해 갖춘 전문성이 있어야 한다. 신입사원의 경우, 회사 적응도 힘들뿐더러, 해당 직무를 수행하기에 적응력이 필요하게 된다. 따라서 해당 직무가 요구하는 전문지식에 대한 이해가 선행되어야 한다.

② 기술(Skill): 지식과 다른 개념으로 전문지식을 활용하여 현장경험을 해 보았는가에 대한 역량이다. 운전을 해본 경험이 있다든지, 컴퓨터 프로그래밍을 할 수 있다든지, 이렇게 어떤 것을 해 보았는가에 대한 능력을 스킬이라고 말한다. 자신이 하고 싶은 분야의 현장경험을 해 보았다면 더욱 좋을 것이다.

③ 태도(Attitude): 해당 직무를 수행하기 위해 필요한 자세를 의미한다. 영업직은 대인관계, 인사는 커뮤니케이션, 회계직이라면 숫자에 밝거나 섬세한 성격이라든가 하는 것이다. 또한 팀의 성과를 내야 할 경우 개인이 혼자하는 태도보다는 팀워크를 통해 협력하려는 자세가 더 요구되는 역량이라고 볼 수 있기 때문에 직무에 따라 공통적인 역량과 필수적으로 요구되는 역량이다.

2) 인적 네트워크와 직무역량 탐색

청소년들은 진로계획을 수립하여 직업의 의미를 이해하고 있지만 사회진출을 해야 하는 시점에 가장 큰 어려움을 겪는 문제는 바로 전공과 세부 직무에 대한 이해 부족이다. 이는 실제 직무를 현장에서 이해할 수 있는 기회가 많지 않고 전공과 실제 기업 및 기관 등에서 요구하는 자격과 기술 등이 학교의 교육과 거리감이 있기 때문이다.

학교의 전공수업에서 세부 직무에 대해서 알아 가는 것은 쉬운 일이 아니다. 상담자는 내담자의 과거 유사한 직무경험을 발견하도록 돕고 미처 준비가 되어 있지 않을 경우 필요한 정보를 제공하여 현장 능력을 갖출 수 있도록 해야 한다. 학과 선배나 교수님, 주변에 도움을 받을 수 있는 프로그램을 통해서도 얼마든지 전공역량을 개발할 수 있는 실전경험을 쌓을 수 있다. 또한 현장학습은 내담자로 하여금 직무역량을 갖춰 나갈 수 있도록 동기를 부여한다. 아래 질문은 희망하는 직무의 특성과 필요한 역량, 향후 전망에 대해 현장 실무자에게 질문을 해 볼 수 있는 내용이다. 질문을 통해 바라는 직무에서 요구하는 것과 업무환경을 이해할 수 있다.

① 구체적으로 어떤 일을 하나?
② 이 직업의 장점과 단점은 무엇인가?
③ 직무를 수행하기 위해 요구되는 자격과 능력은 무엇인가?
④ 이 일을 하면서 보람이라면 무엇이 있을까?
⑤ 이 직업의 전망은 어떤가?

〈활동지〉

- 희망직무가 하는 일을 구체적으로 정리합니다.

- 아래 빈칸에 희망직무에서 요구하는 역량과 현재 당신이 보유하고 있는 역량 중 경험을 예를 들어 정리합니다.

요구하는 역량(a)		보유하고 있는 역량(b)	
지식1		지식1	
지식2		지식2	
지식3		지식3	
기술1		기술1	
기술2		기술2	
기술3		기술3	
태도1		태도1	
태도2		태도2	
태도3		태도3	

〈학습평가〉

1. 자신이 바라는 직무는 무엇인지 정리해 보세요.

2. 자신이 하고 싶은 직무와 현장에서 요구하는 역량은 어떤 차이가 있는지 생각해 보세요.

3. 자신이 바라는 직무를 수행하기 위해 앞으로 준비해야 할 역량은 무엇인지 생각해 보세요.

3. 히든기업 탐색하기

진로상담을 하다 보면 내담자들은 안정적이고, 급여수준과 복리후생이 잘 갖춰져 있는 대기업이나 공기업을 희망한다. 괜찮은 중소 및 중견기업은 잘 알려져 있지 않을 경우 망설이기 쉽다. 여기서 기업 선택에 대한 오해가 있다. 우선, 중소기업은 급여수준이 낮거나 열악한 복리수준이라고 생각하는 것은 잘못된 인식이다.

1) 높은 연봉 기대수준

취업 목표기업을 조사한 결과 '공기업'을 꼽은 응답자가 42.3%로 가장 많았다. 신입직 구직자 10명 중 4명은 내년에 '공기업' 취업을 준비한다고 답했다. 다음으로 '대기업' 취업이 목표라는 응답자가 20.1%로 5명 중 1명에 달했고, 이어 중견기업(16.6%) 중소기업(14.5%) 순으로 취업 목표기업을 꼽은 응답자가 많았다(동아일보, 2019. 12. 16.).

대기업과 중소기업의 연봉수준을 살펴보면, 실제로 잡플래닛 연봉분석 결과 대기업과 중소기업의 연봉 차이는 1,000만 원 이상으로 추정된다. 대기업 직원의 평균 연봉은 4,458만 원, 중소기업 직원의 평균 연봉은 3,433만 원이었고, 입사 1년 차일 때 대기업과 중소기업 직원의 연봉 차이는 853만 원이었다. 13년 차가 되면 연봉 차이는 무려 924만 원으로 늘어나는 양상을 보였다.

최근 '연봉 맛집' 중소기업들이 등장하면서 구직자들의 이목을 끌어당기고 있다. 잡플래닛이 지난해 사용자들에게 받은 연봉정보 21만 1,978건을 분석한 결과, 스타트업 업계는 우수한 인재를 확보하기 위해 파격적인 연봉조건을 내걸고 있었다. 소위 '잘 나가는 스타트업'으로 꼽히는 기업의 연봉 평균만 보면 4,857만 원으로, 대기업 평균인 4,458만 원을 웃돌았다(잡플래닛, 2020. 1. 28.).

잡플래닛이 조사한 결과를 보면 중소기업에서 잘나가는 기업 1위는 ㈜코아드이다. 코아드는 자동문을 제조하고 생산하는 기업이며, 국내 자동문 업계에서 최다 모델을 보유하고 있어 코아드의 제품들은 다양한 현장에 설치되어 있다. 국내뿐만 아니라 해외에도 진출해 좋은 성과를 이끌어 내고 있는 강소기업이다.

코아드는 연봉이 초봉 4,000만 원으로 높기도 하지만, 무엇보다 차별화된 복지가 장점인 기업이다. 부부종합 건강검진, 월 1회 부부데이트의 날 등 임직원들을 위해 독특한 복지를 마련하고 있다. 2019 청년친화강소기업에 선정되었고, 이대훈 코아드 대표는 중소벤처기업부로부터 '존경받는 기업인'으로 선정되기도 했다.

대기업과 중견 및 중소기업의 초임 연봉에서는 크게 차이나지 않는다. 그러나 성과급에서 차이가 날 수 있다. 예를 들면, CJ나 삼성전자의 경우, PS(성과 배분)과 PI(생산성 격려금)을 포함해서 600~1,000만 원 가까이 되는 경우도 있다. 한편 기술력을 바탕으로 한 탄탄한 중소기업에서도 대기업에 못지않은 성과급이 있다. 많은 중견기업들이 대기업 못지않은 보상제도와 지원을 해 준다. 한 사례로 주식회사 대성엠피씨는 종업원이 140명인데, 회사 이익의 30%를 사원에게 분배할 뿐만 아니라 평균 급여를 10%씩 인상해 주고 있다. 대기업과 중소기업의 임금 인상 수준을 비교해 보면, 제조업의 경우 대기업의 연간 급여 증가율은 2.3%인데 반해, 중소기업의 연간 급여 증가율은 4.6%로 장래성 면에서 전망이 있다(박양근 외, 2017).

2) 비전과 안정성

우리나라의 경우 아직 청년들은 졸업 후 사회진출을 위한 노동시장이 유연하지 못하기 때문에 '한번 직장은 영원한 직장'이라는 생각을 하게 된다. 잘 알려져 있지 않은 기업에 입사하는 것에 대해 좋지 않게 생각하고, 대기업이나 공기업을 희망한 신입사원의 대부분은 그 기업이 가지고 있는 글로벌 기업으로의 비전과 회사의 안정성이 선택의 기준이었다고 말한다. 특히 부모님의 생각은 더욱 심하다. 퇴직 시기가 빨라지고, 학력보다는 능력을 선호하는 기업의 구조가 빠르게 변화하고 있다. 4차 산업혁명 및 코로나19(COVID-19) 등으로 인해 비대면 학습, 온라인 오픈 마켓의 활성화, 기계 및 자동화 등이 늘어나고 있으며 기업환경이 빠르게 변하고 있다. 반면 기술력이 강한 중소기업의 안정성도 큰 기업 못지않게 변화되었다는 사실이다.

3) 기업문화

누구나 남부럽지 않은 좋은 직장에 다니기를 원한다. 명함 한 장에 담겨진 대기업 로고는 사람들에게 좋은 인상을 줄 것이라고 생각하기 때문이다. 하지만 이름도 생소한 기업의 명함을 주면, 왠지 주변 사람들에게 자신 있게 직장을 소개하지 못하는 게 현실이다. 마치 중소기업에 다니는 게 이상한 것으로 비춰진다.

대기업의 경우 기술력이 좋은 벤처기업 및 중소기업과 협력하는 경우가 많다. 중견 및 중소기업이라면 편견을 갖기보다는 중소기업의 문화와 가치, 기술력, 연구개발 실적 등을 면밀하게 살펴보고 지원하라고 권장한다. 보건계열 학생의 경우도 마찬가지이다. 대학병원은 체계적으로 잘 갖춰져 있어 선호한다. 하지만 계약직 형태로 채용을 하기 때문에 장단점이 있다. 무엇보다도 자신이 하고자 하는 일에 대한 지식, 기술을 갖추고 흥미와 가치관에 따라 입사하는 소신을 갖기를 바란다.

'영세기업'이라고 생각하는 편견에서 벗어나야 한다. 작은 기업도 잘 알려져 있지 않지만 기업의 문화를 보면 기업의 가치와 성장 가능성을 엿볼 수 있기 때문이다. CEO의 가치관, 비전, 기업의 문화가 어떻게 알려져 있는지를 먼저 확인하기 바란다.

4) 높은 복리후생

중견기업에서도 복리후생 수준이 높은 기업이 많다. 사내 호텔식 식사, 미혼사원의 데이트 비용 지급, 해외여행 지원, 조식 지원 등 오래 근무할수록 더 높은 복리후생 혜택이 주어진다.

일반기업과는 달리, 대기업일수록 선택형 복리후생제도를 도입하여 신입사원이라도 다양한 혜택을 누릴 수 있게 한다. 경조사비 지급 및 전국에 있는 콘도 이용권, 2주간의 휴가를 쓸 수 있는 재충전(refresh) 휴가제도 등은 예전에 대기업이 지원해 주었던 복리후생이었으나 최근에는 대부분의 중소기업에서도 이러한 다양한 복리후생제도가 갖춰져 있다. 탄탄한 중견·중소기업들도 대기업에 못지않은 복리후생을 제공하는 기업이 있기 때문에 대기업만 좋은 복리후생제도가 있을 거라고 생각하는 것은 오해이다.

중소기업청이 지정한 '혁신형 중소기업 현장연수'를 실시한 후에 설문조사에 응답한 젊은이들의 92%가 취업기회가 온다면 '취업할 의향이 있다.'고 답했고, 또 응답자의 87%가 중소기업에 대한 인식이 긍정적으로 전환되었다고 답했다. 이처럼 직접 체험해 보지 않고는 편견을 가질 수밖에 없다. 그러나 우리나라 전체 근로자의 98%가 중소기업에서 근무하는 사람들이라는 것을 믿기 바란다(박양근 외, 2017).

5) 만족도와 전망

입사 2~3년차가 퇴직률이 40%에 육박한다. 퇴직자들의 퇴직 이유 1순위는 '상사와의 코드가 맞지 않아서'라고 한다. 이러한 이유는 상사의 불합리적이고 송신자 내에 갈등문제 등으로 발생하는 문제들이다. 즉 입사 후 일방적인 업무지시와 딱딱한 업무환경에서 기인하며, 무엇보다 일하면서 인간다운 정을 느끼지 못하는 점이 힘들었다고 한다. 생일인데 그 누구 한 명 축하한다는 말도 없고, 끼리끼리 형성되어 있는 문화로 인해 혼자 밥을 먹어야 하는 경우가 싫어 굶기도 한다.

특히 중소기업의 경우 정밀한 장비조작이나 긴장도 유지를 위해 타이트하고 때로는 비인격적인 대우를 할 때도 있다. 그러나 이런 시간은 길지 않다. 1개월 정도 지나면 작업장 환경에 적응하게 되고 선배사원들의 압박도 풀어지므로 걱정할 일은 아니다. 참고 견디면 된다. 직원들 간에 서먹한 분위기도 내가 먼저 분위기를 만들 가면 적응해 나갈 수 있다.

대기업은 회사가 좋아 직장에 대한 만족도는 높지만 매일 수행하는 직무의 만족도는 높지 않아서 내가 하고 있는 일에 대해 피로도가 높아질 수 있다. 직장생활 만족도는 회사의 부속품이 아닌 함께 일하는 가족으로 일할 맛이 나는 직장문화가 만족도가 좋다. 경쟁 속에서 나의 가치를 높이는 활동도 좋지만, 하루 중 가장 오랜 시간을 머무는 곳에서 사람들과 보다 행복한 시간을 나누는 것이 만족도가 높은 전망 있는 기업이다.

현대사회는 소비자 수요를 반영한 소비패턴으로 변하고 있다. 대량 생산체제의 대기업보다는 중소기업 중심의 전문화된 역량을 통해 성장할 수 있는 직장을 선택하는 것도 바람직하다.

무작정 남들이 알아 주는 잘 알려져 있는 대기업은 우리나라에 10%도 되지 않는다. 잘 알려져 있지는 않지만 가족 같은 분위기에서 일할 수 있는 강소기업을 택하는 것은 고려해 볼만 하다. 회사의 안정성이 중요한 결정 요인이 아닌, 자신이 좋아하고 잘할 수 있는 일을 먼저 우선적으로 고려하여 기업을 탐색한 후 선택하는 게 바람직하다.

일부 학생 중에는 선배나 동료들의 말만 믿고 섣부르게 선택하거나 행동하는 경우를 본다. 자신이 즐겁지 않으면 어떤 기업도 오래 다니기 힘들다. 자신의 흥미와 가치 등과 기업의 가치가 부합해야 한다. 비록 주위 사람들이 아무리 좋게 이야기해도 직장 선택은 인생의 많은 부분에 큰 영향을 주는 의사결정인 만큼 신중하고 깊이 고민해야 한다.

4. 기업탐색 및 분석하기

1) '히든챔피언'을 찾아라

'히든챔피언'이라는 용어는 독일의 경영학자 Hermann Simon이 펴낸 『히든챔피언(*Hidden Champion*)』(1990)이라는 책에서 비롯되었다. 대중에게 잘 알려지지 않아 인지도는 낮지만 글로벌 경쟁력을 갖춰 세계 시장 점유율이 높은, 그야말로 알짜배기 기업을 가리키는 말이다.

히든챔피언은 시장 점유율에서 1~3위를 차지하거나, 일정수준의 매출액(40억 달러 이하)을 보유하고 있다. 중견기업에 대한 정보를 알 수 있는 가장 대표적인 곳은 중소기업청과 한국중견기업 연합회에서 운영하고 있는 중견기업정보마당이다. 이곳에서는 중견기업들의 주요 통계 지표들을 확인할 수 있고, 어떤 중견기업이 있는지도 확인할 수 있다.

2) 기업을 알고 나를 알아야 한다

기업마다 선호하는 인재가 다르다. 기업문화에 따라 채용 스타일도 다르다. 기업을 제대로 알았다면 자신에 대한 철저한 분석이 뒤따라야 한다. 또 자신의 장점, 단점을 파악하지 못하면 면접관의 공격에 제대로 대응이 불가능하다.

또한 관심 분야별 특성을 이해하기 위한 업종분석이 필수적이다. 여행에 관심이 있다면 여행업종에 대한 탐색과 관심을 통해 평소에 지속적으로 정보를 수집하라. 제조업과 서비스업, 비영리단체 등 다양한 산업군과 직업군이 있음을 알고 자신의 적성을 잘 파악해 도전하면 성공률이 높다.

지원 예정기업의 업계에서의 위치, 장단점 등을 먼저 파악한 다음 눈높이를 맞춰 합격 가능한 회사를 지원하는 게 바람직하다. 기업은 퇴사 등으로 인한 결원을 보충하기 위해 수시채용을 늘리는 기업이 많다. 이에 대응하는 가장 좋은 방법은 직접 '발로 뛰는 것'이다. 기업체로서는 결원이 생겼을 때 헤드헌터를 통하거나 신문에 광고를 내 모집하는 것보다 이미 확보한 지원자 중에서 뽑는 것이 경제적이기 때문이다. 하지만 대학생들은 온라인 채용정보만 탐색을 한다. 가끔은 채용박람회, 실습 등을 통해 알게 된 기업에 대해 네트워크를 구축해 둔다. 최근 대기업은 정시공채를 통해 채용하던 관행에서 벗어나 이제는 부서별로 수시채용으로 전환하는 추세이기 때문에 직무적합성에 따라 경력직을 선호하게 된다. 명심하자 대학생들의 경력은 바로 학창 시절 프로젝트, 인턴이나 실습경험이다.

[그림 11-1] 히든챔피언 기업 검색 화면

3) 기업의 상품과 산업동향을 파악하라

괜찮은 기업이란 무엇일까? 대부분의 학생들은 잘 알려져 있는 기업을 우선적으로 생각하고 지원하게 된다. 하지만 기업은 기업에 애정을 갖고 있는 지원자를 선호한다. "기업이 취급하는 상품이나 서비스에 관심을 가져라."

또한 회사의 규모나 잘 알려진 것보다 중요한 것이 회사의 안정성이라고 할 수 있다. 재무구조 파악을 통해 기업의 내실을 사전에 알고 관심이 있는 기업을 미리 알아 두는 것도 취업전략이라 할 수 있다. 관심기업의 매출액, 영업이익, 종업원

수, 복리후생, 기업 분위기, 최근 변동사항을 철저히 체크하여 기업이 어떻게 운영이 되는지 알아보아야 한다. 기업분석 사이트는 기업 홈페이지를 우선 살펴보아야 한다. 홈페이지의 대표자 인사말, 고객 불만사항 그리고 신문기사 등을 조사하여 파악하는 방법이 있다.

최근 기업의 미래성장 가능성을 모르고 입사했다가 퇴사하는 경우가 많은데 금융감독원 전자공시시스템 사이트를 잘 활용하면 도움이 된다. 또한 구글 사이트, 네이버 산업분석 자료를 활용하여 관심산업에 대한 정보를 검색하여 활용할 수 있다.

▶금융감독원 전자공시시스템(dart.fss.or.kr)

금융감독원 전자공시시스템은 주식시장 및 코스닥시장에 상장된 대기업 및 중견·중소기업의 최근 동향 및 기업 개황을 파악해 보고 분기별 최신화된 공시자료를 통해 일반적으로 알 수 없는 기업의 자료 수집이 가능한 사이트이다. 하지만 보건계열, 소규모 회사, 비영리단체 등은 검색이 되지 않아 해당 기업을 검색할 때 활용하기 바란다.

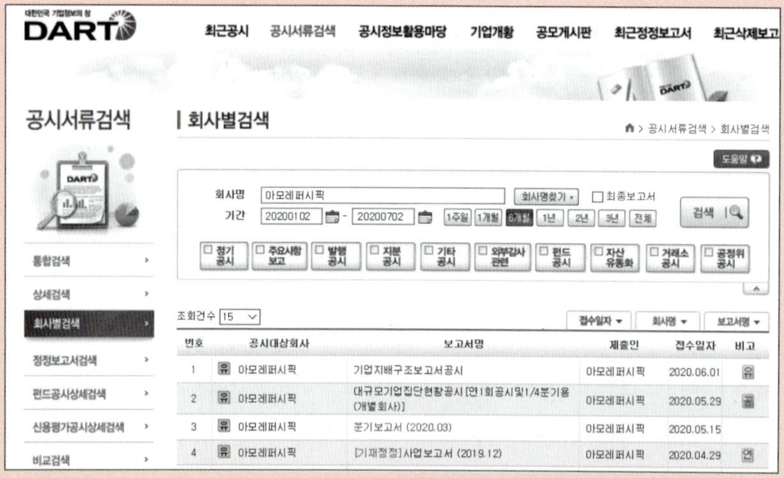

[그림 11-2] 금융감독원 전자공시시스템

4) 채용포털 사이트를 정기적으로 탐색하라

대학생들의 진로탐색을 위한 방법으로 평소 채용포털 사이트를 활용하라고 권장한다.

채용포털 사이트는 잡코리아, 커리어, 사람인, 인크루트, 스카우트가 있으며, 분야별 특화 사이트는 병원 분야의 메디잡, 디자인 분야의 디자인정글, 이공계 전문 취업 사이트 R&D잡이 있다. 중국 분야의 취업은 차이나통 등도 대학생들이 잘 활용하고 있는 사이트이다. 채용 사이트는 기업의 정보뿐만 아니라 채용 후기, 직무별 자격조건 등이 제시되어 있어 평소 자신이 관심 분야를 넓혀 나가거나 진로가 확정된 학생의 경우 기업(병원), 기관 채용정보를 틈틈이 확인해 주면 좋다.

〈표 11-2〉 채용포털 사이트 목록

구분	내용
잡코리아	다양한 채용공고 및 신입 구직자를 위한 직무교육 정보 제공
사람인	취업 사이트 1위로 가장 많은 채용공고 보유. 직종별, 지역별 검색이 용이
커리어	1000대 기업정보 및 기업별, 직무별 채용공고 제공
인쿠르트	업종별 채용대행 및 다양한 분야의 채용공고 및 직무교육 제공
스카우트	헤드헌터들이 많이 이용하는 공고로 허수공고가 적으며 공기업 채용대행 및 대기업, 패션 분야의 특화된 채용공고 검색

출처: 이태현, 최석규(2020). 대학생활과 진로탐색. 재인용.

▶필요한 정보 파악하기

1. 기업의 비전(Vision), 기업 개요
2. 사업의 영역, 기업의 추진 내용
3. 경쟁사, 시장 점유율
4. 시장(Market), 산업(Industry)의 특징과 기업의 상황
5. 시장 리스크(Market Risk), 기업 고유의 리스크(Risk)
6. 기업의 차별화된 경쟁력
7. 집중적으로 투자하는 사업 영역
8. 사업 영역에서 기술적으로 밀고 있는 영역
9. 향후 기술 개발, 경쟁력 확보 방안
10. 기업의 현재 금융 상태(Financial State)

출처: 박양근 외(2017).

5) 내 주변에 인적 네트워크를 활용하라

당신은 아직도 인터넷을 통해 정보를 수집하고 있나?

청년층의 55%는 주변 지인, 선생님, 학원 강사 등을 통해 정보를 수집하고 때로는 이러한 정보를 통해 면접의 기회를 갖는 경우가 있다. 현대사회는 정보화사회이다. 정보는 항상 여러분의 주변에 있다는 것을 명심하기 바라며 실습, 인턴, 아르바이트, 세미나를 통해 알게 된 인적자원을 소홀히 생각하지 말고 자신이 원하지 않는 일을 탐색하고 사회진출을 위한 정보를 주고받기를 바란다. 선배나 지도교수가 네가 갈 곳이 아니라고 말해도 막무가내인 학생들이 있다. 교수님의 말 한마디로 인생이 바뀌는 경우가 허다한 데도 말이다. 비록 주위 사람들이 아무리 좋게 이야기해도 직장 선택은 인생의 많은 부분에 큰 영향을 주는 의사결정인 만큼 신중하고 깊이 고민해야 한다.

〈학습평가〉

1. 희망하는 기업정보를 수집하는 방법은 무엇인지 정리해 보세요.

2. 기업(기관, 단체 등)의 무엇을 확인해야 하는지 생각해 보세요.

3. 자신이 입사하고자 하는 기업(기관, 단체, 병원 등)의 정보를 탐색하기 위한 자신만의 계획을 생각해 보고 정리해 봅니다.

제12장

입사서류 작성 및 인터뷰 준비전략

1. 성공스토리를 활용한 에세이 작성

1) 성공스토리 작성기준

에세이 작성을 위해서는 자신만의 성공스토리를 활용해야 한다. 성공스토리에서 자신의 재능적 소질을 찾을 수 있는 것은 물론, 자신이 과거에 잘했고, 즐겼으며, 몰입감을 경험한 것이 재능적 소질을 내포하고 있을 것으로 보기 때문이다.

이러한 성공스토리는 현장에서 일을 수행하기 위한 개인의 능력과 기술을 말해주는 것으로 학창 시절 자신만의 스토리를 다양하게 충분히 쓰고, 성공스토리를 활용하여 선택한 직무와 연결하여 분석하고 타당성을 높여 나가는 것이다.

성공스토리는 과거 활동에서 뜻깊었던 이야깃거리를 적어서 직무와 관련성을 먼저 회상한다. 뜻깊었던 이야기란 '스스로 보아 잘 해냈고, 즐겨서 몰두했던 활동, 난감하고 어려운 과정이 있었다 하더라도 마치고 난 다음 가슴 뿌듯한 성취감을 느끼게 했던 과거의 활동(did you enjoy doing, did you do well, did you feel proud of)'을 다음 기준으로 작성해 보는 것이다.

① 활동의 목적이 있을 것
② 목적달성 과정 중에 어려움이 있었던 활동일 것

③ 목적달성 과정을 자세히 체계적으로 적을 것
④ 목적을 구체적으로 완수한 활동일 것
⑤ 목적달성의 주변상황을 빠뜨리지 말 것
⑥ 달성한 목표를 수치로 표현할 것
⑦ 다른 사람의 성공스토리를 참고할 것

성공스토리 찾기에 도움이 되는 경험은 전공실습 또는 인턴을 통해 현장에서 어려움을 극복했던 일, 사회봉사 활동이나, 해외연수 과정에서 특별한 인내와 해결 과정, 전공 교과목 등에서 솔선수범을 보여서 칭찬받은 일 등 다양한 것에서 찾아볼 수 있다. 성공스토리는 500자 내외가 적당하다.

2) 성공스토리 작성의 중요성

① 자신의 장점과 관심 분야를 확인할 수 있게 한다.
② 정리된 자신의 경험은 자신의 장점을 구체적으로 표현하게 한다.
③ 자신의 경험을 정리하면서 자신도 몰랐던 관심 분야를 재확인하게 한다.
④ 이력서 작성 시 차별화된 내용 제시가 가능하게 한다.
⑤ 자신만의 경험을 어필함으로써, 다른 지원자들과 다른 내용으로 표현하게 해 준다.
⑥ 면접 시 자신감 있게 표현하는 것이 가능해진다.
⑦ 자신의 경험을 미리 정리함으로써, 면접 시 긴장감을 완화하게 한다.

3) 성공스토리의 구성요소

성공스토리의 구성요소는 개요(기간, 경험 장소, 경험 개요), 과정(프로세스, 에피소드, 극복 내용, 문제해결책), 배운 점 및 느낀 점으로 구성된다.

① 개요: 기간, 경험 장소, 경험 개요를 먼저 작성한다.

② 과정/ 프로세스/ 사용 Tool(version 포함): 기억에 남는 에피소드(성공, 실패 경험담), 어려웠었던 점, 힘들었었던 점, 극복 내용, 고난을 이겨 낸, 문제를 해결하기 위한 본인만의 해결책을 행동 중심으로 구체적으로 작성한다.

③ 배운 점 및 느낀 점: 경험을 통해 배운 점, 느낀 점, 앞으로의 의지 등을 지원 분야에 맞게 작성한다.

4) 성공스토리의 작성원칙

성공스토리의 소재는 개인마다 차이가 있으나 학창 시절 교과목, 현장실습, 봉사, 동아리활동, 취미활동 등 지원한 직무역량과 연결하여 작성하는 게 바람직하다.

① 작성한 내용을 일정한 형식과 다른 사람에게 설명하는 방식으로 작성한다.

② 직무, 전공수업, 동아리, 동호회, 취미활동 등을 대상으로 하며, 전공과목의 경우, 가장 기억에 남는 과목으로 선정한다. 또한 전공에 대한 전반적인 소개는 전공 개론에서 개요 부문을 참조하여 작성한다.

③ 가능하면 에피소드 위주로 작성을 하며, 그 과정을 진행하면서 어려웠던 점, 그것을 해결한 점 위주로 작성한다.

5) 성공스토리 작성 시 주의사항

성공스토리 작성 시 주의해야 할 사항은 지원 분야와 관련이 없는 추상적이거나 진부한 소재, 표현은 삼가는 게 좋다. 다음 예시처럼 성장 과정 작성원칙과 틀을 벗어나지 않도록 작성해야 하며, 뻔한 소재와 내용은 지양해야 한다.

> 저는 1990년 3월 4일에 엄하신 아버지와 자상하신 어머니 슬하에 3남 1녀 중 첫째로 태어났습니다. 어릴 때부터 부모님으로부터 성실성을 배웠습니다. 초등학교 시절 개근상을 받고 중학교를 거쳐 고등학교 때는 상담심리에 대한 관심을 갖게 되어 ○○○대학교에 입학하게 되었습니다.

지원직무에 인위적으로 맞춰 작성하는 에세이보다는 자신의 인성과 장점을 활용하여 나만의 차별화된 경험을 중심으로 작성된 내용이 환영받는다.

6) 바람직한 성공스토리 작성 포인트

자기소개서는 학생의 이미지를 벗고 기업과 조직으로 진출하고자 하는 예비 사회인의 모습을 심사받는 글이다. '낯가리는 성격이지만, 소심하지만, 내성적이지만, 조용하지만' 등의 자신감 없는 모습보다는, 적극적이고 원만한 대인관계, 열정적인 표현을 강조하여 작성해 주는 것이 좋다.

2. 강점을 활용한 에세이 작성

에세이(자기소개서)는 취업 시 이력서를 작성하기 전에 먼저 경험담을 작성해 보고 이력서 및 입사지원서에 구비해야 할 가장 중요한 서류 중의 하나이다. 이력서와 에세이는 구분이 되는데 입사지원서가 한 개인을 개괄적으로 이해할 수 있는 자료라면, 에세이는 출신대학, 경력, 자격증만 가지고는 파악하기 어려운, 실제 기업에서 궁금해하는 기초 능력과 잠재 능력, 대인관계, 조직에 대한 적응력, 성격, 인성 등 개인에 대한 구체적인 정보를 파악할 수 있는 자료이다. 최근 기업들이 신입사원을 선발할 때 두고 있는 비중을 보면 이른바 스펙으로 불리는 것(학점, 자격증, 외국어 점수, 인턴십 등)에 60% 비중을 두고, 에세이에 두는 비중을 40% 정도라고 한다. 에세이에는 응시자의 속마음을 알아보고 경험은 물론 직무와 관련될 수 있는 경험을 통해 강점과 역량을 파악하기 위한 요소들을 반영하고 있다(박양근 외, 2017).

에세이는 자신의 인생을 작성하기 위한 에세이가 아니다. 지원하고자 하는 직무에 대한 지식, 기술, 태도, 잠재적 소질 등 자신의 강점을 스토리로 작성하여 표현하는 것이다. 대부분의 학생들이 자기소개서를 단순하게 자기를 소개하는 글로 생각하는 경우가 많다. 즉 에세이는 경험담을 근거로 하여 강점 능력을 확인할 수 있는 기초자료이다. 성공스토리를 활용한 강점을 도출하기 위한 에세이 작성 시 포함될 주요 요소는 다음과 같다.

① 타고난 재능(Talents, Transferable skills)
② 관심 분야(Interest area)
③ 소질 및 특질(Temperament/Traits)
④ 인생목표와 사명(Life mission and goals)
⑤ 지식(Knowledge)
⑥ 기술(Skills)

에세이는 학력과 자격증, 해외연수 등의 소재를 스토리 없이 사실 그대로 작성하는 게 아니다. 에세이는 기업의 입장에서 보면 미래의 가능성을 보여 주는 직무수행을 위한 검증서이다.

즉 에세이는 자신의 강점 능력을 취업을 원하는 기업 및 기관, 단체의 직무에 초점을 겨냥해 작성한 것이어야 한다. 그렇다면 왜 에세이가 이력서보다 더 중요할까? 에세이를 작성하다 보면 자신의 직무 분야를 구체화할 수 있고, '저는 무엇을 해야 할지 모르겠어요.'라고 생각하는 학생의 경우 직무탐색이 될 수 있는 기회가 된다. 또한 서류 합격률을 높이고, 면접에서 자신감을 갖게 한다.

에세이를 작성하기 위해서는 가장 우선적으로 목표로 하는 업종, 기업이 원하는 인재조건과 업무조건에 맞추어 쓸 수 있어야 한다. 기업 입장에서 어떤 검증된 인재를 원할지 먼저 고민해야 한다.

그러므로 목표기업을 정하지 않고 또 하고 싶은 분야(직종)를 정하지 않고서는 에세이나 이력서를 쓸 수 없다. 학생들 중에는 대학원 진학을 위한 학업계획서를 작성하는 데 어려움이 많다고 호소한다. 이와 같은 개념이다. 대학원 진학을 위한 자신의 지식과 기술, 학업을 위한 관심 분야를 스토리화하여 작성해 두어야 한다. 에세이(자기소개서)를 쓸 때 중요한 한 가지는, 기업이 원하는 자질과 능력이 나타나고 있느냐 여부이다. 에세이는 지원하는 직무와 업종, 목표기업을 충분히 분석한 뒤에 써야 한다. 사장이 어떤 사람을 원하고 있는지 분명히 알아야 하고 또 자신의 능력과 적성을 사장의 입장에서 부각시켜야 한다.

에세이(자기소개서)에는 들어갈 것과 들어가지 말아야 할 것이 있다. 물론 지원하는 분야에 따라 조금씩 다를 수 있으나, 들어가야 할 사항은 다음과 같다.

① 목표기업(기관, 단체, 병원 등), 희망직무와 관련된 검증된 과거 경험
② 검증된 리더십, 팀워크 능력
③ 자신이 추구하는 생활신조, 비전과 사명(직무와 연관성)
④ 성실성과 책임감을 보이는 구체적 표현
⑤ 직무와 연관된 성격적인 장점과 기질적 특성
⑥ 철저한 자기관리 능력과 통제 능력

반면에 에세이(자기소개서)에 들어가지 말아야 할 사항은 다음과 같다. 특히 종교 관련 전공자의 경우 종교적 신념과 가치관을 표현해야 하지만 대부분의 경우 종교, 군대 등의 이야기는 포함하지 않는다.

① 출생지, 호적관계, 연대기적인 어린 시절 성장 및 진학 이야기
② 부모 이혼 등의 이야기
③ 종교적 신념이나 신앙관
④ 군대 이야기
⑤ 추상적 표현의 자기장점, 추상적 표현의 인성
⑥ 우수한 성적 및 학점 이야기(낮은 수능등급 이야기)
⑦ 낮은 성적이나 가출경험 이야기

사소한 이야기라도 자신만의 차별화된 강점으로 스토리화 해야 한다. 아르바이트, 자격증 취득 과정, 실험을 통한 지식 향상 등은 좋은 소개가 될 수 있지만 직무와 관련성이 없다면 의미가 없다. 에세이 작성은 자신만의 색깔을 찾도록 하는 게 좋다. 다음과 같은 지향성 중에서 적절한 특성을 찾는다.

> 성취, 노력, 인내, 책임과 진취성, 리더십, 팀워크, 배려, 사회성, 자기통제, 스트레스 감내성, 적응성, 신뢰성, 꼼꼼함, 정직성, 독립성, 혁신, 분석적 사고, 문제해결 능력, 창의력, 자기계발, 의사결정 등

출처: 박양근 외(2017).

자신을 적절히 표현할 수 있는 광고문구(copy)를 지원직종에 맞게 만드는 것도 생각해 볼 필요가 있다. 예를 들면, '가능성을 현실로 만드는 기획전문가, 김○○!' '인간 자석, 김○○! 믿음을 자석과 같이 모이게 하는 영업을 펼치겠습니다.' '하늘을 향한 미소, 고객을 향한 미소, 동료를 위한 미소, 제가 펼치는 3 Smile입니다!' '걸어다니는 반창고', '새벽 5시에 하루를 열겠습니다', '음료수 한잔에 철학을 담겠습니다', '깨진 탬버린'(모 대학 생물학과 졸업생, ○○은행 합격), '혹시 칼에 찔려 보셨나요'(○○대학 행정학과 졸업생, ○○은행 합격), '머리끄댕이'(○○대학 국문학과 졸업생, ○○공사 합격) 등이다.

> ▶좋은 소재의 예
> ① 호프집에서 있었던 고객과의 오해사건을 잘 마무리한 경험
> ② 동아리 발표회를 준비하면서 부족한 인원으로 성과를 이룬 경험
> ③ 학과 역사탐방을 하면서 느꼈던 철저한 기획 능력의 필요성
> ④ 전산회계 자격을 취득하면서 알게 된 세무절차의 중요성
> ⑤ 병원실습에서 당뇨병환자의 응급상황을 조치했던 이야기
> ⑥ 전공실습에서 단백질 분해효소를 활용하여 전공지식을 갖췄던 이야기

※ 위 내용은 실제 사례를 수정한 내용입니다.

〈활동지〉

- 스스로 보아 잘 해냈고, 즐겨서 몰두했던 활동, 지루하고 어려운 과정이 있었다 하더라도 마치고 난 다음 가슴 뿌듯한 성취감을 느끼게 했던 과거의 활동(did you enjoy doing, did you do well, did you feel proud of)을 다음 기준에 맞게 써 본다.

① 활동의 목적이 있을 것, ②목적달성 과정 중에 어려움이 있었던 활동일 것, ③ 목적달성 과정을 자세히 체계적으로 적을 것, ④ 목적을 구체적으로 완수한 활동일 것, ⑤ 목적달성의 주변 상황을 빠뜨리지 말 것, ⑥ 달성한 목표를 가급적 수치로 나타낼 것, ⑦ 다른 사람의 성공스토리를 참고할 것 등

1) 항목별 에세이 작성실습

에세이 작성은 항목별로 구분하여 작성하는 게 바람직하다. 최근에 기업, 병원, 단체 등에서 요구하는 에세이 작성 항목을 보면 대기업, 중소기업, 병원 등 모두 다르지만 공통된 항목은 성장 과정, 성격의 장단점, 경력사항(사회경험), 지원동기 및 입사 후 포부 등의 내용이 공통적인 사항이다.

▶ 최근 기업의 입사지원서 작성 항목

〈OO 공단〉

1. 지원 분야와 관련된 본인의 역량을 기술하시오.
2. 최근 5년 내에 직면했던 삶의 어려움이 무엇이었으며, 그것을 어떻게 극복하였는지 기술하시오.
3. 문제해결 능력을 발휘한 경험이 있으면 기술하시오.

〈OO 의료원〉

1. 본인에 대해 자유롭게 기술해 주기 바랍니다.
   (최소 글자 수 500, 최대 글자 수 2,000자)

〈OO 대기업〉

1. 자발적으로 최고 수준의 목표를 세우고 끈질기게 성취한 경험에 대해 서술해 주십시오(본인이 설정한 목표/ 목표의 수립 과정/ 처음에 생각했던 목표달성 가능성/ 수행 과정에서 부딪힌 장애물 및 그때의 감정(생각)/ 목표달성을 위한 구체적 노력/ 실제 결과/ 경험의 진실성을 증명할 수 있는 근거 등이 잘 드러나도록 기술).
   (700자 10단락 이내)
2. 지원직무와 관련된 전문역량을 키우기 위해 노력한 경험에 대해 작성해 주십시오([상세 내용]은 해당 경험에서의 역할, 수행 과정, 향상된 역량, 느낀 점 등에 대해 상세하게 작성).
   (300자 이내)

(1) 지원동기

지원동기는 관심 분야에 대한 애정 어린 관심과 미래의 가능성을 엿볼 수 있는 부분이므로 구체적으로 작성하는 게 바람직하다. 지원동기 작성 포인트는 다음과 같다.

첫째, 본인이 사회활동을 할 때 가장 자신 있다고 생각하는 분야가 있는가?

둘째, 관련 근거경험을 통해 준비한 노력이 있는가?

셋째, 자신의 장점과 지원기업의 선택 사유와의 공통분모가 있는가?

넷째, 지원직무 담당으로서 어떤 모습으로 발전해 나갈 것인지에 대한 포부가 담겨 있는가?

 # 지원동기 예시: 〈7년을 기다렸습니다〉

여행 도중 우연히 짐을 분실하게 된 저는 처음 겪는 일에 많이 당황하게 되었지만 수화물 담당 직원분이 친절히 도움을 주셔서 시간은 걸렸지만 무사히 짐을 찾게 되었습니다. 끝까지 짐을 찾게 도와준 직원분들의 모습을 계기로 항공 분야 직무에 큰 관심을 갖게 되었고 ㈜○○○을 접하게 되었습니다. ㈜○○○은 ○○항공, ○○○항공, ○○○항공과 같은 국내 항공사뿐 아니라 많은 외국 항공사들과 함께 다양한 공항서비스 업무를 실행하고 있습니다.

하루에 50편 이상의 정비조업을 하는 항공기 정비회사를 넘어 국내 최고의 여객서비스 회사로 범위를 넓혀 가는 도전적인 모습이 저의 이목을 끌었습니다. 그래서 이 직무를 위해 러시아어와 일본어, 영어를 공부하고 학교 영어회화 캠프에도 참여하며 실력을 키웠습니다.

또한 ○○랜드와 홀 아르바이트를 통해 서비스 마인드와 자세를 익혔습니다. 마지막으로 인천아시안게임, 광주하계유니버시아드, 부천국제영화제 등과 같은 국제행사에 참여하며 많은 외국인과 만나고 소통하며 국제적 감각을 가지게 되었습니다. 이런 기본적인 어학 능력과 풍부한 경험을 바탕으로 항공서비스 보안 분야의 직원으로서 누구보다 빠르게 현장에 적응하며 저의 역량과 열정을 펼쳐 보이겠습니다.

※ 해당 자료는 실제 상담 사례를 예를 들어 작성한 내용입니다.

지원동기는 구체적으로 회사의 어느 분야에서 어떤 일을 하고 싶은지가 포함되어야 한다. 지원한 직무와 관련된 근거경험과 노력의 결과, 자신의 강점과 지원기업의 조직목표와 직무에서 요구하는 요건과 공통분모가 있어야 한다.

▶스토리텔링 에세이 작성하기

스토리텔링식 자기소개서를 작성하게 되면 자기소개서의 에피소드 작성을 좀 더 쉽게 할 수 있다. 자소서 작성법에 어려움을 느끼고 있는 취준생들 사이에서 '스타(STAR) 기법'이 관심을 끌고 있다. 체계적인 자소서 작성법을 제시해 주기 때문에 이 기법을 응용하면 한결 쉽게 글을 쓸 수 있고 서류전형 합격 확률도 높일 수 있다는 이유에서다. 각종 취업 커뮤니티 및 취업 관련 사이트 등에 따르면 'STAR 기법'은 ① S(sittuation): 업무 상황, 배경, 히스토리 작성, ② T(task): 업무를 통해 궁극적으로 추구하고자 하는 목적, 목표, 효과 등의 실현, ③ A(action plan or attitude): 구체적 추진계획이나 태도, ④ R(result): 추진결과(성과, 업적) 등으로 구성된다.

S는 'OO직무를 하기 위해서 OO회사 OO부서에서 인턴생활을 하게 됐다.'는 식으로 어떠한 일을 하게 된 계기나 경험을 작성하는 것이다.

T는 특정 상황(경험)에서 자신이 맡은 역할이나 본인의 생각 등을 작성하며, 이에 더해 구체적으로 실행한 업무에 대한 스토리, 왜 그 단계를 거쳐야 했는지에 대한 이유, 자신이 직접 겪은 상황(경험) 등을 구체적으로 써야 한다.

A는 문제(상황)를 해결하기 위해 취한 행동, 접근 방법, 당시 행동에 대한 반응, 그 안에서 본인이 무엇을 했는지 등의 내용을 쓰면 된다.

R은 그 일을 하기 위한 그 행동이 어떤 결과를 미쳤는지를 설명하고 그에 따른 자신의 결론은 무엇인지에 대해 기술해야 한다.

이 'STAR 기법'으로 작성한 자소서는 입사 후 직무수행을 가장 잘 예측할 수 있는 방법이 될 수 있으며 과거 비슷한 상황에서 실제로 보인 행동을 살펴 볼 수 있다는 점에서 평가자에게 자신을 잘 드러낼 수 있다. 이에 지원자들은 자신이 직무를 수행하는 데 필요한 자질을 갖추었다는 사실을 보여 주기 위해 이전에 했던 행동 중에서 좋은 결과를 얻었던 사례를 잘 전달할 수 있도록 준비해야 한다(잡조이, 2020. 7. 2.).

1. 상황(S) – 상황을 기술하고 배경이 되는 정보를 제공하고 있는가?
2. 직면한 과제(T) – 직면한 문제, 도전방법 모색, 방해 요인들을 기술하고 있는가?
3. 행동(A) – 어려움을 해결하기 위한 행동을 기술하고 있는가? 그것이 적절한가?
4. 결과(R) – 행동을 취하여 변한 결과를 양적으로 기술하고 있는가?

출처: 박양근 외(2017).

(2) 성장 과정

성장 과정은 부모님의 가르침 속에 무엇을 배웠고 현재 자신의 직업가치관에 어떤 영향을 미쳤는지 작성하는 내용이다. 일반적인 가족관계를 지양하고 당신이 주변인 및 부모님으로부터 배운 덕목은 무엇이고 현재 어떤 직업관을 형성하게 되었는지 예를 들어 구체적으로 작성한다.

 # 성장 과정 예시

어머님께서는 병원에서 응급실 수간호사로 근무하고 계십니다. 어머님은 환자들을 간호하실 때 가장 중요한 것은 믿음이라고 강조하셨습니다.
환자를 맡기고 집으로 돌아가는 보호자를 안심시키며 신뢰감을 얻는 어머님의 모습은 지금도 인상 깊게 남아 있습니다. 저는 그런 어머님의 모습을 본받게 되었습니다. 광주유니버시아드대회 수송팀 자원봉사를 할 때, 많은 국가에서 동시에 입국이 이루어져 100명 이상의 선수들이 대기를 해야 하는 상황이 생겼습니다.
우크라이나 관계자 세 분이 자기들을 잊어버리고 찾지 않는다고 생각하시고 저에게 오셨습니다. 저는 탑승이 가능한지 상황을 수시로 확인 후 그분들을 차분히 설득시켜 드렸습니다. 저의 노력으로 그분들은 저를 믿고 기다려 주셨고, 버스에 탑승하시면서 고맙다는 말과 함께 조그만 선물을 주셨습니다.

사람 간의 믿음을 중요시해야 한다는 저의 마인드는 고객과의 신뢰가 중요한 ○○○ 업무가 요구하는 강점과 일치한다는 것을 알았습니다. 이런 강점으로 A사와 고객과의 신뢰성 형성에 크게 기여하는 직원이 되도록 하겠습니다.

※ 위 내용은 실제 사례를 수정한 내용입니다.

실전 작성하기

● 부적절한 소재

① 낮은 성적(수능, 대학교 성적)

② 연대기적 살아온 과정

③ 가족소개, 고향소개

④ 초등학생, 중학생, 고등학생 시절 소재

(3) 성격의 장단점

성격의 장단점 항목은 직장생활을 하는 데 있어 원만한 인간관계를 표현할 수 있는 공간으로 지원자의 학창 시절을 통해 얻게 된 팀워크, 사교성, 긍정적 사고 등을 평가하기 위한 중요한 내용이다. 직무와 관련된 자신만의 성격적 장점과 단점을 극복하기 위해 노력했던 내용을 작성한다.

 # 성격의 장단점 예시: 〈오뚜기처럼 고집이 센 여자〉

항상 잃지 않는 미소와 긍정적인 마인드가 저의 장점입니다.
○○에서 판매와 캐셔, 매장관리 등의 업무로 아르바이트를 하면서 고객이 도움을 요청하기 전에 먼저 다가가서 신제품 정보나 사용법 등을 알려 드리고 불편한 사항에 대해서는 보다 적극적으로 귀 기울였습니다. 온양온천역 주변의 번화가에 위치한 매장으로 주말에는 젊은 여성고객이 유난히 많았고 서서 근무해야 하는 업무 특성 때문에 체력적으로 힘든 적도 많았습니다. 하지만 특유의 밝은 미소와 서비스 마인드로 함께 근무하는 동료들과도 원활하게 융화하며 즐겁게 근무할 수 있었습니다.
반면, 규칙이나 계획을 지키려는 고집이 강한 성격이어서 가끔은 주변에서 고집스럽다는 평가를 듣기도 합니다. 이런 단점을 보완하기 위해 고객과 조직의 입장에서 유연적으로 생각하고 성과를 만들어 내기 위해 규범과 규칙을 준수하면서 서비스 직무에 적합한 유연한 판단과 상황에 따른 융통성을 키우기 위해 꾸준히 노력하고 있습니다.

※ 위 내용은 실제 사례를 수정한 내용입니다.

● 진부한 내용

① 소심한 성격

② 낯을 가리는 성격

③ 메모하는 습관

 # 실전 작성하기

(4) 경력사항 및 사회경험

경력사항 및 사회경험은 일상적인 학창 시절의 취미와 여가활동을 작성하는 곳이 아니다. 전공 분야로 취업을 희망한다면 전공프로젝트, 전공세미나, 전공발표 등을 통해 알게 된 이론적 지식과 현장경험을 통해 얻은 기술적인 면(직무강점)을 작성하는 항목이다.

- 전공수업 및 프로젝트 경험을 통해 기초적인 지식이 잘 표현되었는가?
- 무엇을 배웠고 현장에서 어떻게 활용될 수 있는가?
- 관련 직무를 수행하기 위한 노력의 근거가 있는가?
- 문제해결 능력, 전문용어 등을 잘 이해하고 있는가?

 # 경력사항 및 사회경험 예시

품질관리는 고객에게는 건강과 최고의 품질로 가격과 성능을 만족시키고 회사에게는 자재 구매에서부터 낮은 생산비와 불량품을 최소한으로 한 품질개선, 생산개선을 위한 지도, 빠른 시간 내에 생산하여 최고의 품질을 만들어 내 기업의 이익에 기여하고 이미지를 높이며 연구개발에 도움을 주는 부서라고 생각합니다. 학창 시절 전공의 특성으로 인해 많은 실험을 하였습니다. 이 실험들을 통해 기계 조작법 습득과 물질에 대한 정성적인 정보 흡수 정도에 따른 정량적인 정보분석에 관한 지식을 습득할 수 있었습니다. UV-VIS(분광 광도계)라는 실험을 통해 증기누출에 대한 오류를 배우고 전문지식을 갖출 수 있었습니다. 컴퓨터와 UV-VIS(분광 광도계)를 이용하여 하는 실험이었습니다. 미지의 시료를 기준 시료의 농도와 흡광도와 비교해 그래프를 그리는 것이었는데 결과 값이 다른 조는 40~45ppm이었는데 저희 조는 66ppm이 나온 것이었습니다. 같은 시료임에도 불구하고 오차 값이 차이가 났습니다. 다시 실험을 하여 0점에 맞추고 대조용액에 빛을 통과시킨 후 흡광도를 0 또는 투광도를 100%t를 가리키게 하고 반복하니 오차 값이 줄어드는 것을 관찰하게 되었습니다. 이러한 이론과 현장경험을 기반으로 현재 ㅇㅇ약품이 지향하는 품질관리 분야에 기여하도록 하겠습니다.

※ 위 내용은 실제 사례를 수정한 내용입니다.

실전 작성하기

(5) 입사 후 포부

입사 후 포부는 내가 입사하고자 하는 회사 또는 기관, 병원, 대학원 입학을 위해 자신이 무엇을 하고 싶은지 뚜렷한 이유가 있어야 한다. 자신이 학창 시절 준비해 온 노력의 과정을 엿볼 수 있게 작성해야 하고, 지원한 회사의 관심 있는 분야에 대한 애정과 동기도 뚜렷하도록 작성해야 한다.

입사 후 포부는 "뽑아만 주십시오. 열심히 노력하겠습니다."라는 식의 진부한 표현은 작성하지 않은 게 좋다.

- 좋은 예시: 입사 후 가맹점 매출, 상권 분석자료, 경쟁사 자료, 고객 서베이 등을 먼저 살펴보겠습니다. (O)
- 안 좋은 예시: 최고의 기업에서 최선을 다하겠습니다. 입사 후 대학원을 다니며 영어 공부를 꾸준히 하여 회사에 기여하겠습니다. (X)

 # 입사 후 포부 예시

제가 입사하면 처음 6개월간 사업부문의 실무를 마스터하겠습니다. 가능한 빨리 Input과 Output의 모든 프로세스를 이해하고, 상품개발 후 그 상품이 매장에 전시되어 고객들에게 전달되는 모든 과정을 살펴보겠습니다. 또 회사에서 전략을 구상할 때 기준으로 삼는 것들은 무엇인지, 타사의 현황과 전망은 어떤지, 앞으로의 시장 수요를 파악하기 위해서 그동안 백업되어 있던 가맹점 매출, 상권 분석자료, 경쟁사 자료, 고객 서베이 등을 먼저 살펴보겠습니다.

그 후 고객만족을 위한 다양한 아이디어를 통해 혁신적인 고객 서비스를 개발하겠습니다. 야간에 편의점 내에서 분식을 먹을 수 있게 즉석 먹거리 상품개발과, 성인용품이나 여성용품 등 남몰래 사고 싶은 물품을 직원을 통하지 않고 구매 가능한 소형 자판기를 설치하는 것입니다. 이러한 활동을 통해 ○○○의 발전에 기여하는 IDEA를 갖춘 인재가 되겠습니다.

※ 위 내용은 실제 사례를 수정한 내용입니다.

 # 실전 작성하기

2) 에세이(자기소개서) Check-List

에세이(자기소개서)의 평가 항목에 관한 기준이다. 제시된 평가 외에 그룹별로 더 평가하고 싶은 내용이 있으면 토의하여 빈칸에 추가한다. 신입사원으로서 갖추어야 할 성향, 인성 및 기업에서 원하는 어떤 인재상에 적합한지 등 평가 항목으로 이루어진다.

〈표 12-1〉 에세이(자기소개서) Check-List

구분	평가 항목		평가 기준 설명
에세이 내용 평가	1	기업, 업종, 직무 등 목표의 명확성	• 지원동기와 입사 후 포부에 지원하는 기업, 업종, 직무에 대한 관심과 계기가 기술되어 있는가? • 지원하는 분야에 대한 목표가 명확하게 드러나고 구체적인 계획이 기재되었는가?
	2	지원분야 적합성, 전문성 표현 여부	• 지식, 전공경험, 기술, 프로젝트 참여경험, 수상경력, 성격 등을 지원 분야와 관련하여 기술하였는가?
에세이 표현 평가	3	내용의 참신성, 진실성	• 진부하거나 상투적인 표현은 없는가? (예: 무엇이든 열심히, 최고의, 초일류, 준비된 인재, 우등생, 엄격하신 아버지와 인자하신 어머니의 화목한 가정의 장남, 뽑아 주신다면, 약속 드립니다 등)
	4	내용 파악의 용이성	• 헤드라인, 두괄식으로 서술하여 메시지가 쉽게 전달되는가? 만연체로 문장의 길이가 지나치게 길어 내용 파악이 어렵지는 않는가?
	5	내용의 구체성	• 피상적으로 서술하지 않고, 성공이나 실패의 경험과 사례를 들어 구체적으로 서술하였는가?
	6	문장·문법 적합성	• 문맥에 맞지 않는 문장이나 오탈자, 맞춤법, 띄어쓰기 오류는 없는가?

3. 서류합격을 위한 이력서 작성법

이력서 전문가 Yana Parker는 이력서의 목적을 "한 개인의 마케팅 수단이다. 그 목적은 최종적으로 취업면접의 문을 여는 데 있다(A resume is a personal marketing piece designed to open the door for an in-person job interview)." 라고 했다. 이력서로써 취업이 결정되는 것이 아니라 다음 단계로 가기 위한 통과의례의 과정이다. 따라서 이력서에는 다음과 같이 잘 준비된 5가지 특징을 갖는다고 했다(박양근 외, 2017).

① 개인적 신상서류가 아니다. 이력서의 첫째 목적은 채용 인터뷰를 확보하는 데 있다.
② 구직자의 직장경력을 적은 서류가 아니다. 이력서는 구직하는 사람에 관한 내용을 담아야 한다.
③ 과거에 관한 것이 아니다. 이력서는 미래에 초점을 맞추는 것이다.
④ 이력서는 원하는 직업을 기술하는 것이 아니다. 이력서는 구직자가 성취한 업적을 기술해야 한다.
⑤ 이력서는 구직자가 과거에 일했던 전력에서 사용한 능력을 말해서는 안 된다. 이력서는 구직자가 즐겨 탁월하게 사용하는 능력이나 기술을 중심으로 말해야 한다.

1) 인사전문가들이 보는 관점

이력서에 대한 기존의 고정관념은 다음과 같은 것들이다.

① 자신이 살아온 약력을 요약한 문서
② 자신이 전달하고 싶은 말을 표현하는 수단이자 기회
③ 직장을 얻기 위한 최초 혹은 최후의 문서

그러나 인사전문가들이 말하는 이력서의 개념은 다음과 같다.

자신의 이력 중에 지원회사의 목적과 부합하는 요소들을 골라서 재가공한 문서이다. 그 차이는 모래 속 규소와 반도체의 차이만큼이나 크다. 혹은 같은 쇠를 성형하기에 따라서 용도가 다른 칼을 빚어내는 일과도 같다. 이력서란 상대가 보기를 원하는 아이템을 나의 개인 창고에서 꺼내어 보여 주는 행위다. 즉 내가 표현하고자 하는 내용이 아니라 상대가 듣고자 하는 내용이 이력서다. 면접에 가기 위한 도구일 뿐이다. 자신에게 관심을 가지도록 유도할 수는 있는데 이것은 다음 취업 단계로 진입하는 데 아주 필수적인 사항이다(박양근 외, 2017).

2) 이력서의 목적과 의미

이력서는 개인의 경력사항과 자격사항, 교육사항 등을 개략적으로 작성하는 문서이다. 에세이 작성이 완료되면 이력서에 경력사항과 사회경험 등을 구분하여 작성한다.

이력서에는 내가 누군지, 나의 능력이 얼마나 되는지, 내가 얼마나 취업시장에 팔릴 만한 가치를 지니고 있는지를 잘 드러내 준다. 더불어 기업의 입장에서는 이력서를 보면 나의 미래가 어떻게 될지 평가하는 문서이다. 인사담당자는 서류심사를 통해 지원자가 지원한 (   ), (   ), (   )에 접합한 인재인지를 평가한다. 아래 빈칸에 이력서가 갖는 의미에 대해 자신의 생각을 작성해 본다.

- 나는 지원한 분야에 맞는 이러한 경험이 있습니다.

① 나는 (   )에 적합한 인재입니다.

② 나는 (   )에 지원하기 위해 이렇게 준비해 왔습니다.

③ 나는 (   )으로서 준비가 되어 있습니다.

입사지원서의 경우 여러 가지 양식이 있을 수 있다. ① 해당 회사에서 지정해 준 회사의 양식, ② 온라인 취업 포털에 있는 포털의 양식, ③ 개인의 자유양식 등이 있다. 대기업의 경우 자사에서 정해 놓은 양식이 있어서 해당 양식을 그대로 써야 하는 경우가 많지만, 중소기업이나 수시로 사원을 채용하는 경우 개인 자유양식으로 제출하게 하는 경우가 있다. 입사서류 작성 시 유의사항의 경우 우선 개인의 강점을 잘 드러낸 자유양식 입사지원서를 작성한 후에 회사에서 지정해 준 양식으로 요약, 정리하는 방식이 보다 효과적일 수 있다.

3) 입사서류 주요 점검사항

(1) 사진

사진은 이력서의 첫인상을 결정하는 중요한 자료이며, 채용담당자가 사진을 보고 만나고 싶도록 해야 한다.

① 자연스럽게 웃는 얼굴 표정인가? 무섭게 인상을 쓰고 있지 않은가?
② 머리는 귀와 이마를 덮어 답답하고 어수선해 보이지 않는가?
③ 단정한 정장 차림의 복장인가? 지원하는 직종에 맞는 이미지의 복장인가?
④ 기업에서 요구하는 크기에 맞는 사진인가? 너무 크거나 작지 않고, 가로 세로의 비율이 잘 맞춰져 있는가?
⑤ 사진이 분명하지 않거나 셀카로 찍어 성의 없어 보이지는 않은가?
⑥ 지나치게 포토샵 처리를 하거나 찍은 지 오래되어 알아볼 수 없는 사진은 아닌가?

(2) 지원직무와 희망연봉 작성법

보통 회사의 입사서류 양식을 보면 우측 상단에 지원 분야를 적게 되어 있는데 지원 분야와 연봉은 꼭 작성해야 한다. 인사담당자 입장에서 보면 여러 부서의 입사서류를 받게 되는 경우가 많아 분류하는 데 어려움이 많을 수 있어 접수 시 문제가 되지 않도록 작성한다. 희망연봉은 신입의 경우 '회사 내규에 준함'이라고 작성하거나 연봉 사이트를 참고하여 해당 분야의 적정선의 연봉을 작성하는 것이 중요하다.

(3) 학력사항

① 학력은 고등학교 이후의 학력사항을 작성한다. 대학의 경우 편입을 하거나 전과를 하였다면 이 정보도 함께 작성해 주는 것이 좋다.

② 검정고시를 본 경우 검정고시 응시자라고 작성하면 된다.

③ 학력의 기간은 '입학년월~졸업(예정)년월'을 작성하며, 정확한 일자가 기억나지 않는 경우에는 대개 입학은 3월, 졸업은 2월임을 감안하여 기재해도 된다.

④ 전공명은 꼭 작성하고, 학점의 경우 만점을 기준으로 현재까지의 학점을 기록해 작성하면 된다(예: 3.7/4.5점).

(4) 경력사항

① 아르바이트 외에 실습, 인턴 등의 근무경험은 입사지원서에서 매우 중요한 사항이므로, 기간과 기관(기업)명, 업무 내용을 빠짐없이 작성하도록 한다.

② 업무 내용과 함께 성과(외부에서 받은 긍정적 평가)를 덧붙여 써 주면 더욱 좋다.

③ 직위에 아르바이트라고 작성하고, 줄임말로 '알바'라고 작성하지 않도록 유의한다.

(5) 기타 활동사항

① 봉사활동: 봉사활동의 경우 '기간, 기관명, 봉사활동 내용'을 간략하게 작성한다.

② 학회, 동아리 등 모임: 활동했던 기간, 어떤 목적의 동아리인지 구체적으로 작성한다.

③ 수상 내역: 교내외에서 받은 내역을 쓰되, 장학금을 포함한 대학 시절의 수상 내역만 작성한다.

(6) 어학, 컴퓨터 활용능력

① 기본적으로 TOEIC과 같은 공인 어학성적이 있으면 좋지만, 미처 준비하지 못한 경우에는 간략하게 어느 정도 구사할 수 있는지 작성해 주는 것이 좋다. 예를 들어, '간단한 이메일 작성 및 전화 가능', '기본적인 영어회화 및 영문서 번역 가능' 등으로 표현할 수 있다.

② 한글, 파워포인트 등의 OA 프로그램은 기업에서 기본적으로 요구되는 기술이다. 상/중/하로 수준을 나누어 표기하거나 활용 가능한 정도를 작성해 주는 것이 좋다(예: 기본함수 사용 가능). 이때, 중급 이상의 수준을 갖출 수 있도록 노력한다.

(7) 편집

① 글씨 폰트의 경우 같은 폰트로 통일하여 작성해 주는 것이 좋은데, 돋움, 맑은고딕, 굴림 등의 폰트가 가장 가독성이 높다. 궁서체는 사용하지 않는 게 좋다.

② 폰트의 사이즈는 11포인트 정도로 맞춰야 하며, 9포인트 사이즈는 너무 작아서 보이지 않고, 12포인트 사이즈 이상이 되면 자칫 성의가 없어 보일 수 있다.

4) 시나리오형 이력서 작성법

흔히 에세이(자기소개서)는 마감 하루 전부터 써도 된다고 생각하고 시작하는 분들이 많다. 하지만 막상 써 보면 잘 써지지 않는 것이 에세이(자기소개서)이다. 졸업 후 가장 많은 시간을 투자하는 것이 바로 에세이라고 할 정도로 작성이 쉽지 않기 때문에 미리 작성을 해 두면 면접을 볼 때 도움이 될 뿐 아니라 서류 통과 확률이 높아진다.

채용담당자는 경험의 유무보다는 구체적인 경험 내용, 경험을 통해 배우고 느낀 것이 무엇인지 더욱 알고 싶어한다. 이력서에 자신의 경력과 경험을 작성할 때는 구체적으로 명시하는 게 좋다. 기업에서는 지원자가 입사 후 기업 내에서 어떤 역량을 발휘하여 기여를 할 수 있을지를 궁금해한다. 따라서 자신만의 경험으로 장점을 설명함으로써 채용담당자에게 신뢰를 주어야 하며, 이를 기업에서 어떻게 적용하여 기여할 것인지 직장생활에서의 현실적 믿음을 갖게 해야 한다.

▶이력서 작성 사례

• 올바른 사례

2017. 11~2018. 4 ㈜HUMAX CS업무 지원

- CS팀 소속 사무보조 업무
  (수출품목 세관신고와 발송업무 관련 문서정리 업무, 재고파악 전산입력)
- Excel과 SAP 프로그램 이용
  (수출 관련 업무 흐름과 문서작성법을 배웠으며, SAP 프로그램을 익힘)

• 옳지 않은 사례

2017. 11~2018. 4 ㈜HUMAX 사무보조 아르바이트

출처: 박양근 외(2017).

4. 인터뷰 준비전략

면접은 서류전형과 필기시험 또는 적성검사를 거치고 나서 '우리 기업에 인재상에 얼마나 근접한 사람인가?'를 주로 평가하기 위한 과정이다. 그래서 기업이 원하는 '인재상'을 역량(competency)이란 관점에서 이해하고 면접을 준비해야 한다. 면접은 자기를 소개하는 일반적인 개념이 아니다. 행동 중심의 면접 또는 역량면접이 도입된 지는 꽤 오래전부터이다. 최근에는 블라인드 면접, 토론면접, PT면접, 특수면접 등이 보편화되었다. 또한 코로나19(COVID-19)로 인해 비대면 화상면접 및 AI면접이 대세이다.

역량면접에서는 주로 자신의 행동특성을 실제 경험을 통해서 증명하도록 요구받게 되는데, 학교 공부 이외의 실제 경험이 거의 없는 피면접자들의 경우에는 체계적이고 계획적으로 이에 대비하지 않는 한 답변이 어렵게 된다. 미리 준비되어 있지 않으면 필기시험 성적이 좋아도 면접에서는 낙방하게 된다. 공무원 면접도 마찬가지이다. 경찰공무원 등의 경우도 면접 비중이 반영되어 있어 철저하게 준비를 해야 한다.

1) 면접의 의도 파악

인성면접이든, 토론면접이든, 프레젠테이션 면접이든, 영어면접이든 모든 면접 질문에는 면접관의 의도가 반영되어 있다. 정답을 암기하거나 평범하고 식상한 표현은 오히려 감점이 될 수도 있다. 면접의 의도를 미리 파악하는 방법은 면접 예상 질문을 만들어 보고 최근 면접질문을 미리 파악해 두는 방법이 있다.

〈표 12-2〉 면접 의도와 질문

가장 흔한 질문	질문의 의도
장점이 뭔가?	우리 회사가 찾고 있는 인재상에 얼마나 근접한 인재인가?
왜 당신을 채용해야 하는가?	
당신은 어떤 기여를 할 수 있나?	
당신의 10년 후의 비전은 뭔가?	
어떤 취미를 가졌나?	어느 정도 활동적인가? 어느 정도 원만한 사람인가?
어떤 운동을 좋아하나?	
여가시간이 나면 무엇을 하나?	
어떤 사람들과 주로 만나는가?	
지원동기가 뭔가?	우리 회사를 얼마나 관심 있게 연구하였는가?
그 많은 회사 중에서 왜 우리 회사를 지원했나?	
우리 회사를 어떻게 생각하나?	
당신의 단점은 무엇인가?'	자신에 대해 얼마나 솔직한가?
당신의 고칠 점은?	
당신이 후회하는 점이 있다면?	

출처: 하영목(2006). 면접의 기술. p. 18.

대체로 면접장에서 처음에 간단한 자기소개를 요구하는 경우가 일반적이다. 그렇기 때문에 1분 정도 간략하게 자기소개를 준비하는 게 좋다. 있다. 또한 면접이 끝날 즈음 마지막으로 하고 싶은 말이 있으면 하도록 시간을 준다. 이 기회를 잘 활용하여 자신이 이 회사를 꾸준히 분석하고 준비해 왔으며 맡고 싶은 직무에 적합한 사람으로 준비해 온 인재라는 것을 밝혀야 한다.

2) 행동 중심의 역량면접

행동묘사 면접, 행동주의 면접, 또는 역량면접이라고도 부르는데, 과거의 행동을 중심(behavior-based)으로 평가한다는 점이 미래의 가상 상황에 대한 의견을 중심(opinion-based)으로 평가하던 기존의 면접과 다르다.

주로 지원자의 됨됨이를 알아보려는 인성 중심(character-based)의 전통적인 면접법과도 다르다. 행동 중심 면접은 지원자의 과거의 성과가 장래의 성과에 대한 최고의 예측 지표라는 측면에서 중요한 면접방법으로 활용된다.

행동 중심 질문에서 면접관은 지원자에게 구체적인 상황과 유사한 과거의 경험이 있는지를 묻고, 그 경험을 통해서 회사에서 요구하는 역량을 보유하고 있는지 여부를 검증한다. 또 장래에 처할 업무적인 상황을 구체적으로 제시하고, 그 상황에서 어떻게 행동할지를 설명하도록 요청하기도 한다. 면접관들은 지원자의 역량을 평가하기 위해 질문을 통해 조직적합도, 직무적합도 등을 파악하게 된다. 면접관들은 다음 3가지 측면을 고려한다(박양근 외, 2017).

① 직무수행을 위한 기술과 기능의 보유 정도(technical-fit)
② 기업 및 직무동기의 적합성(motivational-fit)
③ 사회적 관계와 적응을 위한 문화적 적합성(cultural-fit)

면접관은 이력서와 자기소개서 등 지원서와 비교하며 지원자의 행동을 평가하게 된다. 면접에 성공하기 위해서는 행동 중심 면접질문에 대비하여 과거로부터 주요 행동에 대한 구체적인 경험과 사례를 모아서 구두로 정리하여 이야기할 수 있어야 한다. 면접관은 지원자 직무역량을 과거 행동 속에서 찾으려고 노력한다. 직무 상황과 유사하거나 동일한 상황의 과거 행동이 장래의 성과를 알려 줄 단서가 된다.

3) 행동 중심 역량면접의 질문유형

(1) 자격 및 지식

면접관은 지원자의 전공지식, 과거 경험에서의 기술적 지식, 학교 및 교육사항 등 직무수행에 필요한 기술적 지식과 밀접한 관련성을 가지므로 확인하고자 한다.

(예) 자격: 화학공학에 관련된 어떤 과목들을 들었는가?
경험: 교육업무와 관련하여 어떤 경험을 가지고 있습니까?
지식: 출하 장비를 잘 다루기 위해 취해야 할 단계는 무엇입니까? 동력제어 장치를 작동하는 데 가장 중요한 안전수칙은 무엇입니까?

(2) 행동적·상황적 질문

"~했을 때, 어떻게 하셨습니까?"와 같이 과거 어떤 상황에서의 경험을 묻는 행동적 질문을 통해 면접관은 지원자의 미래 가능성과 직무수행 능력을 평가하게 된다. 하지만 역량모델링이 실제적이지 않은 분야에 대해서는 어떤 상황에 대한 가상적 응답을 요구하는 "만약 ~라면, 어떻게 하시겠습니까?"와 같은 형태의 당위성·의도에 대해서 질문하는 상황적 질문도 활용된다.

(예 1) 행동적: 당신과 당신의 동료가 함께 어떤 과제를 부여받았다. 당신의 동료가 갑자기 사고를 당하여, 자신의 할당량을 달성하지 못했다. 당신은 이러한 상황에 처한 적이 있습니까? 그 당시 어떻게 행동했습니까?

(예 2) 상황적: 당신과 당신의 동료가 함께 어떤 과제를 부여받았다고 하자, 당신의 동료가 갑자기 사고를 당하여, 자신의 할당량을 못하게 된다. 당신은 이러한 상황에서 어떻게 행동하시겠습니까?

(3) 심층질문

그 당시의 상황을 캐묻고, 그것이 왜 난관이었는지, 그것을 극복하기 위해서 어떤 대안들을 생각했는지, 그 대안을 왜 선택했는지, 그 결과는 어떠했는지 등을 육하원칙에 따라 논리적으로 검증해 간다. 한편, 이러한 유형의 질문법을 STAR(Situation, Task, Action, Result) 기법이라고 한다. 질문 사례를 살펴보면 다음과 같다. 이중에서 상황과 과제는 한꺼번에 질문하기도 한다.

(예) S(상황): 그 당시 상황을 구체적으로 이야기해 주십시오.
T(과제, 문제): 무엇이 난관이었습니까? 왜 힘들었습니까?
A(행동): 어떻게 극복했습니까? 다른 대안들은 없었습니까? 왜 그 안을 선택했습니까? 어떤 조언을 구했습니까?
R(결과): 그 결과는 어땠습니까? 만족하십니까? 만약에 다시 그런 상황이 닥친다면 어떻게 하시겠습니까?(박양근 외 2017).

 # 주요 면접질문

〈제일*당〉

1. 어느 공장에서 무엇을 생산하는지 말해 보세요.
2. 이 회사에 들어오면 가장 자신 있는 것은?
3. 품질관리가 더 적합한 것 같은데 왜 생산을 지원했나요?
4. 제일*당에서 SCM이 무슨 일을 하는지 아는 대로 이야기해 보세요.
5. 학창 시절 어려웠던 경험은 무엇입니까?

프레시*이

1. 실습은 어디서 하였고 학교에서 배운 것의 차이는 무엇이었나요?
2. 최근에 읽은 기사는 무엇인가요?
3. 입사 후 하고 싶은 것은 무엇인가요?
4. 식자재 영업에 대해 아는 대로 설명하세요.
5. 전공과 다른데 왜 지원하셨는지?
6. 거래처를 어떻게 설득할 것인지?
7. 프레시*이를 처음 알게 된 계기는 무엇인가요?

올리브*트웍스

1. 올리브*트웍스에 필요한 기술이 있다면 어떤 것이 필요할까요?
2. SCM은 무엇이라고 생각하는가?
3. 다른 계열사가 아닌 이 계열사에 지원한 이유는?
4. 올리*영에 근무하게 되면 어떤 업무를 하는지 아시나요?

E*M

1. 마케팅이 무엇이라고 생각하십니까?
2. E*M 방송 중 마케팅이 잘 안 됐다고 생각하는 것은 무엇인가요?
3. 사람 만나는 게 힘들지 않은가요?
4. 중국에서 프로그램을 제작한다면 잘될 것 같은 콘텐츠는 무엇인가?
5. CJ 콘텐츠 중 가장 재밌게 본 것 & 가장 아쉬운 것에 대해 말해 보세요.
6. 영화관 부가사업 매출 확대 방안을 제시해 보세요.
7. 다른 지원자들 말고 지원자가 뽑혀야 하는 이유가 있는가?
8. K-con 부대행사를 기획해 보세요.
9. E*M의 경쟁사는?

〈한*전력〉

1. 우리나라를 대표할 무엇을 홍보하고 싶은가? 그렇다면 한전에서 좀 더 홍보했으면 하는 점은?
2. ㅇㅇ학과에서 무엇을 배웠나? 그 학과가 한전의 사업 부서나 프로젝트와 무슨 관련이 있나?
3. 혼자서 타지로 발령을 받았는데 상사들은 모두 1년 미만의 직원들이고 제일 윗 상사는 다른 지사 발령을 신청한 상태이다. 그런데 그 지사에서 새로 사업을 시작해서 전례를 공부하거나 자료를 구할 수 없는 상황이라면 어떻게 대처하겠는가?

〈L* 토지주택공사〉

1. 왜 우리 L*에 지원하게 되었는가?
2. 업무와 무관한 일을 시켜도 잘 수행할 것인가?
3. 입사 후 보고서를 만들어 보고하는 경우가 생긴다면 어떤 식으로 준비를 할 것인가?
4. (전형 과제로) 기획한 프로그램은 어떤 경위로 기획하게 되었는지 설명해 보세요.

〈한국투*신탁〉

1. 10년 후, 당신은 어디서 무엇을 하고 있으리라 생각합니까?
2. 오늘 아침 조간신문에서 본 인상 깊은 뉴스를 한 가지 들고 그에 대한 느낌을 말해 보십시오.
3. 리스산업에 대해 말해 보시오.
4. 무역 카르텔에 대해 말해 보십시오.

출처: 커리어(www.career.co.kr).

4) 1분 면접 자기소개 준비

면접에서 가장 많이, 먼저 물어보는 질문은 자기소개이다. 여러 명이 같이 보는 그룹면접에서는 특히 중요하다. 나를 잘 표현할 수 있는 멋진 자기소개를 만들어 보자.

장점을 활용하여 나의 지식이나 능력을 돋보이게 하는 자기소개, 나만의 캐치 프레이즈를 가진 자기소개를 만들어 친구들과 그룹으로 피드백을 받는다.

 # 1분 자기소개 예시1

안녕하십니까? 꽃게 같은 남자 이ㅇㅇ입니다.

제가 지원한 품질전략팀은 소비자 수요에 적합한 품질의 제품을 경제성 있는 수준으로 설계(plan)하는 업무입니다. 품질관리 실무자는 다른 유관부서와의 커뮤니케이션이 많이 필요한 직무이므로 적극적인 대인관계 능력이 필요합니다.

특히 품질관리 업무는 개발자들부터 생산팀, 생산지원팀, 영업팀, 마케팅팀까지 모든 팀들과 커뮤니케이션이 필요한 직무입니다.

학창 시절 ㅇㅇ기업의 현장실습 경험을 통하여 현장에서 일 처리는 물론 유관부서와 어떻게 일이 처리되는지 경험을 통해 대인관계가 얼마나 중요한지 배울 수 있었고, 정확한 관찰력과 분석력의 중요성에 대해서도 인식할 수 있었습니다.

저는 앞으로 현장에서 정확히 문제점을 볼 수 있는 현장관리자가 되어 부서 성과에 기여하겠습니다.

※ 위 내용은 실제 사례를 수정한 내용입니다.

 # 1분 자기소개 예시2

1. 반갑습니다. 클라이언트의 동반자 사회복지 지원자 박○○입니다.
2. 사랑의 리퀘스트 방송을 통해 어려운 사람을 지원하는 곳은 어디일까라는 궁금증이 생겨 검색해 보고 ○○○ 재단과 재단의 사명(사람을 귀하게 여기는 마음으로 어린이들이 맑고 밝게 자라 건강하고 바른 사람이 되어 아름답고 행복한 삶을 살아가도록 그들을 사랑하고 돕는다)을 알게 되었습니다.
3. ○○○ 재단에서 하는 사업은 어린이뿐만 아니라 지역사회 및 구성원들에게 복지를 제공함으로써 보다 더 윤택한 삶을 살 수 있도록 기여하고 있다는 생각에 저의 역량과 맞는 재단이라는 생각이 듭니다.
4. 저의 역량인 클라이언트에 대한 전문적인 태도와 마음, 관찰 능력으로 적절한 사례관리, 역량 있는 대인관계, 실행 가능한 기획과 실행 능력을 바탕으로 ○○○ 재단과 제가 만나는 클라이언트에게 상담, 사례관리 등의 업무를 하여 ○○○ 재단의 사명과 같이 클라이언트를 사랑하고 돕겠습니다.

※ 위 내용은 실제 사례를 수정한 내용입니다.

 # 실전 작성하기 : 〈1분 자기소개〉

5) 성공면접 스토리텔링

(1) 스토리텔링의 원칙

모의면접 경진대회나 실제 면접관으로 지원자들의 내용을 듣다 보면, 모두가 다 똑같이 준비해 차별성이 없다. 평범하고, 일률적으로 면접하던 때는 지났고 이제는 자신만의 스토리를 넣어 진정성 있는 자기 이야기를 면접관에게 들려주고 나를 각인시켜야 한다.

부족한 스펙이라도 자신만의 진짜 경험을 스토리로 만들어 자신감으로 승부해야 한다. 남들의 이야기와 똑같이 승부하면 좋은 결과를 보지 못한다. 나만의 스토리로 해결할 수 있도록 노력해야 한다. 채용면접관들은 면접장에 들어가기 전에 면접관을 설득할 스토리를 만들고 분야별로 정리해야 한다고 조언한다. 자신의 강점 능력을 면접관에게 어떻게 스토리로 말하는지에 따라 승부는 결정된다.

면접관을 지루하지 않게 하고 감동시킬 방법을 고민해야 한다. 많은 성공스토리는 면접에서 자신감을 갖게 만든다. 그렇게 하기 위해서는 학창 시절 자신이 경험하고 배웠던 지식과 경험을 에피소드로 준비해야 한다. 스토리텔링의 4가지 원칙은 다음과 같다.

① 쉽게 말한다.
② 재미있게 말한다.
③ 열정적으로 답한다.
④ 진심으로 말한다.

〈활동지〉

- 면접질문에 대한 답변을 연습해 보세요.

질문1

피드백

- 면접질문에 대한 답변을 연습해 보세요.

질문1

피드백

- 면접질문에 대한 답변을 연습해 보세요.

질문1

피드백

- 면접질문에 대한 답변을 연습해 보세요.

질문1

피드백

〈학습평가〉

1. 성공하는 에세이 작성법은 무엇인지 생각해 보고 정리해 보세요.

2. 인사담당자가 원하는 것과 자신이 보유하고 있는 역량과의 차이는 무엇인지 생각해 보세요.

3. 면접에 성공하기 위해 갖춰야 할 것은 무엇인지 생각해 보고 정리해 보세요.

제13장

청년층을 위한 정부지원제도 활용하기

이 장에서는 내담자들의 진로 및 취업준비 능력을 갖추고 필요에 따라 능력개발 향상을 위한 정부의 지원제도를 살펴보도록 한다. 4차 산업혁명으로 인한 기술의 발전 및 활용범위 확산으로 산업사회의 틀이 해체·재편되고, 디지털 플랫폼 노동자 등 고용형태 및 일하는 방식의 다양화, 핵심 직무역량의 변화, 직장 이동의 빈도 증가 등 노동시장의 변동성이 빠르게 증가하였다. 이로 인해 내담자들은 평생 능력개발과 기업이 요구하는 인재에 충족하기 위해서 끊임없는 취업정보를 활용할 수 있는 능력을 갖춰야 한다.

1. 정부의 취업지원제도

정부는 구직자들이 한 기관을 방문하면 다양한 서비스를 모두 받을 수 있도록 고용센터를 중심으로 고용 및 복지 서비스를 한 공간에서 제공하고 있다. 또한 청년, 중장년, 은퇴자, 경력단절여성 등 취약계층을 위한 취업지원제도와 능력개발 훈련제도를 운영해 오고 있다.

하지만 많은 정책과 제도가 있음에도 불구하고 정보가 제대로 전달되지 않아 활용하지 못하는 경우가 많다. 특히 청년층에게는 대학교육과 사회에서 요구하는 능력개발의 기회를 활용해야 한다. 빠른 산업구조의 변화와 노동시장의 변화는 채용트렌드의 변화를 가져왔다. 따라서 직업훈련은 기업현장에서 필요로 하는 인재를 양성하기 위해 청년들에게 적절하게 전달되어야 한다. 즉 산업계와 기업의 인력 수요 반영을 위한 정부지원제도와 훈련정보들이 활용될 수 있도록 해야 한다.

청년 일자리 문제는 간단치 않으며, 청년의 진로 및 노동시장으로 이행을 위한 문제를 청년만의 문제로만 보아서는 쉽게 해결되기 어렵다. 이러한 청년문제를 해결하기 위하여 학교교육 현장에서 체계적인 진로 및 취업지원제도를 활용해야 한다. 또한 정부의 취업지원 및 능력개발제도를 수요자인 학생 및 청년구직자들의 접근이 용이하도록 해야 한다. 우리나라의 고용정책이나 일자리 사업에서 지금껏 지방정부의 역할은 전달책에 불과한 형편이었다.

청년 진로 및 취업을 위한 정보제공 및 지원금제도, 능력개발지원제도 등을 수학 기간 동안 적극적으로 활용할 필요가 있다. 이를 위해 이 절에서는 정부의 취업지원제도와 능력개발제도에 대해 살펴보도록 한다.

2. 정부의 취업지원 정보 활용하기

1) 내일채움공제

(1) 개요

중소·중견기업 핵심 인력과 청년근로자의 자산형성 지원을 통해 근로자는 기업에서 오랫동안 일할 수 있도록 하고, 중소기업은 우수한 인력을 영입할 수 있도록 하는 정책성 공제제도다.

중소벤처기업부와 중소벤처기업진흥공단은 중소기업의 구인·이직문제를 해결하고 핵심 인력의 자산형성을 돕기 위해 2014년 8월부터 '내일채움공제' 사업을 시작했다. 중소·중견기업 사업주와 근로자(핵심 인력)가 공동으로 적립한 공제금에 복리이자를 더해 5년 이상 일한 근로자에게 성과보상금을 지급하는 방식이다. 이 제도는 2016년 7월 청년 신규 채용자를 대상으로 하는 '청년 내일채움공제(2년형)'로 확대되었다. 2018년 6월에는 '청년 내일채움공제(3년형)'와 '청년재직자 내일채움공제'가 신설되었다.

(2) 대상

'청년재직자 내일채움공제'는 중소기업에 6개월 이상 재직 중인 청년근로자(만 15~34세 이하)가 대상이다. 청년근로자는 5년 동안 최소 월 12만 원, 사업주는 월 20만 원을 적립하고, 정부가 적립 기간 첫 3년간 1,080만 원을 공동 적립하는 방식이다. 5년 만기 재직 후 본인 납입금 대비 4배 이상인 3,000만 원 이상(+연복리)을 마련하게 된다.

▶고용보험 이력

- 고용보험 가입 이력이 없는 생애 최초 취업자
- 고용보험 총 가입 기간이 12개월 이하
- 3개월 이하 단기 가입은 기간 산정 시 제외
- 2년형의 경우, 고용보험 총 가입 기간 12개월 초과자는 6개월 이상 장기 실직자만 가입 허용
- 인턴 기간 3개월은 고용보험 기간에서 제외

※ 군필자의 경우 복무 기간에 비례해 적용하되 최고 만 39세로 한정

출처: 중소벤처기업진흥공단(www.sbcplan.or.kr).

월 350만 원 초과 임금(기본급, 연장·야간·휴일 근로수당 등 각종 수당, 상여금 및 성과금 등 모두 포함, 가입 유형에 관계없이 정규직 전환일로부터 1년간 근로 총액이 4,200만 원(350×12) 초과 시 청약 철회)을 받는 경우에는 가입이 안 되며, 주 30시간 이상 근무해야 한다. 고졸 가입자가 대학에 진학했을 경우 가입 유지가 가능하지만 근로자 신분을 유지해야 하고 임금을 정상적으로 수령하고 있어야 한다. 중소기업 유급휴가훈련 기간도 근로 상태로 보고 가입 유지가 가능하다.

(3) 주요 혜택

처음 도입된 '내일채움공제'는 사업주가 핵심 인력으로 지정한 재직근로자(연령 제한 없음)가 사업주와 1:2 이상 비율로 매월 34만 원 이상을 5년(최초), 3~5년(재가입) 동안 납입해 5년간 2,000만 원 이상의 적립금을 모으는 방식이다. 핵심 인력은 납입금 대비 3배 이상을 만기에 수령하며 기업 납입금에 대한 근로소득세 50% 상당을 세액공제 받는다. 사업주는 납입금에 대해 손금(법인기업) 또는 필요경비(개인기업) 인정과 인력개발비 세액공제 25%를 받는다.

'청년 내일채움공제'는 신규 채용자(만 15~34세 이하 미취업 청년)를 대상으로 2년 또는 3년 동안 근로자:사업주:정부가 약 1:1:3으로 적립금을 납입하는 방식이다. 2년 만기(1600만 원+연복리) 또는 3년 만기(3000만 원+연복리)에 근로자는 본인 납입액의 5배 상당의 금액을 수령한다.

'내일채움공제'와 '청년재직자 내일채움공제'는 중소벤처기업부에서 중소기업 정규직 재직자를 대상으로 하고 있다. '청년 내일채움공제'는 일자리 창출 지원사업으로 신규 채용자를 대상으로 고용노동부에서 담당하고 있다.

2) 취업성공패키지

(1) 개요

저소득 취업 취약계층에 대하여 개인별 취업 활동계획에 따라 '진단·경로 설정 → 의욕·능력 증진 → 집중 취업알선'에 이르는 통합적인 취업지원 프로그램을 제공하고, 취업한 경우 '취업성공수당'을 지급함으로써 노동시장 진입을 체계적으로 지원하는 종합적인 취업지원제도이다.

▶취업성공패키지 주요 내용

① 취업성공패키지 I (만 18~69세, 단 위기청소년의 경우 만 15세~24세)

- 생계급여수급자, 중위소득 60% 이하 가구원, 여성 가장, 위기청소년, 니트족, 북한이탈주민, 결혼이민자, 결혼이민자의 외국인 자녀 등
  ※ 2017년부터 장애인의 경우는 한국장애인고용공단에서 시행하는 장애인 취업성공패키지로 참여 가능

② 취업성공패키지 II (만 18세~69세 이하)

- 청년층 참여 대상자는 만 18~34세 이하로서, 고등학교 이하 졸업(예정)자 중 비진학 미취업 청년, 대학교(전문대 포함) 졸업 후 미취업 청년, 대학교(대학원 포함) 마지막 학기 재학생(휴학생 포함)
- 중장년층 참여 대상자는 만 35~69세 이하로서, ① 중위소득 100% 이하의 가구원으로서 실업급여 수급 종료 이후 미취업자, 고용보험 가입 이력은 있으나 수급요건을 충족하지 못한 미취업자, 고용보험 가입 이력이 없는 자, ②영세자영업자(연간 매출액 1억 5,000만 원 이하인 사업자) 등

출처: 고용노동부(http://www.moel.go.kr).

〈표 13-1〉 취업성공패키지 지원 내용

구분	내용
1단계(진단 · 경로 설정)	• 집중상담 및 직업심리검사
2단계(의욕 · 능력 증진)	• 집단상담, 직업훈련, 창업지원 프로그램 제공 • 고용노동부에서 승인한 직업훈련 과정으로서 일정 요건을 충족할 경우 훈련참여 지원수당을 지급 특히 내일배움카드제를 통한 직업훈련에 참여하는 경우, 훈련 과정의 취업률 등에 따라 자비 부담액이 결정되는데, 취업성공패키지 I 참여자는 최대 20%, 취업성공패키지 II 참여자는 15~50% 자비 부담 발생(단, 정부지원금 초과분 및 재료비 등은 제외)
3단계(집중 취업알선)	• 동행면접 실시 등 지원대상자의 노동시장 진입 촉진을 위한 적극적이고 실질적인 취업알선을 지원

〈표 13-2〉 수당지급 혜택

구분	내용
1단계 수당	• 취업성공패키지 지원대상자로서 1단계(진단 · 경로 설정) 과정에서 집단상담 프로그램을 거쳐 '개인별 취업활동계획'을 수립한 자에 대하여 1단계 참여수당(최대 25만 원)을 지급 취업성공패키지II 참여자는 최대 20만 원을 지급
2단계 수당	• 훈련참여 지원수당은 취업성공패키지 참여자로서 직업훈련에 참여 중인 자에 대하여 훈련기간 동안 생계부담 완화 차원에서 지급하는 수당 • 지원대상자 중 일정 요건을 충족하는 경우 기준 훈련일수 1일 당 1만 8,000원을 지급하되, 최대 금액은 월 28만 4,000원까지 지급 • 훈련참여 지원수당은 1차 훈련 과정 개시일을 기준으로 1개월(단위 기간)이 경과된 이후에 신청서 제출을 전제로 지급 • 국민내일배움카드제에 의한 직업훈련 시 I 유형 참여자의 경우 최장 6개월간 훈련장려금 월 최대 11만 6,000원, II 유형 참여자의 경우 140시간 이상 훈련 과정 직업훈련인 경우만 월 최대 11만 6,000원 지급
취업성공금 지원	• 취업성공 패키지I 지원 사업 참여자가 1단계 IAP 수립을 완료한 후 주 30시간이상의 일자리에 취업하여 고용보험 피보험자격을 취득한 경우에 취업성공수당을 지급 ※ 취업성공 패키지 지원 사업 종료 후 종료일로부터 3개월 이내에 취업한 경우에도 인정 • 취업성공수당은 취업 후 같은 직장에서 3개월 근무한 경우 30만 원, 같은 직장에서 6개월 근무 시 40만 원, 같은 직장에서 12개월 근무시 80만 원을 각각 나누어 지급하며, 최대 150만 원 지급

3) 해외 취업지원 프로그램

한국산업인력공단 월드잡(www.worldjob.or.kr)에서는 청년들의 해외 진출을 위한 관심과 수요가 크게 증가함에 따라 해외 취업·창업·인턴·봉사 등의 해외 진출 관련 정보를 통합하여 지원하고 있다.

특히 해외 취업알선, 해외연수, 해외인턴, 해외봉사, 해외 정착지원금, 교육훈련 지원, 영문·일문 이력서 첨삭서비스, 멘토링, 해외 유망직종 제공, 국가정보 및 비자정보 등을 통해 원활한 해외 취업을 지원하고 있다.

[그림 13-1] 한국산업인력공단 월드잡

(1) 지원금제도

정부에서는 해외 취업 장려를 위해 취업애로 청년층은 국가 구분 없이 총 800만 원을 지급하고 있다(2019년 지원금 우대국가로 편입된 싱가포르 취업자는 2019년 취업자부터 우대금 적용).

▶해외 취업지원제도 주요 내용

① 지원대상
- 연령: 만 34세 이하(1985. 1. 2 이후 출생자)
- 소득 기준: 본인, 부모 및 배우자 합산소득 6분위 이하
- 월드잡플러스 사전 구직등록 후 근로계약서 작성
- 취업비자 취득자 및 연봉 1,500만 원 이상 급여 충족자

출처: 월드잡(www.worldjob.or.kr).

(2) K-Move센터

정부는 그동안 각 부처에서 산발적으로 추진되는 해외 진출 프로그램을 통합하여 청년 해외 진출을 내실 있게 지원 하고자 'K-Move'를 추진하고 있다. 맞춤형 연수 과정을 제공하여 글로벌 기업, 해외 진출 기업, 해외 유망직종 등에 취업 정보를 제공하고 있다(글로벌 무역전문가, ICT 소프트웨어 전문가, 패션디자인 전문가 등 다양한 국가 및 직종 과정).

▶K-Move센터 주요 내용

① 지원대상

– 만 34세 이하 미취업자

② 참가 혜택

구분	연수 기간		비고
장기	6개월 이상 ~ 12개월 미만 (또는 600시간 이상)	최대 800만 원	
단기	3개월 이상 ~ 6개월 미만	최대 580만 원	

③ 진행방법

– 월드잡플러스를 통한 과정 지원, 면접 진행 → 어학/직무 교육, 국내/해외 현지 연수 → 취업 알선/면접/고용계약 체결, 비자발급 지원 → 출국 지원, 현지 정착 지원 등

출처: 월드잡(www.worldjob.or.kr).

3. 직업 훈련정보 활용하기

1) 직업 능력개발의 필요성

4차 산업혁명으로 기술의 발전 및 활용범위가 확대되어 개인의 지속적인 직업 능력개발이 요구되고 있다. 특히 산업사회의 틀 재편과, 디지털화된 고용형태 및 원하는 시간에 원하는 사람과 일하는 일 방식의 다양화, 직장의 잦은 이동 등으로 개인의 평생 능력개발과 기업에서는 지속가능한 성과창출을 위한 끊임없는 직업 능력개발이 필요하게 되었다.

2) 국민내일배움카드

(1) 개요

급격한 기술발전에 적응하고 노동시장 변화에 대응하는 사회안전망 차원에서

생애에 걸친 역량개발 향상 등을 위해 국민 스스로 직업능력개발훈련을 실시할 수 있도록 훈련비 등을 지원하는 제도이다.

(2) 지원 내용

고용노동부로부터 적합성을 인정받아 훈련비 지원대상으로 공고된 훈련 과정을 직업훈련포털(hrd.go.kr)에서 직접 검색 및 확인 가능하다.

▶국민내일배움카드 주요 내용

① 지원대상

- 국민 누구나 신청 가능

※ 다만, 현직 공무원, 사립학교 교직원, 졸업예정자 이외 재학생, 연 매출 1억 5,000만 원 이상의 자영업자, 월 임금 300만 원 이상인 대규모기업 종사자(45세 미만) 특수형태근로 종사자 등은 제외

② 지원한도

구분	연수 기간		비고
장기	6개월 이상 ~ 12개월 미만 (또는 600시간 이상)	최대 800만 원	
단기	3개월 이상 ~ 6개월 미만	최대 580만 원	

- 1인당 300~500만 원까지, 훈련비의 45~85% 지원

※ 취업성공패키지1 유형 참여자는 훈련비의 100% 또는 80%를, 2 유형 참여자는 50~85%를, 근로장려금(EITC) 수급자는 72.5~92.5% 지원 등

- 140시간 이상 과정 수강 시 훈련장려금(월 최대 11만 6,000원) 지원

※ 단위 기간(1개월)별 출석률이 80% 이상인 경우 지원(실업급여 수급 중이거나 소득이 있는 경우 등에는 일부 또는 전액 부지급)

출처: 직업훈련포털(www.hrd.go.kr).

3) NCS 및 일학습병행제

(1) 국가직무능력표준(NCS)

능력 있는 인재를 개발해 핵심 인프라를 구축하고, 나아가 국가 경쟁력을 향상시키기 위해 국가직무능력표준이 필요로 하게 되었다. 기업은 직무분석 자료, 인적자원 관리도구, 인적자원개발 프로그램, 특화자격 신설, 일자리정보 제공 등을 원하기 때문에 기업교육 훈련기관은 산업현장의 요구에 맞는 맞춤형 교육훈련 과정을 개설하여 운영이 요구되었다.

이에 국가에서 NCS 직무능력을 표준화하였는데, 국가직무능력표준(National Competency Standards: NCS)은 산업현장에서 직무를 수행하기 위해 요구되는 지식, 기술, 태도 등의 내용을 국가가 체계화한 것이다.

NCS의 능력단위에서 직무는 국가직무능력표준 분류의 세분류를 의미하고, 원칙상 세분류 단위에서 표준이 개발된다. 능력단위는 국가직무능력표준 분류의 하위단위로서 국가직무능력표준의 기본 구성요소에 해당되며, 능력단위 요소(수행준거,지식·기술·태도), 적용범위 및 작업 상황, 평가지침, 직업기초능력으로 구성되어 있다. NCS 사이트(https://ncs.go.kr)는 현장에서 요구하는 직무별 과업단위별로 능력 향상을 위한 기준을 제시하고 있어 공기업 및 공공기관, 그리고 일반기업에서 인재를 채용할 때 활용하고 있다.

취업을 준비하는 청년들에게는 현장에서 요구하는 능력과 기술에 맞춰 취업할 수 있다는 점에서 활용하면 도움이 된다.

(2) 일학습병행제

한국산업인력공단에서 추진 중인 일학습병행제는 산업현장에서 요구하는 실무형 인재를 기르기 위해 기업이 취업을 원하는 청년 등을 학습근로자로 채용하여 기업 현장(또는 학교 등의 교육기관)에서 장기간의 체계적인 교육을 제공하며 일하는 제도이고, 교육훈련을 마친 자의 역량을 국가(또는 해당 산업계)가 평가하여 자격을 인정하는 제도이다.

▶일학습병행제 주요 내용

① 참가자격

- 기업 참가자격
  - 원칙적으로 상시근로자 50인 이상 기업(공동훈련센터형은 20인 이상)으로 하되, 기술력을 갖추고 CEO의 인력양성 의지가 높은 기업
  - 우수기술 보유기업, 기업발굴 전담기관(지역인자위 등) 추천기업, 고용노동부가 인증한 기업군(지역산업 특화형 도제특구 지원센터)에 대해서는 상시근로자 수 5명까지 예외 적용 가능
- 학습근로자 참가자격
  - 청년 취업 희망자라면 누구나 참여 가능
  - 특성화고, 전문대, 4년제 대학 재학생 및 졸업자 등 학력에 관계없이 참여 가능

② 참여방법

- 1단계: 참여신청 및 선정
  - 신청서를 작성하여 한국산업인력공단에 제출하면 심사를 통해 선정
- 2단계: NCS 기반 교육훈련 과정 개발 및 인정
  - 사업주는 NCS를 기반으로 한 교육훈련 과정을 개발하고, 기업현장교사를 확보한 뒤 현장심사를 통해 한국산업인력공단이 적합 여부를 인정
- 3단계: 학습근로자 선발 및 계약
  - 사업주는 학생 또는 구직자를 선발하여 훈련 및 근로계약을 체결
- 4단계: 일학습병행 진행
  - 사업주는 학습근로자에게 일을 담당하게 하면서 인정받은 훈련 과정에 따라 일정 시간을 할애하여 현장훈련 및 현장 외 훈련 실시

출처: 직업훈련포털(www.hrd.go.kr).

〈학습평가〉

1. 정부의 취업지원제도 중에서 어떤 내용들이 활용 가능한지 생각해 보고 정리해 보세요.

2. 자신의 능력개발을 위한 계획을 생각해 보고 정리해 보세요.

3. 정부의 지원제도 정보활용에 대해 생각해 보고 앞으로 참여해 보고 싶은 것은 무엇인지 정리해 보세요.

찾아보기

참고 문헌

강명희, 윤성혜, 김도희, 류다현(2016). 자연과학계열 대학생의 학업지속의향과 진로준비행동에 영향을 미치는 사회적지지, 진로동기간의 구조관계 규명, 한국진로교육학회, 진로교육연구, 제29권 제2호, 27-48.

김두정(2009). 교육과정 실행에 대한 교사의 이론: 혼합적 연구방법을 통한 교사의 실천적 지식의 탐구. 교육과정연구, 27(3), 127-157.

김병숙(2006). 직업상담심리학. 시그마프레스.

김봉환(2019). 진로상담의 이론과 실제. 학지사.

김봉환, 김계현(1997). 대학생의 진로결정수준과 진로준비행동의 발달 이차원적 유형화. 한국심리학회지: 상담 및 심리치료, 9(1), 311-333.

김봉환, 김지혜, 남궁정, 박은민, 조규필(2005). 위기청소년을 위한 취업지원 프로그램 개발연구. 서울: 청소년위원회 청소년종합지원센터.

김봉환, 장계영(2019). 진로구성상담의 원리와 실제. 학지사.

김영태(2011). 막스 베버의 '자본주의 정신 기원론'에 대한 비판적 고찰. 윤리연구. vol.1, no. 81, pp. 129-153.

김자영, 김정효(2003). 교사의 실천적 지식에 대한 이론적 탐색. 한국교원교육연구, 20(2), 77-96.

김진희(2012). 전공과 희망직업 불일치 대학생의 진로스토리에 나타난 진로결정 경험. 홍익대학교 대학원 박사학위논문.

김진하(2020). 제4차 산업혁명 시대, 미래사회 변화에 대한 전략적 대응 방안 모색. 한국과학기술기획평가원.

김정희(2013). 청소년 일대일 진로코칭프로그램이 불안 감소와 진로 미결정에 미치는 영향. 광운대학교 석사학위논문.

김종철(2009). 다문화 가정 자녀의 행동특성 분석을 통한 교수전략 개발. 한국콘텐츠학회논문지, 9(5), 227-283.

남윤주, 이숙(2009a). 다문화가족 아동이 지각한 어머니 애착과 일상적 스트레스가 자아개념과 우울에 미치는 영향. 대한가정학회지, 47(9), 27-36.

노경란, 박용호, 허선주(2011). 대졸 청년층의 대학 재학 중 경험한 교육서비스와 직장이동과의 관계 분석-첫 직장만족도의 매개효과를 중심으로, 직업교육연구, 제30권 제1호, 29-49, 한국직업교육학회.

박수길, 이희(2002). 한국학생의 진로결정수에 향을 미치는 가족변인과 개인변인에 한 연구. 한국심리학회지: 상담 심리치료, 14(1), 141-160.

박성재, 반정호(2006). 대졸 청년층 취업준비노력의 실태와 성과, 한국인구학회,

한국인구학 제29권 제3호.
송병국(1998). 성인노동자의 직업선택과정에서 우연적 요인이 미친 영향 분석. 농업교육과 인적 자원개발, 30(4), 65-88.
서경혜(2005). 반성과 실천: 교사의 전문성 개발에 대한 소고. 교육과정연구, 23(2), 285-310.
손민영(2020). 행복한 삶의 성취를 위한 실천적 문제 중심의 가정과 교수·학습 과정안 개발 및 적용. 이화여자대학교 대학원 석사학위논문.
손은령(2009). 진로선택 과정에서 우연 혹은 기회의 역할 고찰. 상담학연구, 10(1), 385-397.
송선진(2007). 국제결혼가정 자녀의 사회화 과정이 자아정체감에 미치는 영향. 서울대학교 대학원 석사학위논문.
선혜연, 김계(2008). 청소년 진로 의사결정에서 부모와 자녀의 특성에 따른 부모의 여방식 차이. 아시아교육연구, 9(2), 161-179.
안윤정, 오현주(2012). 진로상담사의 직업선택과정에서 '계획된 우연'의 역할. 진로교육연구, 25(4), 117-140.
안혜령, 이순형(2009). 여성결혼이민자 가정 아동과 일반 가정 아동의 학업성취 비교. 아동학회지, 30(1), 1-10.
오윤선, 민순덕(2017). 진로상담의 이해. 창지사.
오연경(2008). 다문화 가족 상담을 위한 초등학교 담임 교사의 역할. 한양대학교 교육대학원 석사학위논문.
이기학(2003). 대학생의 생물학적 성과 성역할 정체감의 일치여부에 따른 진로태도성숙과 진로결정장애요인에 관한 연구. 한국심리학회지: 상담 및 심리치료, 15(2), 353-366.
이동혁, 황매향, 임은미(2013). 진로상담 과정과 기법. 학지사.
이지원, 이기학(2014). 대학생의 성인애착과 진로 의사결정문제와의 관계: 정서적 어려움의 매개 효과를 중심으로. 한국심리학회지: 학교, 11(1), 55-87.
이태현, 최석규(2020). 대학생활과 진로탐색. 선문대학교출판부.
임은미(2011). 학생의 진로결정 과정과 개입요인 탐색. 상담학연구, 12(2), 447-466.
임언 외(2008). 영국·뉴질랜드·캐나다·호주의 진로교육. 한국직업능력개발원.
정은희(2004). 농촌지역 국제결혼가정 아동의 언어발달과 언어환경. 언어치료연구, 13(3), 33-52.
조덕주(2006). 초등교사의 일상이 전문성 향상 프로그램 개발에 주는 시사. 초등교육연구, 19(1), 53-79.
조영달, 윤희원, 박상철, 최영인(2006). 다문화가정의 자녀 교육 실태조사. 서울: 교육인적자원부.
전경숙(2008). 경기도 지역의 다문화가정과 일반가정 청소년의 생활실태 조사-학교생활과 가정생활을 중심으로. 청소년상담연구, 16(1), 167-185.
전영희(2010). 다문화가정 청소년의 자아개념과 정서·행동문제의 관계 및 관련 변인. 조선대학교 대학원 박사학위논문.

정윤경, 박천수, 윤수린(2014). 한국인의 직업의식 및 직업윤리. 서울: 한국직업능력개발원.

정하성, 우룡(2007). 다문화가정 청소년의 사회적응 실태 및 사회적응 프로그램 개발 방안. 서울: 한국청소년정책연구원.

조혜영, 이창호, 권순희, 서덕희, 이은하(2007). 다문화가족 자녀의 학교생활실태와 교사 학생의 수용성 연구. 서울: 한국청소년정책연구원.

조규형, 정철영(2016). 특성화고등학교 졸업예정자의 취업결정요인, 농업교육과 인적자원개발, vol. 46, no. 1, pp. 73-102.

주영주, 한상윤(2015). 대졸 청년층의 대학생활 만족도 및 첫 직장만족도 관련 영향변인에 관한 연구, 교육종합연구, 제13권 제1호, 193~212쪽, 교육종합연구소.

최석규(2007). 대학생의 진로신화가 진로신념에 미치는 영향. 경기대학교 석사학위논문.

탁진국, 이기학(2001). 직업결정척도 개발을 위한 탐색적 연구. 디지털 경영연구, 1(1), 167-180.

통계청(2019). 2019 청소년 통계.

통계청(2019). 4월 고용동향.

통계청(2018). 인터넷실태조사.

통계청(2016). 장래인구추계.

하영목(2006). 면접의 기술. 가산북스, p. 18.

황매향, 김계현, 김봉환, 선혜연, 이동혁, 임은미(2013). 심층 진로상담. 서울: 학지사.

금융감독원전자공시시스템(http://dart.fss.or.kr).

고용노동부(http://www.moel.go.kr).

교육통계서비스(https://kess.kedi.re.kr). 다문화가정 학생현황.

더잡 직업전문 미디어(http://www.thejobnews.kr).

동아일보(2019. 12. 16.). 2020 신입 취업목표 1위 '공기업'… 희망연봉 3050만 원. http://www.donga.com/news/article/all/20191216/98816130/1, 검색날짜 2020. 07. 01.

마이다스 HRI(https://www.midashri.com/blog/500interviewlist).

워크넷(https://www.work.go.kr).

월드잡(www.worldjob.or.kr).

잡앤조이(2017. 01. 11.). 합격률 높이는 자기소개서 비결 '스타(STAR) 기법'이 뜬다. http://www.jobnjoy.com/portal/jobnews/plan_explan_view.jsp?nidx=187369.

잡플리닛(2020. 01. 28.), 연봉 맛집 중소기업은 어디? 연봉 TOP10. https://www.jobplanet.co.kr/contents/news-427, 검색날짜 2020. 07. 01.

중소벤처기업진흥공단(https://www.sbcplan.or.kr).

커리어(http://www.career.co.kr).

커리어넷(www.career.go.kr).

큐넷(www.q-net.or.kr www.hrdkorea.or.kr).

한국산업인력공단(www.hrdkorea.or.kr). 일학습병행제 매뉴얼.

HRD-NET(http://www.hrd.go.kr).

Adler, A. (1929). *The science of living*. New York, NY: Greenberg.

Amatea, E. S. (1984). Contribution from theories. In H. M. Burck & R. C. Reardon (Eds). *Career development intervention*. Springfield, Illinois: Charles C. Thomas.

Amundson, N. E. (2003a). *Active engagement: Enhancing the career counselling process* (2nd ed.). Richmond, BC: Ergon Communications.

Anderson, L. W. (1997). The stories teachers tell and what they tell us. *Teaching and Teacher Education, 13*, 131–136.

Bery(1990). Economic Policy Reform in Developing Countries: The Role and Management of Political Factors. *World Developmenr, 18*(8), 1123–1 131.

Berry, J. W. (1997). Immigration, acculturation and adaption. *Applied Psychology, 46*(1), 5–34.

Berry, J. W. (2006). Acculturation: Living successfully in two cultures. International *Journal of Intercultural Relations, 29*(3), 697–712.

Bery (1990). Economic Policy Reform in Developing Countries: The Role and Management of Political Factors. *World Developmenr, 18*(8), 1123–1 131.

Beijaard, D., & Verloop, D (1996). Assessing teachers' practical knowledge. *Stuides in Educational Evaluation, 22*(3), 275–286.

Bordin, E. S. (1946). Diagnosis in counseling and psychotherapy. *Educational and Psychological Measurement, 6*, 169–184.

Bloch, D. P. (2005). Complexity, chaos, and nonlinear dynamics: A new perspective on career development theory. *Career Development Quarterly, 53*, 194–207.

Boyle, J. (1996).The effects of a cognitive mapping strategy or literal and inferential comprehension of students with mind disablities. *Learning Disablility Quarterly, 19*, 86–98.

Brown, D. (1996). A values based, holistic model of career and life role decision making. In D. Brown, L. Broks, & Associates, *Career choice and development* (3rd ed., p. 37 32), San Francisco: Josey Bas.

Brown, R. B. (1996). Organizational commitment: clarifying the concept and simplifying the existing construct typology. *Journal of Vocational Behavior, 49*(3), pp. 230–251.

Brown, S. D., & Lent, R. W. (1996). A social cognitive framework for career choice counseling. *The Career Development Quarterly, 44*(1), 354–366.

Carmona, C., Van der Zee, K. I., Van Oudenhoven, J. P., & Hernaiz–Agreda, N. (2016). Intercultural Competences and Self–Identity as Key Factors to Adaptation. *Papers from the International Association for Cross-Cultural Psychology*.

Career Choice and Development(2nd ed), Duane Brown, Linda Books, and Associates.

Corbishley, M. A., & Yost(1989), E. B., "Assessment and treatment of dysfunctional cognitions in career counseling", *Career Planning and Adult Development Journal, Vol. 5 No 3*, pp. 20–26.

Cornelly, F. M., Cladinin, J. D., & He, M. F. (1997). Teachers' personal knowledge on the professional knowledge landscape. *Teacher and Teacher Education, 13*(7), 665–674.

Crites, J. O. (1969). *Vocational Psy chology*. New York: McGraw–Hill.

Dao Nguyen Kieu Anh(2018). 다문화가정 자녀의 이중문화태도가 대인관계를 통해 자아존중감에 미치는 영향. 이화여자대학교 석사학위논문.

Dawis, R. V., & Lofquist, L. H. (1984). A Psychological theory of work adjustment. Mi nneapolis: University of Minnesota Press.

Dagley, S. (1984). Introduction. In: *Microbial Degradation of Organic Compounds* (Gibson, D.T., ed.), pp. 1-10, Marcel Dekker, New York.

Dinkmeyer, D. C., Pew, W. L., & Dinkmeyer, D. C., Jr. (1979). Adlerian counseling and psychotherapy. Monterey, CA: Brooks/Cole.

Elbaz, E. (1981). The teaher's "practical knowledge": Report of a case study. *Curriculum Inquary, 11*(1), 43–71.

Erikson, E. H. (1982). The Life Cycle Completed (A Review): WW Norton. *New York*.

Essandoh, P. K. (1996). Multicultural Counseling as the "Fourth Force". *The Counseling Psychologist, 24*, 126–137.

Farrell, T. S. C. (2004). Reflective practive in action, Palo Alto, CA: Corwin Press, Inc.

Finn, D. (2000). From full employment to full employablity : a new deal for Britain's unemployed?, *International Journal of Manpower, 21*, 384–399.

Gelat, H. (1989). Positve uncertainty: A new decison–making framework for counseling. *Journal of Counseling Psycholgy, 36*, 252.

Greenhaus, J. H., Callanan, G. A., & Godshalk, V. M. (2000). 경력개발 및 관리 제3판 (탁진국 역, 2004). 서울: 시그마프레스.

Gysbers, N. C., & Moore, E. J. (1987). *Career counseling skills and techniques for practitioners*. Allyn and Bacon.

Gysbers, N. G., Heppner, M. J., & Johmston, J. A. (2014). Career counseling: Holism, diversity, and strengths (4th ed.). *Alexandria: American Counseling Association*.

Glading, S. T. (1992). Counseling a comprehensive profession. New York: *MacMilan publishing company*.

Ghiseli, E. E.(1973). The Validity of Aptiude Tests in Personel Selection, *Personel Psychology, 26*, 461–47.

Gati, I., Krausz, M., & Osipow, S. H. (1996). A taxonomy of difficulties in career decision making. *Journal of Counseling Psychology, 43*, 510–526.

Gybers, N. C., Heppner, M. J., & Johnston, J. A. (1998), *Career Counseling, Process, Issues and Techniques*, Allyn and Bacon.

Haren, V. A. (1979). A model of carer decison–making for college students. *Journal of Vocational Behavior, 14*, 19–13.

Hermann, S. (1990). Hidden Champions-Speer der deutschen Wirtschaft. *Zeitschrift für*

Betriebswirtschaft, 9, 875-890.

Heywood, A. (2007). *Political ideologies* (4th ed,). Basingstoke: Palgrave Macmillan.

Hiebert, J., Gallimore, R., & Stigler, J. W. (2002). A knowledge base for the teaching profession: What would it look like and how can we get one? *Educational Researcher, 31*(5), 3–15.

Hirschi, A., & Läge, D. (2007). The relation of secondary students' career–choice readiness to a six–phase model of career decision making. *Journal of Career Development, 34*(2),164–191.

Hirschi, A., & Läge, D. (2007). Holland's secondary constructs of vocational interests and career choice readiness of secondary students. *Journal of Individual Differences, 28*, 205-218.

Holland, J. L. (1985). Making vocational choice: *A theory of vocational personalities and work environment*. Englewood Cliffs, NJ: Prentice–Hall.

Holland, J. L. (1992). Making vocational choice: A theory of vocational personalities and work environment (2nd ed.). Odessa, FL: *Psychological Assessment Resources*.

Huang, X. Z., Guo, L. T., & Tang, G. Z. (2006). Study on the correlation between adolescents' emotional and behavioral problems and life events. *Zhonghua Liu Xing Bing Xue Za Zhi, 27*(3), 204–207.

Jones, L. K., Chenery, M. F. (1980). Multiple subtypes among vocationally undecided collegestudent: A modeland assessment instrument. *Journal of Counseling Psychology, 27*, 469–477.

Knowles, M. S., Holton Ⅲ, E. F., & Swanson, R. A. (2005). *The adult learner* (6th ed.). Cambridge, MA: Elsevier Inc.

Klein, K. L., & Wiener, Y. (1997). Interest congruency as a moderator of the relationship between job tenure and job satisfaction and mental health. *Journal of Vocational Behavior, 10*(1), 91–98.

Killion, J., & Todnew, G. (1991). A process of personal theory building. *Educational Leadership, 48*, 14–16.

Killoo, F. (2006). *Inviting refelxivity into the therapy room*. Lanham, MD: University Press of America.

Krumboltz, J. D., Mitchell, A., & Gelatt, H. G. (1975). Applications of social learning theory of career selection. *Focus on Guidance, 8*(3), 1–16.

Krumboltz, J. D. (1979). A social learning theory of career decision making. In A. M. Mitchell, G. B. Jones, & J. D. Krumboltz (Eds.), *Social learning and career decision making*. Cranston, RI: Carroll Press.

Krumboltz, J. D. Career beliefs inventory: Applications and technical guide, Palo Alto, CA: *Counseling Psychologists Press*, Inc, 1999.

Leong, F. T. L., & Chou, E. L. (1994). The role of ethnic identity and acculturation in the vocational behavior of asian americans: An integrative review. *Journal of Vocational Behavior, 44*, 155–172.

Lent, R. W., & Brown, S. D. (2008). Social cognitive career theory and subjective wellbeing in the context of work. *Journal of Career Assessment, 12*, 396–406.

Levinson, D. J. (1986). "A conception of adult development." *American Psychologist 41*(1): 3–13.

Laster, J. F. (1987). Instructional strategies for teaching practical reasoning in consumer homemaking classroom. Higher order thinking: Definition, meaning and instructional approaches. *Home Economics Education Association.*

Locke, E. A. (1968). Toward a theory of task motivation and incentives. *Organizational Behavior and Human Performance, 3*, 157–189.

Locke, E. A. (1976). The nature and causes of job satisfaction. In M. D. Dunnette (ed.), *Handbook of Industrial and Organizational Psychology*, pp. 1297–1349. Chicago: Rand McNally.

Maree, K. (2013). *Counselling for career construction: Connecting life themes to construct life portraits: Turning pain into hope.* Brill Sense.

Meijer, P. C., Verloop, N., & Beijaard, D. (2001). Similarities and differences in teachers' practical knowledge about teaching reading comprehension. *The Journal of Educational Research, 94*(3), 171–184.

Miler, M. J., Woehr, D. J., & Hudspeth, N. (2002). The meaning and measurement of work ethic: Construction and initial validation of a multidimensional inventory. *Journal of Vocational Behavior, 60*, p. 451 489.

Morgan, A. (2000). *What is Narrative therapy?* An easy–to–read introduction. Adelaide: Dulwich Centre Publications.

Mora, J–G., Vila, E. L., & Garcia–Aracil, A (2007). Job satisfaction among European higher education graduates. *Higher Education, 53*, 29–59.

Max Weber (2002). *The Protestant Ethic and the Spirit of Capitalism*, pp. 80–81.

McMahon, M., & Patton, W. (2002). Using qualitative assessment in career counselling. *International Journal of Educational and Vocational Guidance, 2*(1), 51–66.

McMahon, M. (2005). Clinical supervison in school counseling and carer counseling: Is it time to develop a new story? *Australian Journal of Guidance & Counseling, 15*(2). 105–16.

Mitchell, L. K., & Krumboltz, J. D. (1990). Social learning approach to career decision making: Krumbolt's theory. In D. Brown, et al. (Eds.), Career choice and development: *Applying contemporary theories to practice* (2nd ed.). San Francisco: Jossey–Bass.

Mitchel, K. E., Levin, A. S., & Krumboltz, J. D.(1999). Planed happenstance: Constructing unexpected career opportunites. *Journal of Counseling &*

Development, 7, 15–123.

Ng, T. W. H., Sorensen, K. L., & Feldman, D. C. (2007). Dimensions, antecedents, and consequences of workaholism: A conceptual integration and extension. *Journal of Organizational Behavior, 28*(1), 111-136. doi:10.1002/job.424.

Okiishi, R. W. (1987). The genogram as a tool in career counseling. *Journal of Counseling and Development, 66*, 139–143.

Osipow, S. H. (1983). *Theories of career development* (3rd ed.). Englewood Cliffs, NJ: Prentice– Hall.

Osipow, S. H., & fitzgerald, L. F. (1996). *Theories of career development* (4th ed.). Boston: Allyn and Bacon.

O'Hanlon, B. (1994). *The third wave. Family Therapy Networker*, Nov/Dec, 1–16.

Patterson, C. H. (2004). Do we need multicultural counseling competencies? *Journal of Mental Health Counseling, 26*, 67–73.

Parsons, F. (1909). Choosing a vocation, Reprinted in 1989. *Garrett Park, MD: Garrett*.

Pascarella, E., & Terenzini, P. (2005). How college affects students (Vol. 2): *A third decade of research*. San Francisco: JosseyBass.

Peterson, G. W., Sampson, J. P. Jr., & Reardon, R. C. (1991). *Career development and services: Acognitive approach*. Pacific Grove,CA: Brooks/Cole.

Phillips, S. D., & Strohmer, D. C. (1982). Decision? making style and vocational maturity. *Journal of Vocational Behavior, 20*, 215– 222.

Pott, T. (2015). Mature Students Speak Up: Career Exploration and the Working Alliance. *Qualitative Research in Education, 4*(3), 225–242.

Pryor, R. G. L., & Bright, J. E. H. (2003). *Australian Journal of Career Development, 12*(3), 12–20.

Raijmakers, Q. (1987). The work ethic of Dutch adolescents. In J. L. Hazkamp, W. Meus, & Y. te Poel(Eds.), European contributions of youth research (p. 17 130), *Amsterdam: Free University Press*.

Ros, M., Schwartz, S. H., & Surkis, S. (199). Basic individual values, work values, and the meaning of work. *Aplied Psycholigy: An International Review, 48*, p. 49 71.

Rojewski, J. W. (1999). The role of chance in the career development of individuals with learning disabilties. *Learning Disabilty Quarterly, 2*, 267–278.

Roe, A. (1956). *The Psychology of Occupations*. NY: John Wiley & Sons.

Savickas, M. L. (1997). Adaptability: An integrative construct for life–span, life–space theory. *The Career Development Quarterly, 45*, 247–259.

Savickas, M. L. (2005). The theory and practice of career construction, In S. D. Brown & R. W. Lent (Eds.), *Career development and counseling: Putting theory and research to work* (pp.42–70). Hoboken, NJ: John Wiley & Sons.

Savickas, M. L. (2008c, July). Interactive workshop on life design counselling at the

XXXIXth International, *Congress of Psychology*, Berlin, Germany.

Savickas, M, L. (2009a, April). *Utilising early anecdotes in counselling in the 21st century*, Keynote presentation, SA Society for Clinical Hypnosis, pretoria, South Africa.

Savickas, M. L. (2009c, June). The role of values in careers: meaning and mattering in life design. *Keynote at the Bienial Society for Vocational Psychology Conference*, University of St Louis, Missouri.

Savickas, M. L. (2011b). *Career counseling*. Washington, DC: American Psychological Association.

Salomone, P. R. (1982). Career counseling: Steps and stages beyond Parsons. *Career Development Quarterly, 36*, 218– 221.

Super, D. E. (1953). A theory of vocational development. *American Psychologist, 8*(5), 185–190.

Super, D. E. (1957). *The psychology of careers*. New York: Harper & Row.

Super, D. E. (1980). A life–span, life–space approach to career development. *Journal of Vocational Behaviour, 16*(3), 282–298.

Super, D. E., Savickas, M. L., & Super, C. M. (1996). The life–span, life–space approach to career. In D. Brown, L. Brooks, & Associates (Eds.), *Career choice and development* (3rd ed.). San Francisco: Jossey–Bass.

Schon, D. (1987). *Educating the reflective practitioner*. San Francisco, CA: Jossey–Bass.

Strong, S. R., & Schmidt, L. D. (1970). Expertness and influence in counseling. *Journal of Counseling Psychology, 17*(2), 81–87.

Sue, D. W., & Torino, G. C. (2005). Racial–cultural competence: Awareness, knowledge, and skills in Carter(edit.), *Handbook of Racial-cultural Psychology and Counseling*: Training and Practice. NJ: Wiley.

Ter Bogt, T., Raijmakers, Q., & Wel, F. (2005). Socialization and development of the work ethic among adolescents and young adult. *Journal of Vocational Behavior, 6*, p. 420 437.

Werbel, J. D. (200). Relationships among career exploration, job search intensity, and job search effectiveness in graduating college students. *Journal of Vocational Behavior, 57*, 379–394.

Williamson, E. G. (1939). *How to counsel students*. New York: McGraw–Hill.

Zhou, M. (1997). Growing Up American: The Challenge Confronting Immigrant Children and Children of Immigrants. *Annual Reviews, 23*, 63–95.

저/ 자/ 소/ 개

최석규

- 현) 선문대학교 교양학부/상담심리사회복지학과(겸직) 교수
- 현) 선문대학교 다문화정책연구소장
- 현) 한국고용정보원 고용서비스 분야 심사위원
- 현) 충남지식재산센터 인사위원

- 전) 공공기관 인사조직 책임컨설턴트
- 전) 퇴직자, 탈북자, 여성, 청년구직자 대상 커리어컨설팅 등

- E-mail: opcsk@naver.com
- 페이스북: facebook.com/seokgyu.choi.74

16년간 진로상담 분야에서 일을 해 왔으며, 현재 대학교에서 진로상담 및 직업심리학을 지도하며 진로 및 취업 관련 교과목 담당 전임교수로 재직 중이다.
주요 활동 영역은 진로상담, 인사조직컨설팅, 다문화진로교육, 채용면접관, 자기소개서 및 면접지도, 해외취업 정책연구, 타로카드 활용 진로상담, 소명 진로상담 등이며, 현재 대학교에서 다문화정책연구소장을 역임하고 있고 한국고용정보원 고용서비스 심사위원, 공공기관 면접관으로 활동 중이다.
통계학 전공, 직업학(직업상담 전공) 석사와 고용정책학 박사학위를 받았다.
저서로는 『대학생활과 진로탐색』(공저, 2017), 『경력개발과 취업의 기술』(공저, 2017), 『직업을 얻는다는 건』(2019) 등이 있다.

실천적 진로상담의 원리와 취업의 기술

초판 1쇄 인쇄 2020년 9월 1일
초판 1쇄 발행 2020년 9월 4일

지 은 이 | 최석규
펴 낸 이 | 김기섭
편 집 인 | 이윤희
펴 낸 곳 | 창지사 www.changjisa.com
08589 서울시 금천구 가산디지털 1로 83 파트너스타워 1차 9층
전화 (02)719-2211~3
팩스 (02)701-9386
등 록 | 1977년 4월 28일 · 제1-421호

ISBN 978-89-426-1359-5 (93330)

값 19,000원

이 도서의 국립중앙도서관 출판예정도서목록(CIP)은 서지정보유통지원시스템 홈페이지(http://seoji.nl.go.kr)와 국가자료공동목록시스템(http://www.nl.go.kr/kolisnet)에서 이용하실 수 있습니다(CIP제어번호 : CIP2020036607).